明治維新の歴史

「脱封建革命」としての幕末・維新

梅田正己

高文研

明治維新の歴史◉目次

はじめに 1

序章 混迷する明治維新観

I 「尊王攘夷」思想はどのようにして形成されたか

II 「開国」の扉を開くまで
——ペリー来航から日米修好通商条約の締結まで

III 恐怖・混沌・模索の七年間
——「安政の大獄」から「下関戦争」まで

Ⅳ　「尊王攘夷」から「尊王倒幕」へ
――「第一次長州征討」から「薩長同盟」まで

Ⅴ　揺れる幕府と民衆反乱
——「第二次長州征討」と将軍・慶喜の登場

VI 「大政奉還」から「王政復古」へ
——竜馬「船中八策」から「王政復古」クーデターまで

VII 「脱封建革命」の達成
——「戊辰戦争」から「西南戦争」まで

装幀・中村くみ子

はじめに

いま明治維新研究の現状にたいして最もラディカルな問題提起者と見られる奈良勝司氏の『明治維新をとらえ直す』（二〇一八年、有志舎）の序章に、次のような指摘があります。

「明治維新の全体像を明確に意識し、読み手に自覚的に訴えかけた研究は、今ではそれほど多いとはいえない。……未曽有の変革たる明治維新の（問題も含め）構造を、総体として、あるいは一つのメカニズムとして描ききる試みはある時期から滞ってしまった。」

「二〇一八年現在、明治維新史研究は明治維新論の再構築とその体系的な提示という意味ではある種危機的な状況にある。」

「肝心の全体像や総体としての意義を問わないまま、時期や対象を区切って無限に細分化された『実態』分析が自己増殖をくり返し、インフレーションを加速させるだけである。さながら我々は、肝心の目的地や航路を知らないまま、船内パーティの熱気に酔いしれるタイタニック号の乗客のようだ。」

自らも学界の内部にあっての厳しく痛烈な問題指摘です。この指摘が研究者のあいだでどのように受けとめられ、議論されたか、研究者でない私（本業は書籍編集者）には不明ですが、専門の研究者自身が明治維新の全体像を見失っているのが現状だとすれば、まして一般の市民が、維新について断片的な知識はあってもその全体については漠然としたイメージしか持ち得ていないのは当然といえます。

実をいいますと、私自身、明治維新史に関する本はかなり読んできましたが、読み終わって前史から終結までの経緯をたどろうとしても、何だか茫漠《ぼうばく》として、その全体像がなかなか立ち上がってこない、明瞭な像を結ばないというのが正直なところでした。

第一の理由は、生起してくる事件や登場する人物があまりにも多く、かつそれらが入り乱れ錯綜《さくそう》しているからです。通史ではそれらの事件や人物の動きが次々に述べられ、解説されていくのですが、読者はそれを追うのに精いっぱいで、気がつくと歴史の森の中をさまよっているということになるのです。

本書は、私が感じてきた従来の通史に対するそうした問題意識をもとに、非専門研究者でありながら新たな明治維新の全体像の構築をめざしてチャレンジしたものです。

そのさい私がとった方法は、次々に生起し、かつ複雑にからみあう事件や人物を、相互に関連づけ、筋道をつけながら叙述してゆくという方法でした。およそ人間社会に生起する出来事には、すべて因果関係があります。どんな事象にも必ず原因があり、プロセスがあって、結果が生じるのです。そこでさまざまの歴史的事象をこの因果関係の視角から考察し、その中から〝歴史の脈絡〟を見いだしてゆくという方法をとりました。

この〝歴史の脈絡〟をたどることによって、明治維新の全体像の輪郭をとらえることができ、あわせてその基本的性質・歴史的意義も明らかにできると考えたからです。

次に本書の書名「明治維新の歴史」という耳なれない表現の仕方について述べます。一般には「明治維新史」と言い、「の歴史」とは言いません。ではなぜ「の歴史」としたのか。

このことは本書の全体構成にかかわります。多くの場合、明治維新はペリー来航から書き出されます。しかし本書では十八世紀後半の本居宣長の国学による「尊王」思想の体系化から書き起こしました。理由は、その「尊王」思想こそが水戸学の「攘夷」思想と結びつくことによって維新変革の原動力となるとともに、近代日本の国家形成の原理となり、さらに二十一世紀の現代日本にも形を変えていまなお生き続けていると考えるからです。

そして最後は、大日本帝国憲法の制定までを叙述しました。維新によって生み出された近代天皇制国家の骨格はこの帝国憲法の制定によって確立されたと考えるからです。

以上の期間を振り返りますと、十八世紀後半から十九世紀末までおよそ一二〇年となります。王政復古（一八六七年末）から昭和の終わり（一九八九年初）までがちょうど一二〇年です。本書を「明治維新の歴史」としたのは、その対象とした期間がこのように長期にわたるからです。

もう一つ、サブタイトルの「脱封建革命」は、私のオリジナルな用語です。遠い過去、一九三〇年代、維新の歴史的規定について社会科学的な研究がとりくみ始められた当時、有名な論争がありました。「絶対主義成立への変革」（講座派）か「ブルジョア革命」（労農派）かという論争です。その視点は、第二次大戦後の歴史学研究にも引き継がれました。

そうした長い歴史的経緯があるせいでもありましょうか、明治維新をどう規定するか、いまなお定まっていないようです。そうしたなか私は、きわめてシンプルに、明治維新は封建制社会・国家から、近代国家・社会への構造的変革＝革命だったとして、「脱封建革命」と規定したのです。

その封建制からの脱却がどんなに重大かつ決定的な歴史的転換であったか、そのことは、かつての封建制国家が二七〇余もの小さな「くに」に分割・分権され、そこでの政治が、人口のわずか六〜七％を占めるにすぎない武士身分の、そのまた最上層の特権士族によって世襲的に独占され、圧倒的多数の人民はただ一方的に支配される宿命にあったことだけを見ても明らかでしょう。

さて、私は前に述べたように、専門の研究者ではありません。したがって、本書は、本文中のそれぞれの箇所に明記したように、専門の歴史研究者の研究成果（著作）に依拠し、参考にしながら、私自身の視点と解釈で明治維新の全過程を再構成し、叙述したものです。

一点だけ、私が専門研究者よりも有利だといえるとすれば、私自身が研究者でないだけに、一般読者にわかりやすく、かつ納得のいくようにと心がけて叙述できたことです。

そのため、叙述の仕方にも一般の類書とは異なる点がいくつかあります。

まず一つは、幕末については年号（元号）を使わず、西暦で通したことです。ペリー艦隊来航から王政復古までの一五年間だけをみても、嘉永《かえい》から安政《あんせい》、万延《まんえん》、文久《ぶんきゅう》、元治《げんじ》、慶応《けいおう》と目まぐるしく年号が代わっています。年号による叙述では、一般の読者にとって全体を通してその流れをつかむのは容易ではありません。

次に、登場する人物の名は、途中で変わっていても、一般に知られている名前一本にしたことです。たとえば、西郷は幕末期までは吉之助を名乗り、木戸も当初は桂小五郎なのですが、本書では全体を通して西郷隆盛、木戸孝允《たかよし》としました。年齢も基本は数え年でなく満年齢としました。

また地名も、大阪は当時「大坂」と書き、函館も「箱館」と書いたのですが、これも現在の表記で通しました。ただ月日は、一八七二（明治5）年末に陰暦から陽暦に変わるまでは、類書にならって陰暦をもちいました。

なお年月日の表記は一八六三年8月18日というように、西暦は漢数字、月と日は算用数字で表記しました（元号の年も同じ、いずれも二ケタにおさまりますので）。

そしてもう一つ、引用した原文についても、ルビを多用し、注を加えるとともに現代仮名遣いに変えました。

以上、前置きです。読者が、途中で歴史の森の中に迷い込むことなく、最後まで〝歴史の脈絡〟を追い続けてくださることを願っています。

序章　混迷する明治維新観

作家たちの無責任な明治維新論

明治維新はいうまでもなく、近代日本の出立にさいしての重要な出来事です。明治維新によってこの国は構造的な変革をとげ、人々の暮らしから社会の仕組みまでが根底から変わったのです。ところが、このように重大な出来事であったにもかかわらず、この変革をどうとらえるかについては、諸説入り乱れ、いまだにその見方は定まっていません。たとえばフランス革命、アメリカ独立革命などはどうでしょうか。細部は別として一定の〝国民的認識〟が、それぞれの国でほぼ確立しているのではないでしょうか。

明治維新も、日本にとってはそれらの革命にも匹敵する大変革でした。これなしに日本の近代はあり得なかったからです。

にもかかわらず、あれから一五〇年をへた今もなお、それについての〝国民的認識〟は成立していないのです。どうしてなのか？　大きな謎としか思えません。

理由としては「はじめに」の冒頭で紹介した奈良勝司氏の問題指摘にあるように、明治維新の研究そのものが、このところ目に見えぬ壁に突き当たって停滞状況に陥っているということが根底にあるのかも知れません。

しかし一般市民のレベルで見ると、最大の理由は、マスメディアを通じて、無責任な放言、妄言が野放しで横行していることにあると思われてなりません。たとえば没後なお絶大な人気をたもっている司馬遼太郎氏の言説です。その歴史の見方についての多彩な発言は「司馬史観」と言われるほど人々に大きな影響を与えてきました。

その司馬遼太郎氏の晩年の著作に『「明治」という国家』（初版一九八九年、日本放送出版協会）があります。その第四章は「〝青写真〟なしの新国家」ですが、そこにこんな文章があります。

「後世、ふしぎに思うことがあります。西郷が、革命の最大の英雄なのに、なぜ革命政府の首領の座につかなかったかということです。」

こう問題を設定して、司馬氏はその理由をこう述べます。

「じつをいいますと、西郷は幕府を倒したものの、新国家の青写真をもっていなかったのです。新国家の青写真をもっていた人物は、私の知るかぎりでは土佐の坂本龍馬だけでしたが、この人も、維新前夜にテロルに遭ってこの世にはいません。／──たれか、賢い人はいないか。／西郷は、みずからはひっこんで、そんなことを考えていたのです。」

維新を実現したリーダーたちは、西郷はじめ大久保利通も木戸孝允《たかよし》も岩倉具視《ともみ》も、何らめざす国家像を持っていなかったというのです。そこで西郷は「天才的な経綸家」である紀州藩の津田出《いずる》に会いに行くとなって、以下、津田の話に移っていきます。

では、西郷がその津田に会ったのはいつごろかというと、明治4年9月に岩倉使節団が欧米視察に出発する前くらいだったろう、と司馬氏は書いています。ということは、岩倉や大久保、木戸、それに西郷も加わって「王政復古」の宮廷クーデターを決行し、天皇の名で「五箇条の誓文」を発布して、元号を慶応から明治に改元すると同時に新たに「一世一元制」を創り出し、戸籍法を定めて身分制を改め、版籍奉還から廃藩置県へと突き進んだのも、まだ「天才的な経綸家」に会う以前、青写真を持たない大久保らが、方向も定まらぬまま、行き当たりばったり、成り行きまかせでやったものだということになります。

もちろん、そんなはずはありません。実際、新政権は国家運営の基本方針（国是）である「五箇条の誓文」に続いてその方針を実現してゆくための「政体書」を公布し、「天下の権力はすべて太政官《だじょうかん》（政府）に帰す」としてその権力は「立法・行法・司法の三種とす」と三権分立をかかげ、立法機関には議政官を置き、その議政官には各藩・各府・各県から人材をつのる、などといった新たな〝政治体制〟の大枠を示しているのです。

しかしそうした史料に当たるまでもなく、前記のような大改革を何の方針もないまま相次いで決行できたはずはありません。「〝青写真〟なしの新国家」などというのは司馬氏が作りだした勝手な〝物語〟にすぎないのです。

同様のことを、司馬氏はエッセイ集『この国のかたち・第一集』（一九九〇年、文藝春秋社、現在文春文庫）の第2編「朱子学の作用」でこう書いています。

「(明治初年の太政官政府を成立させたのは) 明治維新なのだが、革命思想としては貧弱というほかない。／スローガンは、尊皇攘夷でしかないのである。外圧に対するいわば悲鳴のようなもので、フランス革命のように、人類すべてに通ずる理想のようなものはない。」

『異民族をうちはらえ、王を重んじよ』などとは、まことに若衆組が棒を振って勇んでいるようで、威勢はいいが、近代という豊饒なものを興すテーゼにはならない。」

「幕末の攘夷思想とは、革命の実践という面では、ナショナリズムという、可燃性の高い土俗感情に火をつけてまわることだった。」

明治維新は先にも述べましたが、この国が何百年もつづいた封建制と決別し、近代へと踏み出してゆく大転換の出来事です。その大転換のキイワードとなったのが「尊王攘夷」でした。ところが司馬氏は、それは「外圧に対する悲鳴のようなもの」あるいは「若衆組が棒を振って」騒ぐ際の掛け声のようなものに過ぎなかったというのです。「革命思想」の「スローガン」がこのように「貧弱」だったとすれば、それによって生み出された変革もたいしたものではなかったということになるでしょう。「竜馬がゆく」をはじめ維新の「志士」たちを主人公とする小説を何編も書いてきた司馬遼太郎氏ですが、その明治維新に対する評価はかくも低かったのです。

「志士」たちをいかにも魅力的に描きながら、彼らが遂行した維新の事業についてはこんな低い評価しか与えないというのでは、読者は明治維新をどうとらえたらいいのか、混迷・困惑するのは当然でしょう。

維新に対する評価が低下してゆくと、ついには維新そのものの否定にまで進みます。原田伊織著『明治維新という過ち』（二〇一五年、毎日ワンズ）はずいぶん版を重ね、いまは講談社文庫に入っていますが、その中で原田氏はいま引用した司馬氏の文章を引いたうえで、「俗にいう、明治維新には、確固とした軸になる思想は何もなかった」と追認、さらにこう自説を述べています。

「そもそも『明治維新』という事件なり、事変というものは歴史上どこにも存在しない。……強いて簡略に定義づければ『江戸幕府とその社会体制の顚覆を図り、天皇親政を企図して、これらを実現させた、長州、薩摩による一連の政治、軍事活動』とでも表現できるだろう。」

本の書名では明治維新は「過ち」でしたが、ここでは維新の存在そのものが消されてしまったのです。

なお、この本の副題は「日本を滅ぼした吉田松陰と長州テロリスト」というのですが、もう一カ所引用すると、原田氏はこう述べています。

「歴史に『もし』（ヒストリカル・イフ）は禁物、とよくいわれるが、敢えて『もし』と考えてみる。もし、長州・薩摩のテロを手段とした討幕が成功せず、我が国が『明治維新という過ち』

を犯さなかったら、我が国はその後どういう時代を展開し、どういう国になっていただろうか。私は、徳川政権が江戸期の遺産をうまく活かして変質し、国民皆兵で中立を守るスイスか自立志向の強い北欧三国のような国になっていたのではないかと考えている。」

明治維新の最大の歴史的意味は、封建制、すなわち幕藩体制からの脱却でした。それなのに徳川幕府が引き続き政権を保持したとしたら、封建制もまた引き続き存続したということになるでしょう。封建制を維持したままの近代化なるものが世界史上にあったとしたら、教えてほしいものです。

もう一人、歴史書の作者として近年もっとも世評の高い半藤一利氏も大冊『幕末史』（二〇〇八年、新潮社）で維新の運動についてこう述べています。

「……たとえば身分制度に縛られ憤懣やることない下級武士のなかから、藩を飛び出して広く活躍したいと考える人が現れて、時流に乗って尊王攘夷運動の中核になっていきます。またインテリの神官や僧侶といった少し学問のある人たちが尊王の精神を説き、攘夷を盛んにアジって歩くようになりました。」

「彼らはのちにばっさばっさと殺されますが、振り返って何をしてきたかといえば、半ば脅迫をしながら金を稼ぎ、うまいこと言って軍資金を集めながら……ものすごい勢いで尊王攘夷思想を広げていったといえます。」

「いずれにしろ、アジテーターがいて、それに乗っかる多くの不満分子がいて、それが京都の朝廷（貧乏公家）とうまく結びつき、一見、新しい世界が開けるような幻想のもと権力奪取の運動が広まっていった、それがこの時代の特色じゃないかと思います。」

要するに、封建社会の不満分子の扇動によって引き起こされたのが明治維新だというのです。しかも彼らが説いたのは「新しい世界が開けるような幻想」だったと言っています。だとすると、維新によってつくり出され、富国強兵、文明開化の道を突き進んだ近代日本も「幻想」だったということになるのではありませんか？　つまり半藤氏のこの説も、原田氏の明治維新否定論に近い見方ということになります。

専門の研究者たちもまた

こんにちの維新研究の停滞状況は前にふれましたが、その中での維新認識の混迷というか不安定さは、作家たちだけでなく歴史学の専門研究者の中にもあるようです。『日本史の論点』（二〇一八年、中公新書）の中で「第4章　近代」を担当執筆した清水唯一朗・慶応大学教授はその第1節「明治維新は革命だったのか」の冒頭の部分でこう書いています（傍線は引用者）。

「…英語では明治維新は、Meiji Restoration と英訳されてきたが、Restoration は復古を意味する語である。…二〇一〇年代に入ってからは、明治維新を革命と規定し、Meiji Revolutionとして扱おうという動きがある。…しかし、明治維新では王朝交代があったわけではなく、支配層は士族内で入れ替わった。すなわち連続性がある。そう考えた場合、明治維新は極めて大規模な『革新』であったと捉えるべきではないだろうか。」

幕藩体制の支配者は徳川将軍や大名たち、すなわち武家（士族）であった。維新で権力を取ったのは足軽クラスなど下級武士だったとはいえ同じ士族だから、士族の中の権力移動だったにすぎない。だから革命とは言えない、というわけです。

しかし、将軍や大名はじめ上級武士と、足軽など下級武士を同じ「士族」としてひとくくりに出来るのでしょうか。

福沢諭吉が、王政復古からまだ一〇年しかたっていない一八七七（明治10）年に書いた「旧藩情」という評論があります。自分の出身藩である中津藩（一〇万石、現大分県中津市）の藩内の実情について、これから五〇年もたって明治前後の藩の実情はどうだったか調べようとしても困難だろうから、五〇年後には「歴史家の一助たることもあるべし」と考えて書き残したものです。たしかに藩内の人的構成やその身分差・階級差による個々の経済状態などについて、きわめて具体的に解説してあります。

それによると、旧中津藩の藩士の数はおよそ千五百名、上等士族と下等士族に峻別され、その割合は上等が下等の約三分の一だったといいます。この上等と下等は厳格に差別され、下等から上等に昇格できた者は「治世二百五十年の間、三、五名に過ぎ」なかったと福沢は書いています。つまり限りなくゼロに近かったということです。

下士である足軽が往来で上士と行き合うことがあると、雨中であっても「下駄を脱いで路傍に平伏するの法」があり、両者の言葉も上士の者が下士に対して「貴様」といえば、下士は上士に向かっては「あなた」といい、それは「長幼の別なく子供までも」同じだったというのです。当然、両者の経済的処遇にも大差があるうえに、家の造りから挙措動作にも区別があり、まして両者の縁組などはもってのほかであって、その差は「あたかも一藩中に人種の異なる者というも可なり」と福沢は断定しています。

これが、封建制下での士族の実態でした。こうした厳然たる事実を抜きにして、大名も足軽も同じ「士族」と見て、政治権力が大名から足軽に移ったのも同じ士族間の出来事だったのだから、「革命」ではなく「革新」と見るべきだというのは、非歴史的な言葉の遊びというしかありません。

もう一つ、これは維新の全体像のとらえ方の問題です。一般読者を対象にした『日本近現代史講義』(二〇一九年、中公新書)の第一章、瀧井一博・国際日本文化研究センター教授による「立憲革命としての明治維新」では、明治維新はこう定義されています。

「筆者は、本章のタイトルに記しているように、明治維新を何よりも立憲革命として考えている。幕末に澎湃として生起した公議政治の追求に始まり、議会制度を導入して立憲体制に移行することは、紆余曲折を経ながらも一貫して推し進められていった。明治二十二年の大日本帝国憲法の成立は、その当座の帰着点に他ならない。二〇年以上に及ぶ長い革命のプロセスとして、明治維新を捉えるべきであろう。」

この論考は実質的には「五箇条の誓文」から書き起こされています。つまり、王政復古から憲法制定までが明治維新と規定されているわけです。

では、特にペリー艦隊の来航を契機として起こったこの国の地殻変動——開国と攘夷をめぐる諸勢力間の対決・暗闘、幕府と朝廷の対立と駆け引き、その間に列島を震撼させたテロの横行、志士たちの暗躍、さらには内乱、列強艦隊との戦闘、そして討幕の決行から内戦へといたった、それこそ疾風怒濤の一五年間は、明治維新には入らないのでしょうか。司馬ファンを含め、ほとんどの人が首をかしげるはずです。（念のために付け加えれば、瀧井氏の文章には「二〇年以上に及ぶ長い革命のプロセス」とありますが、ペリー来航からすると三六年になります。）

筆者の瀧井氏は、同論考中にありますが法制史の専門研究者だそうです。法制史の立場からすれば、明治維新を「五箇条の誓文」からとらえようとするのは自然なことかも知れません。しかし、一般読者対象の本において明治維新を「立憲革命」として王政復古以降に限定して叙述するのは、維新の基本的理解について一般読者を惑わすというか、専門家のドグマと言わざるを得ません。

しかし、こうした認識の片寄りは必ずしも歴史学界の一部にあるだけではないようです。

明治維新史学会という学会があります。会員は約四百名ということですが、その維新史学会の発足三〇年を記念して、『講座 明治維新』全一二巻（有志舎）が編纂・発行され、二〇一八年に完結しました。次に引用するのは、その全巻共通の序文「刊行に当たって」の一節です。先に紹介した奈良氏の問題指摘ともぴったりと重なります（傍線は引用者）。

「…明治維新史研究の動向は、一九八〇年代に入ると新しい視点にもとづいた、また新たな研究対象を見出した潮流が続々と輩出し、すぐれた研究が数多く公表され今日に至っている。だが、そこでは個々の研究水準の向上とは裏腹に、歴史を総体的に見据える視座が薄くなり、研究の蓄積はかえって明治維新史像を捉え難くしているようでもある。明治維新史研究は混沌とした状況の中に置かれていると言ってよい。」

維新に関する研究は深まり、精緻になったが、それがかえって維新を総体としてとらえる視点を弱めてしまった、つまり、研究のタコツボ化が維新の全体像を見失う結果になっている、と学会の指導的な研究者のみなさんが認めているのです。

こうしたいわば歴史認識の空白地帯に、先ほどその一端を見たような、無責任でいい加減、かつ独断的な明治維新論がふりまかれる事態になったのではないか、と思うのです。

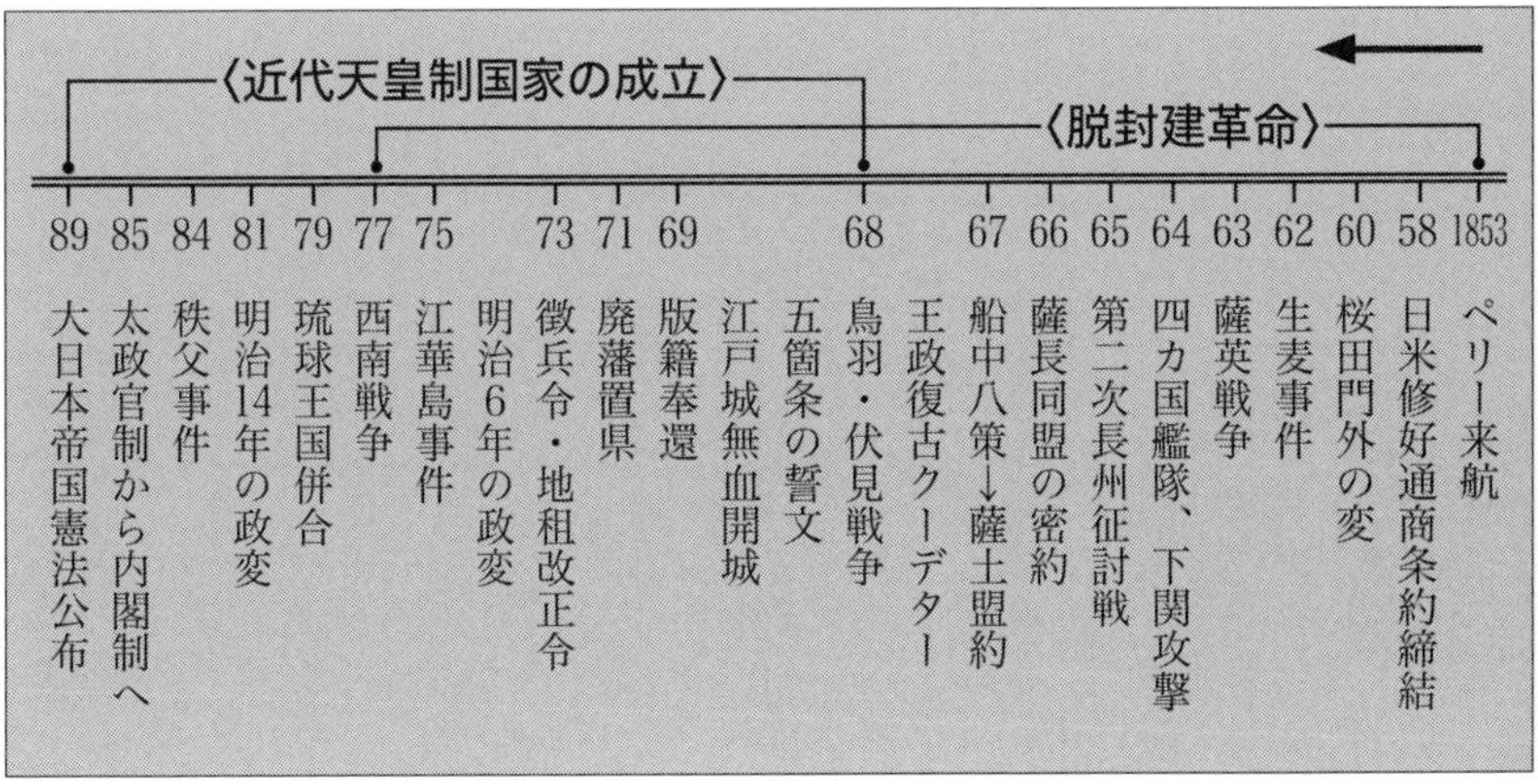

明治維新史を二つの段階に分ける

以上、既存の明治維新論に見られる傾向について批判的に述べましたが、私自身は専門の歴史研究者ではありません。しかし専門家でないからこそ、無責任なでたらめを振りまく「作家」たちの言説は（専門研究者は苦笑してやり過ごすだけかも知れませんが）見逃せませんし、また研究の成果に立って実証と論証にもとづく明治維新論、明治維新史を〝一般読者を惹きつける表現〟〝わかりやすい言葉〟で提示してくれる「専門家」の登場がないのが残念なのです。

以下は、そのように感じ、かつ考えている私が、専門歴史研究者の成果に依拠しつつ描き出した明治維新史のスケッチです。くわしくは次章以下に述べますが、前もって全体の見取り図を示しておくことにします。

私たち一般読者にとって明治維新の全体像がとらえにくいのは、幕末から明治初期までの大変革をひとつづきの流れ、切れ目のない一体としてとらえようとするからではないかと思います。

しかし実際の歴史の進行は「王政復古の大号令」を受けての鳥羽・伏見の戦い（一八六八年1月）のところではっきりと転換しています。つまり、「王政復古」までは一方の主役は徳川幕府であり、それと対立したのが朝廷を含む尊王攘夷と有力諸藩の勢力でした。ところが鳥羽・伏見の戦いから戊《ぼ》辰《しん》戦争の過程で幕府は歴史の舞台から去り、以後は薩長土肥の「志士」たちが主役となって新しい国づくりへと向かいます。

これを別の見方からいうと、前半は旧来の政府（幕府）と対立し、それを倒す過程であり、後半は新しい政府をつくってゆく過程だということです。つまり、ひと言でいえば、前半は旧体制の破壊、後半は新体制の建設の過程です。

第一段階は「脱封建革命」

では前半の破壊とは、何を破壊したのでしょうか。これもひと言でいえば、封建制国家・社会です。江戸時代の封建制は、この国が二七〇余りの藩（くに）に分割・分権統治され、それを徳川幕府が「武家諸法度《ぶけしょはっと》」と参勤交代制によって統制するという構造でした。あわせて、先に見たような身分制・門閥制が社会全体を支配していました。

この分断的・閉鎖的な国家・社会の構造を破壊して強力な中央集権国家をつくりださない限り、欧米列強に対抗することはできない——これが、幕末動乱期の終盤、西郷や大久保、木戸、そして岩倉らが、将軍・徳川慶喜《よしのぶ》に妥協的な土佐藩主の山内豊信《やまのうちとよしげ》（容堂《ようどう》）や越前藩主の松平慶永《よしなが》（春嶽《しゅんがく》）ら開明派大名たちの「公議政体派」と決別して倒幕へと突き進んださいの問題意識であったと思います。

その過程において、旧来の封建体制を破壊して新たな近代国家の建設をめざした変革者たちの間で、大きく合意されていたのは次の二つだったというのが私の見方です。

一つは、議会制度を土台にすえること、もう一つは身分制の廃止です。その基本方針は、彼らが政権を取ると早々に発表した政治綱領「五箇条の誓文」から読み取れます。

とくに第一項の「広く会議を興し、万機（すべての政治的問題は）公論に決すべし」、そして第三項の「官武一途庶民に至る迄、各々その志を遂げ、人心（人々の心、民心）をして倦《う》まざらしめん（失望させない）ことを要す」です。

以後、封建制からの脱却は、一八六九（明治2）年の薩長土肥の四藩主につづく諸藩主の版籍奉還、その二年後の廃藩置県、さらに二年後の徴兵制（士族による武力・権力独占の解体）、その三年後の廃刀令、そして翌一八七七（明治10）年、西南戦争での薩摩士族の敗北による残存封建勢力の消滅をもって実質的に完了します。

以上の経過から、私は、ペリー来航による対外危機の本格化（一八五三年）から一八七七年の西南戦争までの二四年間を、「脱封建革命」としてとらえたいと思うのです。そうとらえることによって、この国が、数百年にわたって続いて来た封建制を脱して、不完全ではあっても身分制を廃した近代社会・国家への第一歩を踏み出したことの決定的に重要な歴史的意味を理解することができると考えるからです。

なお「脱封建革命」と称するのは、「革命」というのは既成の政治・社会体制の根底からの変革、いわば構造的変革をさす概念だと思うからです。人口のわずか六、七％程度に過ぎない武家身分による権力独占と、国土を細分化した分割・分権の政治・社会体制から、基本的に身分制を廃した中央集権国家への政治・社会体制の土台からの変革を「革命」と呼ぶのはしごく当然ではないでしょうか。

第二段階は「近代天皇制国家の成立」

維新の前半、旧体制破壊の意味を、私は以上のようにとらえたいと思います。では、後半の建設の過程はどのように見るか。

「脱封建革命」を牽引した西郷、大久保、木戸、岩倉らが、これからめざす近代国家の軸心として立てたのは天皇制でした。それも、神の権威と権力をあわせ持つ「神権天皇」制でなければなりませんでした。なぜ「神権天皇」制だったのか。

一つは、それまで二七〇余に分散した「くに」に生きていた三千万の民の人心を統合する政治的・精神的支柱として、カリスマ的な存在、つまり「神」の存在が必要だったからです。幸い、すでに本居宣長の国学や水戸学によってつくられた「神」としての天皇観、すなわち「尊王イデオロギー」が、尊王攘夷運動の中でこの国の指導層・知識層の間に広範に行きわたっていました。それを新たな視点からとらえ返し、政治的に利用したのです。

もう一つの理由は、彼らの出自にかかわります。周知のように彼らは中下級武士であり、中級の平《ひら》公家《くげ》でした。その彼らが新国家建設のヘゲモニーをにぎるためには、旧来の門閥制度を超越した権威と権力が必要だったのです。その権威・権力の源泉を彼らは「神権天皇」に求め、その神権天皇の代理人《エージェント》（有司《ゆうし》＝官僚）となることにより、その神権（絶対的な権力）を行使することが可能になると考えたのです。

しかし、ここに大きな問題がありました。その肝心の天皇を、この国の一般人民はそれまで知らなかったからです。というのも、江戸時代を通じて天皇は、幕府から支給される三万石と引きかえに、住まいである京都御所から外に出ることを固く禁じられていたからです。その禁足状態は、実に江戸時代二世紀半にも及んだのです。

そのため、新政権は全国の人民に対し、この国は天皇（天子様）という、尊く、ありがたい御方を戴いているのだということを、それこそ噛んで含めるように説いた「人民告諭」を地方ごとにつくって配布し、またその尊い天皇の存在を人々の目で確認させるため、天皇の全国巡幸という大プロジェクト、大プロパガンダを展開したのです。一八七二（明治5）年から一八八五（同18）年にかけ、六回にわたり、中央政府の閣僚を含め地方の高官、名士が加わった三百人前後からなる大行列を組んで、北海道から九州までを巡回したのです。

その一方で新政権は、神権天皇の権威をバックに、学制の公布、徴兵令発布、地租改正と、矢継ぎばやに近代化の政策を打ち出していきます。ただこの時期は、前に見たように封建遺制とその残存勢力の完全除去に取り組まなくてはならず、また岩倉や大久保、木戸らが欧米視察で長期に（二年近く）国を空けるなど模索の期間であり、天皇の権力を正面から振りかざすことはできませんでした。

神権天皇の威力が人民の前に最初に立ち現われたのは、一八八一（明治14）年の詔勅（天皇の名による命令）でした。自由民権運動の高潮期であり、民間有志による私擬《しぎ》憲法が相ついで作られていた時期です。そのさなかに、詔勅は、九年後に国会は開設するから、汝《なんじ》ら人民は国会問題や憲法起草に関与してはならぬ、と厳命したのです。そのときの衝撃を民権運動家たちは「霹靂一閃《へきれきいっせん》」「皇上閃然《せんぜん》」と述べています。まさに頂門《ちょうもん》の一針《いっしん》でした。

こうして民権運動家たちの言論・思想運動を封殺した後、西郷、大久保、木戸ら、いわゆる「維新の三傑」の亡きあと（三人とも明治10、11＝一八七七、七八年に自決、暗殺、病没で他界）、政権の最高実力者となった伊藤博文は、側近と共に密室で憲法を起草し、一八八九（明治22）年、大日本帝国憲法が明治天皇により「臣民」に対して下賜《かし》されます。その第一条には「大日本帝国ハ万世一系ノ天皇之《これ》ヲ統治ス」とあり、第三条には「天皇ハ神聖ニシテ侵スベカラズ」とありました。

こうして神の権威と権力をあわせ持つ「神権天皇」制が、憲法に明記され、確立されたのです。

以上のような推移から、維新の後半、「五箇条の誓文」から大日本帝国憲法の制定までを、私は「近代天皇制国家の成立」としてとらえたいと思います。

明治維新を全体としてひとつながりに見るのではなく、「脱封建革命」と「近代天皇制国家の成立」の二段階に分けてとらえる。それにより、歴史把握がより立体的になり、前段と後段、それぞれの歴史的意味がより明瞭に把握できるのではないか、と考えるからです。

以上の観点から、「脱封建革命」の達成までにいたるプロセスを、その前史を含めてたどっていき、最終章で近代天皇制国家の成立過程を簡略に述べることにします。

I

「尊王攘夷」思想はどのようにして形成されたか

なぜ「尊王攘夷」思想から始めるのか

前章で、司馬遼太郎氏が『この国のかたち』第一集の中で「尊王攘夷」は「外圧に対するいわば悲鳴のようなもの」にすぎないと言っているのを見ました。同じ本の別の箇所ではこうも書いています。

「幕末、ペリー・ショック以来、にわかに尊王攘夷ということばが流行語になり、その大合唱が倒幕運動に転化し、明治政権ができた。」（傍線、引用者）

半藤一利氏もまた、尊王攘夷は封建社会の不満分子がまき散らしたアジテーションの文句に過ぎないと切り捨てていました。

ほんとにそうだったのでしょうか。尊王攘夷思想はそんなに底の浅いものだったのでしょうか。では、どうしてあれほど数多くの「志士」たちが、このスローガンのために命をかけ、捨て身で奔走したのでしょうか。

「尊王」の思想は、幕末の動乱のなかだけでなく、新政権ができてからもその頭上に高くかかげられ、やがてつくられる大日本帝国憲法の冒頭にも、天皇こそがこの国の「絶対の神聖な統治者」であることが明記されるのです（二四ページ参照）。いや、その憲法自体、天皇から国民に下賜《かし》する（下し授ける）形がとられたのでした。

以後、近代日本は「天皇の国」、「皇国」として骨格をととのえ、領土拡大をめざして、武力をともないつつ海外へ乗り出していきます。その手始めが軍艦「雲揚《うんよう》」による朝鮮の江華島砲台を挑発しての戦闘（江華島事件、明治8＝一八七五年）であり、続いての琉球王国の併合（軍隊と警官隊を率いての「琉球処分」、明治12＝一八七九年）だったのでした。すなわち「攘夷」思想の発展による国威発揚、国権拡張、領土拡大の実践です。

このように、「尊王攘夷」の思想は幕末だけでなく近代に入って以降も、アジア太平洋戦争での敗戦（一九四五年）にいたるまで、大日本帝国の進路をつらぬく基本方針、つまり「国是《こくぜ》」として生き続けたのです。

したがって敗戦後、この国が帝国主義・軍国主義と決別し、新たに民主主義・平和主義の国として国づくりをすすめていくに当たっては、どうしてこのような悲惨な結末――全国の主要都市があらかた焦土と化すと同時に、同胞三一〇万の死（厚生省調べ）とあわせアジア諸民族二千万といわれる人々の死をもたらした結末――に到ったのか、振り返って考究・検証しなくてはならなかったのでした。そしてその省察・考究するべき主題の一つとして、当然、歴史的「国是」である「尊王攘夷」の思想が究明されなくてはならなかったはずです。

しかし残念ながら、軍国主義時代の記憶があまりに重くかつ暗い、振り返るにはあまりにも息苦しく生々しいものだったこともあり、「尊王攘夷」思想の形成からその発展・展開過程を客観的に検証する知的ないとなみ――人文・社会科学的な探究――は極めて不十分なまま放置されてきました。

そのことを、「尊王攘夷」思想の本拠である水戸学を研究してきた吉田俊純氏は、著書『水戸学と明治維新』（二〇〇三年、吉川弘文館）のあとがきで体験的にこう述べています（吉田氏は敗戦翌年の一九四六年生まれ、横浜市立大学、同大学院で遠山茂樹教授を指導教官に水戸学を研究した人です）。

「今日もそうであるが、当時はよりいっそう強く、水戸学の時代的な意義を評価しようとする雰囲気などまったくなかった。水戸学は封建思想の典型として、ひととおり、克服される対象として取り上げられるのが、せきのやまであった。」

「修士論文を書いたとき、近代史の理論家として知られた、当時四十代の研究者が私にいった。『はじめて学生との間に、世代の違いを感じた』と。彼ら戦争を経験した世代は、水戸学を正面から取り上げる気にはならないというのである。」

「水戸学とは、それほどまでに戦前、戦中世代の心に浸透し、とらえた思想なのである。もちろん、国民を戦争に動員するために鼓吹されたのである。彼らが嫌う気持ちはよくわかる。しかし、忌み嫌ってばかりいる精神態度は、臭いものには蓋をして、やがて忘れ去るようなものでしかないのではないだろうか。必要なことは、どんな恥ずべきマイナス的側面といえども、みずから明らかにすることではないだろうか。私は水戸学を研究して思わざるを得なくなった。日本人は本当の意味で戦争を反省していない、と。」

「尊王攘夷」は、幕藩体制を突き崩す思想的原動力でした。さらに明治維新をへて日本が近代化を遂げてゆく過程をもつらぬく「国是」、国家の基本綱領となってこの国を推進しつづけました。したがって、明治維新を現在につながる近代日本の出発点としてとらえるためには、「尊王攘夷」の問題——その本質と形成過程からフォローしないわけにはいかないのです。「尊王攘夷」は、たんなる幕末の流行語（司馬氏）、不満分子のアジテーション（半藤氏）として片付けるわけにはいかないのです。以上のような意味から、一般の明治維新の通史と異なって、本書は「尊王攘夷」思想の形成から叙述を始めます。

万葉集にみる「尊王」思想

「尊王」の思想は古代からありました。万葉集・第三巻の巻頭は、数々の名歌を残した柿本人麻呂の歌です。七世紀の後半から八世紀にかけての頃の歌と思われますが、天皇の仮の宮が雷《いかずち》の丘の上に建てられたのを見て、こううたっています。（引用は次の歌も含め『新編　古典文学全集　万葉集①、④』小学館から）

大君《おおきみ》は　神にしませば　天雲《あまくも》の　雷《いかずち》の上に　廬《いお》りせるかも

天皇陛下は神でいらっしゃるのだから、仮の宮も雷雲の上に建てられたのだ、というわけです。このほかにも「大君は　神にしませば」とうたった歌があります。

もう一首、大伴家持《おおとものやかもち》の歌を引用します。家持は万葉集の編纂者として知られていますが、その第一八巻に、七四九年、聖武《しょうむ》天皇の時代、東大寺の大仏像のメッキに必要な金の鉱山が東北で発見されたさいに作った長歌の中で、こううたっています。ちなみに大伴氏の遠い祖先は朝廷を守る親衛隊を率いる家柄だったようです。

……大伴の　遠つ神祖《かむおや》の　その名をば　大久米主《おおくめぬし》と　負《お》ひ持ちて　仕《つか》えし官《つかさ》　海行かば　水《み》漬《づ》く屍《かばね》　山行かば　草生《くさむ》す屍《かばね》　大君《おおきみ》の　辺《へ》にこそ死なめ　顧《かえり》みはせじと言立《ことだ》て　ますらをの清きその名を　古《いにしえ》よ　今の現《うつつ》に　流さへる　祖《おや》の子どもぞ……

右のうち、「海行かば」から「顧みはせじ」までを歌詞として、一九三七（昭和12）年、日本が中国との全面戦争に突入していった年に、作曲家・信時潔《のぶときぎよし》によって軍歌が作られました。「大君の辺にこそ死なめ」、つまり大君のためには、戦いに斃れ、水《み》漬《ず》く屍、草生《くさむ》す屍《かばね》となっても、けっして顧みはしない――軍歌『露営の歌』の詞句「笑って死んだ戦友が　天皇陛下万歳と…」に一直線につながる尊王思想の極致ともいえる歌です。そのためこの『海行かば』は千二百年の時を超えて、大元帥（天皇）のもと全国民を戦争へ駆り立てた軍国主義時代のシンボリックな〝準国歌〟となったのでした。

本居宣長の『古事記』研究に基づく日本「神国」論

このように、天皇崇拝、尊王の思想は古代からありました。それは摂関政治や院政の時代を含め、天皇家が国家統治の頂点に位置しつづけた六百年の間に社会の深部にまで浸透し、武家政治に移ってからも生き続けます。その証拠に、源頼朝をはじめ武力で権力を奪い取った武将たちも、その初期に

本居宣長が 35 年をかけて仕上げた『古事記伝』全 44 巻（本居宣長記念館蔵）

は、自らの権威と正統性を補強するために例外なく天皇の権威を利用したのでした（詳しくは梅田『日本ナショナリズムの歴史Ⅰ』高文研、参照）。

その天皇〝神格化〟の古い歴史をへた尊王思想を、改めて「日本神国論」として〝論理的〟に組み立てたのが、国学者・本居宣長（一七三〇～一八〇二）であった——というのが私の見方です。

本居宣長の最大の功績は、日本最古の歴史書である『古事記』を三五年の歳月をかけて読み解いたことです。『古事記』が書かれた八世紀の初めには日本固有の言語である「やまとことば」を表現するのに適した「かな文字」は生み出されていなかったため、漢字の音《おん》を借りて文章を作りました。万葉集も同様で、たとえば先に引用した大伴家持の歌の中の「顧みはせじ」は、「可《か》敞《へ》里《り》見《み》波《は》勢《せ》自《じ》」と漢字の音を借用して書かれました。そこでこうした漢字による表現法を「万葉仮名」といいます。

『古事記』もこの万葉仮名で書かれていました。この万葉仮名は平安時代の後期にひらがなが発明されてからは見捨てられ、そのためほとんど暗号文字の羅列と化していた万葉仮名による『古事記』の全文を、宣長は三五年をかけて読み解き、『古事記伝』四四巻として完成させたのです。

その畢生《ひっせい》の大作である『古事記伝』の冒頭に置かれた、いわば序論にあたるのが「直毘霊《なおびのみたま》」という評論です。宣長の思想のエッセンスが述べられた論文で、次のように書き出されます（一部、漢字を仮名に変更し、句読点を補足、『本居宣長全集 第九巻』筑摩書房から）。

皇大御国《すめらおおみくに》は、かけまくもかしこき神御祖天照大御神《かむみおやあまてらすおおみかみ》の御生《みあ》れませる大御国《おおみくに》にして、万《よろ》づの国に勝《すぐ》れたる所由《ゆえ》は、まずここに著《いちじる》し。国といふ国に、この大御神《おおみかみ》の大御徳《おおみめぐ》みかがふらぬ国なし。

現代文に訳すと、こういうことです。

——この皇大御国《すめらおおみくに》は、口に出して言うのも恐れ多い神のご先祖である天照大御神、すなわち日の神（太陽神）がお生まれになった国であって、この国が世界の万国にすぐれている理由はここにある。すなわち、いかなる国もこの日の神の恩恵を受けない国はないからである。

以下に続く文節も同様に現代文に訳して紹介しますと、

——その大御神が、わが孫のニニギノミコトが地上に天下るさいに天孫のしるしとして神器《じんぎ》を手渡された。天皇家に代々伝えられてきた三種の神器がこれである。

——あわせて大御神は、ご自分の子孫がこれからの長い年月、この国を治めるよう信託された。これにより国の統治者としての天皇の座（高御座《たかみくら》）は天地とともに永遠に動かぬことが定められた。——代々の天皇《すめらみこと》は、したがってすべて天照大御神《あまてらすおおみかみ》のご子孫である。よって天皇のことを「神の御子《みこ》」とも、また「日の御子《みこ》」ともいうのである。

ここに示された宣長による日本国の固有の特質は、次の四点からなります。

(1) この国、日本は、日の神（太陽神）である天照大御神がお生まれになった国である。

(2) 世界で太陽の恵みを受けない国は一つもない。したがって、日の神を生んだわが国は他のどの国よりも一段とすぐれた別格の国なのである。

(3) 大御神《おおみかみ》は、地上に天下《あまくだ》る天孫に三種の神器《じんぎ》を授け、その子孫がこの国を代々治めるようにと信託された。

(4) したがって、大御神から国の統治をゆだねられた代々の天皇は「神の御子《みこ》」「日の御子《みこ》」であり、その地位（高御座《たかみくら》）は永遠に定まって動かない、つまり他者にとって代わられることはないのである。

以上の四点は、宣長が読解した『古事記』の「神代《かみよ》の巻」に依拠しています。つまり「神話」から引き出した日本「神国」論です。

中国に対する宣長の異常な論難

では、前人未到の仕事をなしとげた宣長――手に入る限りの文献を集め、そこでの漢字の使われ方を調べ、万葉仮名の使用法を確定しながら『古事記』を読み解いた、徹底した実証主義者であったはずの本居宣長が、どうしてこのような非科学的な神話を「事実」として受け入れたのでしょうか。

それを解くカギの一つが、いま紹介した日本「神国」論につづく同じ「直毘霊《なおびのみたま》」での、宣長の異常・異様としか思えない、すさまじい「中国観」「中国論」です。宣長は、頭からこう決めつけています。

中国は、天照大御神《あまてらすおおみかみ》の御国《みくに》ではないから、日本のように定まった君主がいない。そのため人の上に立ちたい連中が夏の蝿（狭蝿《さばえ》）のように群がって勢力争いをしている。よって人心は荒れ、風習も乱れっぱなしである。

今は身分の賎しい奴であっても、権力を取ればたちまち君主となるので、現在君主の地位にあるものは家来にその地位を奪われまいと構え、家来の方は隙あらば主君の座を奪おうとたくらんで、互いに敵視してやってきたので、中国は昔から国が治まりにくかったのである。

そうした中にあって、他人を服従させる威力をもち、知力にたけたものが、人を手なづけ、人の国を奪い取って、その国を守り、しばらくはよろしく治めて、後世の手本ともなったものを、中国では聖人というのである。

日本は天照大御神に始まる万世一系の天皇がおられて、その地位は永遠に定められており、だれもそれにとって代わることはできない。それに対し中国は、力の強い者であればだれでも君主の座を奪うことができる。したがって中国は「国盗り合戦」に明け暮れており、だから国情は常に乱れっぱなしだというのです。

その中国にくらべ、「日の御子《みこ》」をいただく日本には大それた野心をいだく者はなく、したがっていつの世も穏やかで落ち着いていた、と宣長は言いたいのです。中国には遠い昔、たしかに「戦国時代」と呼ばれた時代がありました。しかし日本にも「戦国時代」と呼ぶしかない時代があったことは周知の事実です。しかし宣長は、そうした事実には目もくれず、中国の政治を非難してやまないのです。もう一カ所、引用します。

中国は、王だけでなく、総体として貴賤の血統が定まっていない。周の代まではこの区別がついていたようであるが、秦から以降はすっかり乱れてしまい、賤しい奴の娘も君主の寵愛を受ければ、たちまち后《きさき》の位にのぼり、逆に王の娘であってもただの男にめあわせ、それを恥とも何とも思っていない。また、昨日まで山暮らしの賎しい者が、今日はにわかに国の政治をつかさどる高官となったりする。すべて貴賎の品格が定まっていないからである。鳥獣のありようと何ら異なるところはない。

口をきわめて中国を貶《おとし》めています。三五年の歳月をかけ、考証に考証を重ねて『古事記伝』全四四巻を完成させた大学者の言葉とは思えません。しかし、ほかならぬその『古事記伝』の「序説」の中に、まちがいなくこの記述はあるのです。

何ゆえの論難か？　実は宣長には、このように激しく中国を罵《ののし》らなくてはすまない、あるいは罵らざるを得ない、もう一つの〝思想的〟ともいえる切迫した事情があったのです。

中国の「文化的植民地」となっていた日本

帝国憲法が公布され、国会が開設された翌年（一八九一＝明治24年）に早くも最初の幕末維新史である『新日本史』上巻が出版され、ベストセラーとなりました（現在は岩波文庫）。その著者、竹越与三郎は、同書「中巻」（発行は「上巻」の翌年）の中で、こう断定しています（傍点は引用者）。

「維新以前、日本の学問社会は、純然たる支那の植民地たり。」

江戸時代までの日本は、支那（この「シナ」は中国をさすが、日清戦争以降、差別的ニュアンスを込めた呼び名となった）の「純然たる」「文化的植民地」であったというのです。次いでその意味、根拠を、竹越はこう述べています（文中、六経四書は儒教の経典、朱と程は南宋と北宋の儒学の大家で朱子学の創始者）。

「読む所は六経四書、奉ずる所は孔孟朱程《こうもうしゅてい》、その極、孔子を祭るに至れり。されば学問の上に自由思想の行わるる極めて少なく、間々《まま》陽明等異説を祖述する者あるも、畢竟《ひっきょう》孔門の外に出でず。政制の上に君主専制あるがごとく、学問の上にも孔孟専制あり。」

つまり古代から江戸時代までの日本の学問は中国からもたらされた儒学が支配的であり、孔子、孟子以来の儒学に呪縛された「孔孟専制」「儒学一辺倒」だったというのです。

たしかにその通りで、使う文字からして漢字であり、文章も古代から江戸時代までを通して正式の文書はすべて漢文で書き、漢詩を作れることが知識人の条件とされ、とくに江戸時代になってからは儒学（朱子学）が官学とされ、武家の子はもとより町人の子が寺子屋で学ぶのも儒教の経典でした。

先にふれた万葉集が編まれたのは八世紀の半ばですが、和歌集の編纂はいったんそこで途絶え、次の九世紀に入って編纂されたのは勅撰の漢詩文集『凌雲集《りょううんしゅう》』や『文華秀麗集』でした。勅撰の和歌集が編まれたのはその次の一〇世紀に入ってからの『古今和歌集』です。

また最初の歴史書は万葉仮名による『古事記』でしたが、次いで編纂された歴史書『日本書紀』は漢文で書かれ、その後に続く『続日本紀《しょくにほんぎ》』『日本後記』『続日本後記』などの歴史書もすべて漢文で記述されました。そうした経緯を、宣長もこのすぐ後にふれる論文『排蘆小船《あしわけおぶね》』でこう述べています（原文はカタカナ、注記は引用者）。

「さて万葉以後嵯峨《さが》天皇（在位八〇九〜二三）のころより、漢文もっぱら行われて、上下ともにこれを学び、詩文を心にかけて、朝廷を始めとして下々まで、その心に化して、歌（和歌）よむ事ははなはだまれなりしとみえたり。続日本紀にそのおもむきみえたり。それより文徳《もんとく》（天皇、在位八五〇〜五八）清和（在位八五八〜七六）の御時《おんとき》ごろまでは、一向《いっこう》歌のさた聞こえず。」

つまり、九世紀の初めころから終盤にかけてはいわゆる「唐風《とうふう》文化」一色となり、漢詩文におされて和歌はほとんど見捨てられてしまったというのです。

こうした歴史的事態をふまえた上での、漢字・漢文と儒学・儒教を主軸とした中国文化による、日本人の知的世界、精神世界への圧倒的な影響、というより支配力に対する激しい苛立ちが、宣長のあのような、現代の私たちからすれば常軌を逸したとしか見えない過激な中国政治非難となって噴き出したのではないか、というのが私の見方です。

さらに加えて、宣長を中国に対する対抗的立場へと駆り立てる要因がありました。和歌についての宣長のこだわりです。

「和歌論」から生まれた宣長のナショナリズム

宣長の学問的出発は和歌についての研究（歌学）でした。一七三〇年、伊勢・松阪に生まれた宣長は、子供のころから当時の学問世界のならわしとして漢籍（漢文で書かれた中国の書籍）を数多く学びましたが、同時に和歌と歌学の世界に惹かれ、ハイティーンのころから独自の研究をすすめていました。

二三歳のとき医学を修めるため京都に出て、まず儒学者の堀景山に就きます。当時の医学書は漢文で書かれていましたから、漢学を深める必要があったのです。師の景山は朱子学者でしたが、学問的視野が広く、思考はきわめて柔軟で、万葉をはじめ和歌の研究で知られる国学の始祖、契沖《けいちゅう》の孫弟子と親交があり、契沖の著作も数多く所蔵していました。その契沖の著書を、宣長は師から借りて読み、学びます。こうして契沖の思想にふれたことが、宣長の和歌の研究に決定的ともいえる影響を与えることになりました。

宣長は二七歳で京都での学業を終えて、松阪に帰り小児科医を開業しますが、ほどなく最初の歌論『排蘆《あしわけ》小船《おぶね》』を書き終えます。その中で宣長は契沖についてこう述べています（傍点は引用者）。

「契沖は、学問は申すに及ばず、古今独歩なり。歌の道の味を知ること、また凡人の及ばぬ所、歌道のまことの処をみつけたるは契沖なり。」

契沖に学び、触発されて、宣長は和歌についての研究を深め、独自の歌論を打ち立てることになります。そのさい、和歌の本質を浮き立たせるための比較対象として設定したのが漢詩でした。『排蘆小船』は、問いと答えの問答形式で書かれていますが――「和歌は女子供が作るもので、中国の詩文章とは違って一つも正しくキッとしたところがなく、何の益もないように見えるが」という問いに対して、宣長はこう答えています（カギカッコ内は原文）。

そういう意見は、和歌を「国家の用にたて、あるいは修身のたすけ」にしようとする考えから出たか、または無情木石の人だから言うことだろうが、返すがえすもおかしいと思う。人と生まれて、しかも「神国」に生まれて、よもや人情をもたない者はあるまい。しかるにこういう意見を言うというのは、つらつら察するに、よその国の「四角なる文字」を見習い、またその「議論」ばかりに偏した書物どもを読んだからであろう。その「詩賦《しふ》」なども「四角なる文字」で書かれたものだから、わが国の和歌のように温柔ではなく、何となく硬いところがあって、キッとしており、人情を深くうたったものは滅多にない。まさに和歌と漢詩は「氷炭のちがい」がある。それなのに「唐人」の真似をして「詩文章」によって事をすますうちに、情感も唐人のそれに同化してしまい、その唐人の感性で和歌を見るから、和歌が「しどけなく（しっかりしていない）はかない」ものに見えるのであろう。これもみな「四角なる文字」の習性によるのである。

宣長が「漢字」と、さらに「漢字の国」をどう見ていたか、それに対してどれほどの対抗心を燃やしていたか、ここから明瞭に読み取れます。

この『排蘆小船』を執筆してから六年後、三三歳の宣長はこの歌論をさらに発展させ、精緻にした評論『石上私淑言《いそのかみのささめごと》』を執筆します。「石上」というのは古代にあこがれた宣長の愛用語で「ささめごと」は「ささやきごと」という意味ですが、内容は「ささやき」どころか「物のあはれ」を軸とする和歌の本質論から、さらに「日本論」にまで及ぶポレミック（論争的）な評論です。『小船』と同じく問いと答えの形式をとっています。

宣長が国学の先達、賀茂真淵《かものまぶち》と出会ったのが一七六三年、まさにこの『ささめごと』を書いた三三歳のときで、そのあと宣長は真淵の門に入り『古事記』の読解に取り組んでいくのですが、このときすでに『古事記』の重要性についてこう断言しています（カギカッコ内は原文、傍線は引用者）。

――日本紀（日本書紀のこと）はすべて漢文によってうるわしく表現しようとしたもので、「古語にかかわらず文章を主として」書かれている。一方、古事記は「文章にかかわらず、古語を主として」書かれたものである。しかるに後世には、文章のうるわしい方にだけひかれて古語について考えることがなかった。そのためもっぱら日本紀だけに親しんで、古事記の存在を忘れてしまった。こうして「古語は日々に失はれて」いった。

――したがって古代のことを知るためには、古事記にある古語をもとにして、それを日本紀の文字によって意味を確認していくべきである。すなわち「古事記を本文とし、日本紀を註解として見るべきなり」。ことに「言の葉の道」においては「古語《ふるごと》をむねとして」考えるべきであるから、「古事記は又たぐいもなくめでたき書《ふみ》にて、此の道にこころざさむ人は、あけくれに読みならふべき物なり。」

この後段の主張などは、宣長が晩年、『古事記伝』を仕上げたのち、門弟たちに向け古学（国学）の学び方について語った『うひ山ぶみ』で述べていることとまったく同じです。すでにこのような信念を抱いていたから、真淵に励まされた宣長は、ただちに『古事記』の全文解読に取り組むことを決意したのです。

「日本とはいかなる国か」を問いつづけた宣長

以上みたように他国（中国）からの借り物でない、日本固有の言語である古語を重視し、その古語を使ってつくる和歌こそが、日本人の情感、心情、さらには人間性を表現するのにふさわしい文芸であるということが宣長の歌論の核心となります。言い換えれば、他国で生まれた漢詩文などではない、日本原産の和歌でなければ日本人のこころは表現できないということです。

こうして和歌と日本人との宿命的な関係について考察を深めていくうちに、宣長の関心はおのずから日本人、日本という国そのものへと向かいます。

『石上私淑言《いそのかみのささめごと》』は三部からなりますが、その第二部は日本という国の呼び名についての問答で占められます。和歌のことを「やまとうた」といい、「倭歌《わか》」というのはなぜか、という問いから始まりますが、「問い」だけを列記すると、以下のとおりです。

——やまとを夜麻登と書くことについて
——やまとという名はいつから始まったのか
——やまとという名の意《こころ》は何か
——やまとに倭の字を書くのはどうしてか

――倭を和とも書くのはどうしてか
――倭が和の字に改められたのはいつごろからか
――日本という号《な》についてはどうか
――日本と名付けられたゆえんは何か
――ひのもとというのは古語か
――やまとというのに日本の字を用いるようになったのはいつごろからか
――大日本、大和など、大の字をつけるのは、もろこしで当代の国号をうやまって大漢、大唐などというのにならったのか

こうした問いに対して、宣長は国内外の文献を駆使して答えているのですが、宣長の国号（国名）についての関心はこれだけではおさまらず、『石上私淑言』から二四年をへた一七八七年、五七歳のときに『国号考』を出版しています。『石上私淑言』の論考を整理し、さらに精緻にしたもので、神《か》代《み》の時代《よ》の「大八嶋国《おおやしまくに》」「葦原中国《あしはらのなかつくに》」からはじまって「夜麻登《やまと》」「倭」「和」「日本」と歴史的な国号について文献学の知識を総動員して解説しています。そこで考察の対象としたのは国号ですが、背後には「日本とはいかなる国か」という命題に対する問題意識が、国学者・本居宣長の胸底に生涯を通して脈々と貫流していたことがわかります。その核心部分にあったのは、もちろん先に見たような天照大御神を天辺《てっぺん》にいただく日本「神国」論でした。

宣長にみる「攘夷」思想

以上、和歌の世界への沈潜にはじまる歌学の研究、その過程での中国からもたらされた漢詩文にたいする対抗意識を燃やしながらのわが国独自の心情表現としての和歌の本質論、つまり「物のあはれ」論の確立、そしてその和歌をつくるわが国固有の言語である古語（やまとことば）の重要性の確認、さらにその古語の宝庫である『古事記』の研究を通しての日本の「言語」と「歴史」の発掘・発見を通して、宣長の日本「神国」論にもとづく尊王思想が形成されてきた過程を、すじ道だけですが見てきました。

これにより、私が尊王思想の源流として宣長を設定したことはわかっていただけると思いますが、もう一つ、宣長の中にはすでに「攘夷」につながる思想も明瞭に存在していました。

一七七七年、宣長が四七歳のときに完成稿ができたとされる『馭戎慨言《ぎょじゅうがいげん》』という評論があります。馭は「馭者《ぎょしゃ》」の馭で、戎《じゅう》は「えびす」、「攘夷」の夷《えびす》と同じく異民族に対する蔑称で、慨は「慨嘆」「憤慨」の慨です。したがって「馭戎慨言」は、日本が異民族（外国）をあやつる、つまり外国とどう付き合ってきたかについて、憤慨し、あるいは慨嘆して述べた評論という意味になります。

その外国とは、考察しているのが古代から秀吉の朝鮮出兵までですから、当然、朝鮮と中国ということになります。

博学の宣長ですから、参照した文献は『古事記』『日本書紀』はもとより、『前漢書』『後漢書』をはじめ中国や朝鮮の歴史書が数多く取り上げられています。例の『魏志倭人伝』の該当部分は原文の漢文のまま全文が引用されています。それを綿密に検討しての宣長の結論は、邪馬台国九州説です。外交の相手国は朝鮮と中国といいましたが、主要には中国です。宣長の中国に対するスタンスは先に見たとおりですから、その筆致がどういうものになるかはおよそ想像がつくでしょう。

宣長が終始こだわっているのは、敬称の使い方です。

たとえば、七世紀の初め、最初の遣隋使として小野妹子《おののいもこ》が中国に渡った際、隋の使者が皇帝からの書を持ってきます。それには「倭王」とありました。その文字をとらえて宣長は「かぎりなく尊くまします天皇《すめらみこと》」に対し「倭王」とは何事か、そういう無礼な書は受け取るべきではない、使者も追い返すべきだった、と書いています。

だいたい宣長は、中国に使者を送ること自体を快く思っていません。九世紀の初期、平城・嵯峨・淳和の三代の天皇の時代には遣唐使が送られませんでしたが、それについて宣長は「今かく絶たりしは、いとめでたし」と称えています。そのあとも遣唐使は間遠になりますが、九世紀末、菅原道真を大使として使節団が編成されながら遣唐使は中止となりました。そのことを記述したあと宣長は「かえすがえすめでたし」と快哉を叫んでいます。宣長の中国への対抗心が尋常でなかったことがこれからもわかります。

蒙古襲来については、宣長の筆は躍っています。――「筑紫のもののふども多く出て戦ひけるにぞ、賊軍、乱れて退《しりぞ》きぬる。をりしも霜月廿一日の夜、雨風いみじく起こりて、その船どももあまた破れぬるは、もはら皇神《すめかみ》たちの御守りなりけり。」

こうして日本軍の勝利については勇んで書いているのですが、反対に日本軍が敗退した戦いについては、宣長は沈黙します。七世紀の半ば、天智天皇の時代、日本は新羅《しらぎ》と唐の軍に追いつめられた百済《くだら》を支援するため大軍を送り、決戦を挑みます。いわゆる白村江《はくそんこう》の戦いです。しかし百済と日本の水軍は、新羅と唐の水軍に完全に打ち負かされます。その有様は『日本書紀』にもちゃんと書かれています――「大唐軍は左右から船をはさんで攻撃した。たちまちに日本軍は破れた。水中に落ちて溺死する者が多かった。船のへさきをめぐらすこともできなかった。」(宇治谷孟『全現代語訳 日本書紀』講談社学術文庫)

この敗戦は、当時の日本の朝鮮半島との関係、つまり対外関係においては決定的な事件です。しかしこの重大な出来事について、宣長はただ「百済は、新羅唐のあた(賊)どもにほろぼされ」と書いているだけなのです。日本が大軍を送り、敗れたことについては完全に伏せているのです。

同様のことが、国内の出来事についてもあります。一三世紀の初期、後鳥羽上皇がとつぜん、鎌倉幕府に対して宣戦布告を発します。朝廷支配下の貴族や武士団に対し、幕府の執権・北条一族「征討」の命令を下したのです。「承久《じょうきゅう》の乱」です。しかし平家との戦いを勝ち抜いてきた鎌倉の武士団と、荘園から駆り集めた武士団とでは初めから勝負になりません。捕らえられた後鳥羽上皇は隠岐《おきの》島《しま》に、息子の順徳上皇は佐渡島《さどがしま》に配流《はいる》となります。天皇《すめらみこと》が流罪《るざい》に処せられて都を追われたわけですから、宣長にとっては天地がひっくり返ったほどの重大事だったはずです。しかし宣長は事変の内容については全く触れず、「承久のほどのさかしまごと(叛逆)こそ、いはん(言わん)かたもなかりしか」と慨嘆しているだけなのです。

このように、宣長は都合のわるいことには目をつむりますが、自分が許せないと思ったことには容赦なく筆誅《ひっちゅう》を加えます。室町幕府の三代将軍・足利義満の場合がそうです。

一四世紀後半から一五世紀初頭にかけての義満の時代、東アジアの政治情勢は大きく変わります。朝鮮半島には李成桂による新王朝「朝鮮」国が生まれ、中国大陸ではモンゴル帝国にかわって新たに明《みん》国が出現し、琉球もその明国との朝貢貿易を始めます。そうした中、義満は遣唐使を廃止して以来の国際的孤立から脱却して、東アジア国際社会への進出をはかりますが、そのためには超大国である明国の皇帝と冊封《さくほう》関係を結ぶ必要があります。冊封関係とは、明国皇帝から一国の国王であるとの認証を受け、あわせて朝貢貿易が認められるという関係のことです。

義満の冊封関係の申し出は諸事情があって難航しますが、最終的に義満が皇帝に送った文書が中国の『国宝記』に記載されているのをとらえて、宣長はこうきびしく糾弾します。

――まず日本国には大の字をつけていないのに、相手には大明と書き、さらに皇帝陛下と書いている。皇帝は許すとしても、陛下とはなにごとか。相手を上邦《かみくに》と書いているのも同断だ。明国王に媚《こ》びているとしか思えない。だいたい大御国《おおみくに》の大将軍は、明国王よりも尊い存在であるはずではないか。文末の「誠惶誠恐頓首頓首謹言」と書いているのもへりくだりすぎる。

またその後に将軍から送った書にも「日本国王 源《みなもと》 表す、臣聞く、うんぬん」と、自ら「臣」と書いていた。前の書よりもいっそう相手を尊んで、いよいよへつらっている。「さらに言わんかたなし」

と足利義満を宣長は断罪していました。

この義満とは反対に、宣長が絶賛しているのが豊臣秀吉です。なぜか。朝鮮に出兵し、朝鮮および明の軍と戦い、破竹の勢いで進撃したからです。しかし実際は、一五九一年の最初の出兵では朝鮮半島北部まで攻め入ったものの全土は制圧できず、途中で明軍も救援に加わったため戦局は膠着《こうちゃく》、その後の交渉も進展がなかったため九七年、再度の出兵となりますが、今回は苦戦がつづき、翌九八年夏、秀吉の死によってようやく停戦、日本軍は撤退ということになります。

こうして秀吉の野望は挫折したのですが、それは戦略が間違っていたからではないか、というのが宣長の判断です。

――秀吉の意図は、まず朝鮮を攻め落とし、朝鮮国王を道案内に明国へ攻め込むつもりだったのだろうが、初めから直接、明国を攻めるべきであった。それにはまず南へ向かい、南京《なんきん》を取ればよかった。南方はかつて倭寇が荒らしまわったところだから、日本と聞けば鬼のごとく怖れられていた上に、日本全土を制覇した太閤の勇名はとどろき渡っていただろうから、南京はたやすく取れただろう。南京を取れば江南地方は黙っていても手に入るだろうから、それから北京へ攻めていけば、北京も落ちて、明王を生け捕ることも容易だったろう。そうなれば、朝鮮はおのずから従ってくるだろう――というのが宣長の戦略でした。

まるで、それから一六〇年後の一九三七年、盧溝橋事件につづいて夏から秋、冬にかけ、日本軍が上海を攻略、次いで西へ向かい、当時の中国の首都だった南京を攻撃、占領したことを予告したような宣長の「戦略」です。宣長はまちがいなく「攘夷」の思想だけでなく政略の持ち主でもあり、それは近代日本の中国侵攻にも地下水脈のごとく受け継がれていたのです。

国学と水戸学を結びつけた「神話史観」

宣長によって確立された国学はその後、地方の名主《なぬし》（おもに東日本での名称、西日本では庄屋と呼ぶ）などを主体とする知識層や武家の間に普及し、「尊王攘夷」思想の〝信徒〟を広げていきますが、国学と並んで「尊王攘夷」運動の実践的担い手を生み出していったのが水戸学でした。

宣長の国学の世界をささえる礎石の一つは日本固有の言語「やまとことば」でした。したがって宣長の著作はすべて仮名《かな》で書かれています。また宣長が激しく非難・攻撃したのは儒学・儒教であり、その儒学を学び、指導する儒学者でした。水戸学はその儒学の系統であり、したがって『大日本史』をはじめ水戸学学者の著作もすべて漢文で書かれました。

このように学派としては、国学と水戸学は対立的だったはずですが、しかし互いの根本のところにあい重なる思想を共有していました。日本神国論にもとづく尊王思想です。

水戸学はその名の通り水戸藩に生まれた学派です。一六五七年、徳川光圀（水戸黄門）が『大日本史』の編纂に着手して、以後この大事業がつづくなかで成立したとされていますが、一八世紀の半ば、本体部分が完成したところで、以後半世紀にわたって事業は停滞します。これを境にして水戸学は前期と後期に分かれるのですが、一般に水戸学というのは後期水戸学をさします。

後期水戸学は次の三人の儒学者によって代表されます。先達が藤田幽谷《ゆうこく》、その門人の会沢正志斎《あいざわせいしさい》、そして幽谷の子の藤田東湖《とうこ》です。

一七九一年、幽谷は「正名論」を発表します。青年期の執筆で短い論文ですが、水戸学のエッセンスが語られています。その一部を原文（読み下し文、以下同）のまま紹介しますと（注は引用者）――

赫々《かっかく》たる日本、皇祖《こうそ》（天照大御神）開闢《かいびゃく》より、天を父とし地を母として、聖子・神孫、世《よよ》明徳を継ぎて、以《もっ》て四海《しかい》（世界）に照臨（照らし君臨する）したまふ。四海の内、これを尊びて天皇と日《い》ふ。八洲《やしま》（大八洲《おおやしま》、日本全土）の広き、兆民《ちょうみん》（万民）の衆《おお》き、絶倫の力、高世の智ありといへども、古《いにしえ》より今に至るまで、未だ嘗《かつ》て一日として庶姓《しょせい》（一般の者）の天位（天皇の地位）を奸《おか》す者あらざるなり。君臣の名《めい》（区別）、上下の分《ぶん》（差異）、正しく且《か》つ厳なるは、なほ天地の易《か》ふべからざるがごときなり。ここを以て皇統の悠遠、国祚《こくそ》（天皇の地位）の長久は、舟車の至る所、人力の通ずる所、殊庭《しゅてい》絶域（別世界や人跡未踏の地）も、未だ我が邦《くに》のごときものあらざるなり。豈《あ》に偉ならずや。（『日本思想大系・53』岩波書店、所収）

わが日本は天照大御神が国を開かれて以来、その神のご子孫である天皇が世界を照らし君臨されてきた。日本の国土は広く、人民は多いが、いまだかつて天皇の地位を侵そうとした者はいない。このように君臣、上下の名分《めいぶん》はわが国において厳として揺るがない。万世一系の皇統の悠久、永遠、何と偉大なことではないか――と言っているのです。

どうでしょう。私が先に紹介した宣長の『古事記伝』の〈序説〉「直毘霊《なおびのみたま》」の冒頭の部分――「日本は日の神アマテラスがお生まれになった国である」以下、私が(1)～(4)に要約した規定（三三ページ参照）にそのまま重なるのではありませんか。

『論語』に「子《し》（孔子）は怪力乱神を語らず」とあります。怪力とは「超常現象」、乱神とは「怪しげな信仰」のことです。したがって儒教の思想をもって漢文で書かれた『大日本史』は、記紀の〝超常現象満載〟の「神代《かみよ》」のところはカットして、人代《ひとよ》すなわち神武天皇のところから叙述されています。

しかしこの「正名論」に見られる幽谷の歴史観はアマテラスによる「皇祖開闢《かいびゃく》」から始まっているのです。「直毘霊《なおびのみたま》」の完成稿ができたのは一七七一年です。「正名論」は九一年、二〇年の開きがありますから、幽谷が宣長の思想にふれる時間は十分にあったでしょう。

このことを踏まえて、思想史家の尾藤正英氏は前掲書『日本思想大系・53』の解説「水戸学の特質」の中で、水戸学は「前期の儒教的・合理主義的歴史観」から「後期の神話的歴史観」へと「思想的立場」を転回した、と述べています。この神話史観こそ、まさに宣長の歴史観だったのでした。

水戸学で最も有名な評論は、幽谷の門弟、会沢正志斎の『新論』です。幕末、志士たちのバイブルとなって広く読まれました。水戸藩には鹿島灘にのぞむ長い海岸線があります。一九世紀に入るとその沖合に外国船が出没するようになりました。一八二四年5月、英国の捕鯨船が薪水《しんすい》（燃料と水）を求めて大津浜に到来するという事態が発生しました。そのとき正志斎は交渉の筆談役に任命され、尋

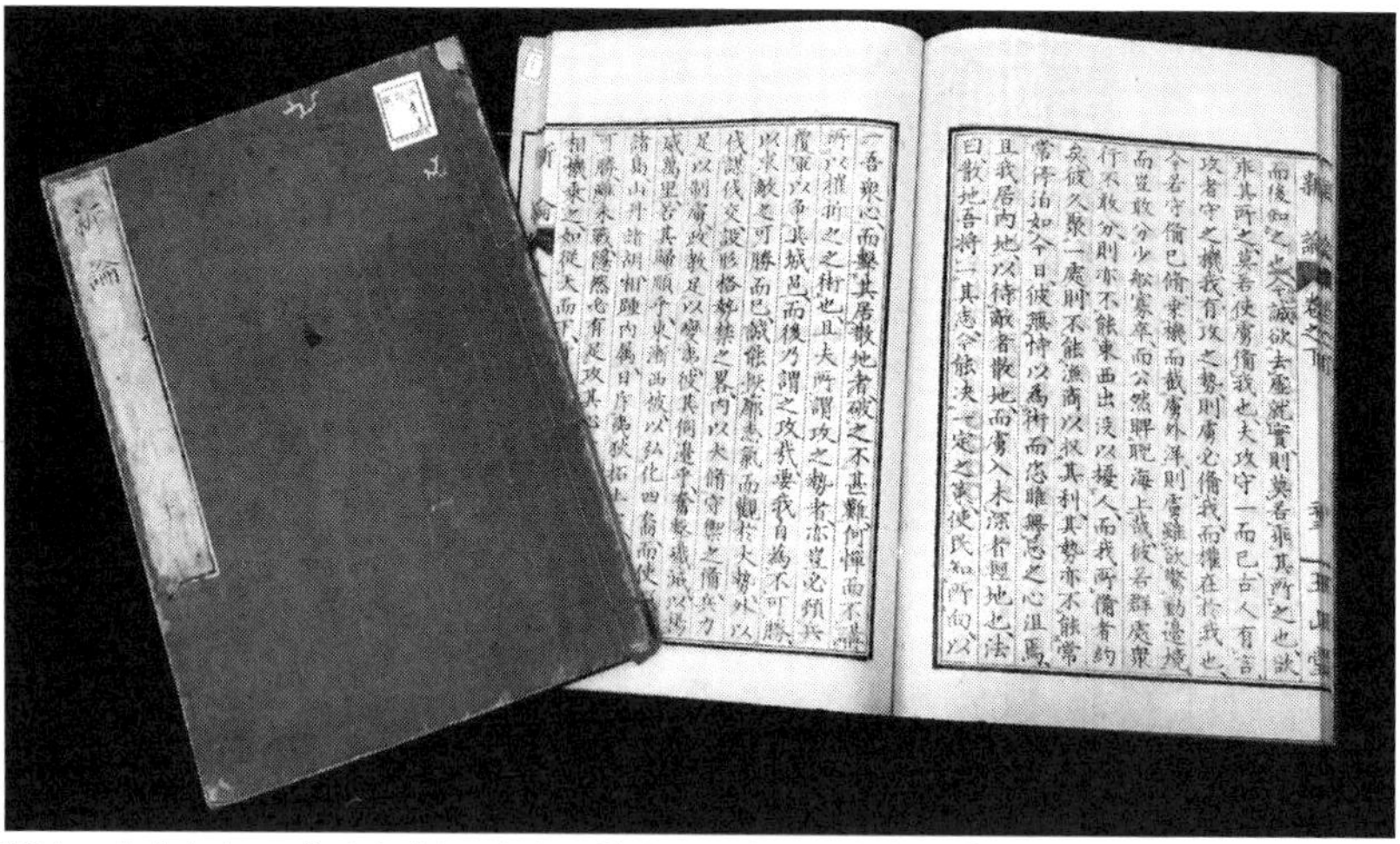

幕末、志士たちの〝バイブル〟として読まれた会沢正志斎の『新論』（茨城県立歴史館蔵）

問に立ち会います。

翌二五年、2月、幕府は「異国船打ち払い令」を各藩に下します。そうした緊迫する状況の中で、正志斎は警世の書『新論』を執筆したのです。巻頭、次のように始まります（注は引用者）。

謹んで按《あん》ずる（考える）に、神州（神国日本）は太陽の出づる所、元気（万物の根源をなす気）の始まる所にして、天日《てんじつ》之《の》嗣《し》（日の神の跡継ぎ＝天皇）、世《よよ》（代々）宸極《しんきょく》（皇位）を御《ぎょ》し、終古易《かわ》らず（永遠に変わらない）。固《もと》より大地（地球）の元首にして、万国の綱紀（統括者）なり。誠によろしく宇内《うだい》（世界）に照臨（照らし君臨する）し、皇化の及ぶ所、遠邇《えんじ》（遠近）あることなかるべし。しかるに今、西荒《せいこう》（西洋）の蛮夷《ばんい》、脛足《けいそく》の賤《せん》を以《もっ》て（日本が頭なら足にすぎない分際で）四海（世界）に奔走し、諸国を蹂躙し、眇《びょう》視《し》跛《は》履《り》（おのれの力のほどもわきまえず）、敢へて上国《じょうこく》（日本）を凌《りょう》駕《が》せんと欲す。何ぞそれ驕《おご》れるや。（前掲『日本思

想大系・53』から）

神国日本は「太陽の出づる所」つまり太陽神の生まれたところであり、その太陽神の跡継ぎである天皇は永遠にその地位にあって、世界を照らし君臨している、（それなのに西洋のえびすどもは身の程もわきまえずこの神国の上に躍り出ようとしている）と、正志斎もまた宣長の神話史観に立ってその論を展開しているのです。（『新論』は国体論と国防論で構成されますが、内容については梅田『日本ナショナリズムの歴史 Ⅰ』高文研でかなり具体的に紹介しています。）

もう一人の水戸学のリーダー、藤田東湖の代表的な著作は『弘道館記述義』です（弘道館は水戸藩の藩校）。その中に「尊王攘夷」という四字熟語が初めて登場します。その「尊王攘夷」の項目の書き出しを、今回は私の現代語訳で紹介しますと――

謹んで考えるのに、堂堂たる神州（日本）は、天日之嗣《てんじつのし》（天皇）、世《よよ》（代々）神器《じんぎ》を奉じ、万国に君臨し、上下・内外の分（区別・差異）は、天地を取り替えることができぬのと同様、変えることはできない。したがってすなわち、尊王攘夷は、高い志をもつ志士《しし》、高徳の仁者《じんしゃ》にとって、尽忠《じんちゅう》・報国《ほうこく》の大義である。

ご覧のように、東湖もまた父の幽谷や正志斎と並んで、宣長の神話史観を「尊王攘夷」論の土台にすえています。（ついでにふれると、最後の「尽忠報国」はアジア太平洋戦争時代の戦意高揚のスローガンとなります。）

以上みたように、宣長の国学と後期水戸学とは、記紀にもとづく神話史観を共有し、その宣長の神話史観に立脚して水戸学は、尊王思想の上にさらに武力行使を本業とする武家の学派として、激烈な攘夷論を開花させていったのでした。

こうして国学と水戸学、この両者が一体となって生み出した「尊王攘夷」イデオロギーは、異国船のあいつぐ到来に国家的・民族的危機を感じ取った、政治的・思想的に鋭敏だった知的なエリート青年層（その典型的人物が吉田松陰）を熱くとらえ、とくにペリー黒船艦隊の来航を機に、彼らを直接行動へと駆り立てていったのです。

「寛政の三奇人」にみる「尊王攘夷」思想

国学と水戸学はこうして「尊王攘夷」思想の本流をつくりだしていったのですが、このほかにも一八世紀の後半、本居宣長とほぼ同時代に生きて、独自に「尊皇攘夷」の道を歩んだ人たちがいました。その代表がいわゆる「寛政の三奇人」です。寛政は一七八九年から一八〇〇年までの一二年間で、三奇人とは林子平《しへい》（一七三八〜九三）、高山彦九郎（一七四七〜九三）、蒲生《がもう》君平《くんぺい》（一七六八〜一八一三）の三人をさします。

どういう人たちだったか、日本史研究者、安藤英男氏の綿密に史料を追っての評伝『寛政三奇人伝』（一九七六年、大和書房）によって見ていきます。

まず、林子平。やがて来る「開国」の時代を予見して、それに対応するための警世の書『海国兵談』全一六巻を執筆・出版した先覚者です。超人的な健脚で、蝦夷《えぞ》（北海道）から九州まで全国を回って視察しました。とくに長崎は三回もたずねます。そこで、オランダ商館長を一〇年間もつとめたアーレント・ヘイトから海外事情を学びました。そこで得たのが「江戸の日本橋より、唐《から》、阿蘭陀《オランダ》までは境なしの水路なり」（『海国兵談』）という世界認識です。島国・日本にとって、かつては海が最大の防壁であったが、大型の船が造られ、航海術が発達したいまでは、どこからでも敵の侵攻を可能にする水路となった、というのが子平の認識であり、この卓見はのちに前出の会沢正志斎の『新論』に引き継がれます。

一七八六年、子平はまず『三国通覧図説』を出版します。この三国とは朝鮮、琉球、蝦夷ですが、小笠原諸島についてもヘイトからの情報にもとづいて取り扱っているので、正確には「四島通覧」とすべきではなかったか、と安藤氏は述べています。琉球はその国王が源為朝の末裔であると書いていますが、蝦夷については松前藩による経営の現状を批判するとともに、大国ロシアによる南下の危機の迫っていることを警告しています。クナシリ、エトロフ、千島、カムチャツカ等の地名も記載されているとのことです。

この『三国通覧図説』が友人を通じて、時の光格天皇に献上されます。この光格天皇は江戸期を通して意志の強さでは随一といえる天皇で、京都の御所が大火で焼失したさい、再建する御所は平安時代の建物を再現してほしいと幕府に要求し、老中首座の松平定信とわたりあってついに押し切ったときの天皇です。

その光格天皇の「天覧」の栄に浴したとあって、子平は狂喜、感激し、その光栄を友人たちとわかちあいたいと招待状を出します。――「小子《しょうし》が身に取りて上もなき本懐にて、有難く存じ奉り候。因《よ》って知己《ちき》の御方《おかた》に濁酒《だくしゅ》相い勧《すす》め、御祝い仕《つかまつ》り度《た》く存じ奉り候。」

当時すでに、子平やその友人たちの目に、天皇・朝廷がどのように映っていたかがわかります。このあと子平は京都に行き、朝廷に対して国防の重要性を訴え、朝廷の力を借りて国策の策定に近づこうとしますが、徒労に終わります。

その後、子平は、つてを頼って松平定信に面会し、海防について直訴しますが、これも不成功に終わりました。

朝廷も幕府も頼りにならないと思い知った子平は、こうなったら世論を喚起するほかないと考え、『海国兵談』の執筆に取りかかります。九年をかけて脱稿、しかし経済的に無力な子平はすぐに出版にかかることはできません。予約出版を募ったり四苦八苦したすえ、自らも版木を彫って、やっと一七九一年、出版にこぎつけます。しかし作ることのできた部数はわずかに三八部でした。

さらにこの年の暮れ、子平は幕府に召喚され、日本橋伝馬町の獄舎に入れられます。罪状は「異国より日本を襲い候事これあるべき趣、奇怪異説等、取り交ぜ著述致し」たことでした。一介の素浪人に近い者が天下国家の政道にくちばしを入れるとは何ごとか、ということだったのでしょう。（現在も、外交と安全保障は国の専権事項だと政府は言っています。）

牢に入れられたばかりか、翌九二年、子平にとって命より大事な版木も没収されました。要するに、絶版処分です。しかし皮肉にも同じその年、ロシア使節ラクスマンがシベリア総督の通商要求の信書をもって北海道根室に来航します。松前藩からその知らせを受けた幕府は対応のすべがわからず、とにかく北海道を横断して松前へ来るように指示、そこでの交渉では信書も受け取らず、対外窓口の長崎への入港許可証だけを渡して当座をしのいだのでした。

翌九三年、林子平は五六歳の生涯を閉じました。罪を負ったままの死だったので、墓標を建てることも許されなかったとのことです。

次は高山彦九郎です。群馬の新田郡《にったごおり》に生まれました。南北朝時代、鎌倉幕府を倒した南朝の主将、新田義貞の本拠で、先祖はその義貞の有力な家臣だったといいます。一二歳で南北朝の動乱を描いた『太平記』を読み、楠木正成など南朝の忠臣の熱誠に感激し、尊王の道にめざめたといいます。

一七歳のとき（一七六四年）家に書き置きを残して単身、京都に上ります。江戸の日本橋を出発点に東海道五十三次の終点である三条大橋に着いたところで御所（皇居）の方角を人にたずね、橋の上にひざまずき、両手をついてその方向に向かい遥拝したといいます。現在、大橋のたもとにその容貌魁偉な銅像があります。

このエピソードからも想像されるように、彦九郎は直情径行、一本気で清廉、何ごとも誠心誠意の熱血漢だったようです。またその風貌はというと、儒学者で詩人の菅茶山《かんちゃざん》が「鼻高く、目深く、口ひろく、丈たかし、総髪なり」と記しています。

高山彦九郎像（京都・三条大橋。撮影／本庄 豊）

このあと彦九郎は、二年間、近畿から中国地方にかけ、頼山陽《らいさんよう》の父で儒学者の頼春水など同志と思われる人たちを訪ね歩いたようです。このように同志の人たちを訪ねることとあわせ、彦九郎はその生涯を通じて全国を歩き、各地で出会った逆境にめげず健気に生きている孝子、節婦、義人などをたずねて励まし、顕彰することに力を尽くしました。その記録を編纂した『孝子伝』が残っているそうです。

一七九〇年、四三歳の彦九郎はまたも周遊の旅に出て、北方を回ったあと九一年、京都に入ります。そこで彦九郎はたまたま琵琶湖でとれた緑の毛の生えた全長八センチほどの亀、緑毛亀を友人から贈られます。中国の書物に、緑毛亀は「文治の兆」つまり武でなく文をもって国が治まることの前兆を示すとあるのを知り、彦九郎はそれを朝廷に献上します。時の天皇は先にもふれた剛直で学問を好む光格天皇です。その天皇のもと、これこそ天下太平、皇運の栄える瑞祥《ずいしょう》だと彦九郎は思ったのです。天皇も喜び、彦九郎は天皇に拝謁することになります。林子平は著作を献上しただけでしたが、彦九郎は直接謁見したのです。そのときの感激を彦九郎はこう詠んでいます。

われをわれと　しろしめす（お知りになる）ぞや　皇《すめらぎ》の　玉の御《み》こへ（声）の　かかる嬉しさ

彦九郎にしてみれば、まさに感激の極みだったのでしょう。この感激を西国の同志たちとも分かち合いたいと、山陽道をへて九州に向かいます。当時すでに彦九郎は天下の名士です。かつて奥州遊歴の途上、米沢を訪れたときは名君として名高い上杉鷹山《ようざん》がとくにヤマメを用意させてもてなしたとのことです。

九州に入った彦九郎は小倉から中津、日田をへて久留米に行き、そこから熊本、そして薩摩に行き、次は再び熊本に戻り、各地を回って久留米に戻ります。この間、彦九郎は同志の人々と時勢について語り合い、名勝の地に清遊し、和歌を贈答したりして過ごすのですが、この間、京都では重大な事態が生じていました。「尊号一件」の問題です。

徳川家が将軍位の世襲にそなえて御三家をつくったように、天皇家も四つの宮家を設けていました。一七七九年、後桃園天皇が夭折して天皇家の直系が絶たれたとき、宮家の一つ、閑院宮《かんいんのみや》家の八歳の子どもが天皇家に養子として入り皇位を継ぎました。これが光格天皇です。

皇位を譲位した前天皇は太上《だいじょう》天皇（略して上皇）となりますが、光格天皇の父・閑院宮は皇位についてはいないのですから、上皇にはなれません。そのため、幕府が決めた禁中《きんちゅう》並《ならびに》公家《くげ》諸法度《しょはっと》の定めにより、閑院宮は天皇の実父ではあっても太政大臣以下左右の三大臣の下位に就くことになります。それでは忍びないというので、光格天皇はその父へ上皇の尊号を贈るのを認めてほしいと幕府に要求したのです。

しかし老中首座の松平定信は、その要求をはねつけました。かつての御所再建のさいはやむなく朝廷側の要求を認めたが、今回は国法——禁中並公家諸法度の原則を曲げることはできないと突っぱねたのです。

実は、定信の側にもそれを受け入れるわけにいかない理由がありました。幕府もまた御三家に加えて御三卿を指定していました。第一一代将軍・徳川家斉《いえなり》はその御三卿の一つ、一橋家の出身でした。そこで家斉は実父・一橋治済《はるさだ》を「大御所」の座に迎えたいと画策していたのです。しかし、もしそれを認めれば老中制による幕政の基本構造は崩れてしまいます。あくまでこれに反対し続けた定信は、家斉により老中を罷免されたのでした。

以上のような裏面の事情もあって、光格天皇・朝廷による「尊号一件」の問題は天皇側の完全な敗北に終わります。幕府によって公家社会を管理・監視する武家伝奏《てんそう》と議奏《ぎそう》の役にあった公卿二人が罰せられました。

その事実を、彦九郎は再訪した久留米で知ったと思われます。彦九郎の受けた精神的ショックのほどは容易に想像ができます。自分は緑毛亀の出現による「文治の兆」を頭から信じ込み、光格天皇に拝謁して感激し、その感激を同志たちに伝え、皇室の復権と文治による明るい未来を語ってきた、しかし、それはすべて虚妄であった――軽率で愚かだった自分の行為を、同志たちにどう詫びたらいいのか、苦悩と悔恨のきりもみ状態に陥った彦九郎の選べる道は自決以外にありませんでした。一七九三年、久留米の友人の家で彦九郎は切腹、四六年の生涯に終止符を打ちました。

「寛政の三奇人」の最後は蒲生君平《がもうくんぺい》です。彦九郎よりほぼ二〇歳年下で、一七六八年、現栃木県の宇都宮に生まれました。やはり少年時に『太平記』を読みふけったといいます。宇都宮と水戸は近い距離にあります。君平はしばしば水戸を訪ね、六歳年下の藤田幽谷と親交を結びました。

君平は彦九郎を尊敬し、彦九郎が東北に旅したときに後を追って石巻《いしのまき》で追いつき、一夕《いっせき》、酒を酌み交わします。君平はまたその帰りに仙台在住の林子平をも訪ね、その国防論を学んでいます。

青年時代の君平は、当然、政治・社会の状況に敏感でした。一七九二年、二五歳のとき、警世の書『今書《こんじょ》』の執筆に取りかかります。林子平の『海国兵談』が絶版処分となり、ラクスマンが来航した年です（翌九三年には子平と彦九郎が世を去ります）。田沼意次《おきつぐ》が精力的な殖産興業とそれにともなう賄賂政治で失脚してから数年がたっていましたが、続く飢饉で農村は疲弊し、各地で一揆や暴動が頻発するという時代状況のなかでの執筆でした。

この『今書』は出版までには至りませんでしたが、この後九六年、君平は山陵《さんりょう》の現状を見るため京都、奈良地方へと向かいます。山陵とは、みささぎ、つまり歴代の天皇の墓所のことです。君平が山陵を調査したいと思ったのは、彼は古代の国のあり方が理想であり、その古代社会が崩れ、乱れて現在に至ったのだという復古主義の立場をとっていたからです。

そこで、古代の天皇家の姿を確かめ、その現状を知るために山陵調査に向かったのですが、現地で彼が見たのは、荒れ果てた歴代の山陵と、そこでの祭儀もまったく絶えてしまっているという現実でした。

宇都宮に戻った君平はその事実を、水戸の藤田幽谷や会沢正志斎に話します。それを聞いた二人は、ぜひその調査を続けてくわしい報告をまとめてほしいと君平に慫慂《しょうよう》し、励ましたといいます。

一七九九年から翌年にかけ、君平は必死の思いで旅費を工面し、本格的な山陵の踏査に向かいます。山陵は近年、世界遺産に指定された百舌鳥《もず》・大山《だいせん》古墳群からもわかるように、大和（奈良県）、河内・和泉（大阪府）、山城（京都府）に集中しています。その古墳群をくまなく踏査した後、君平は四国へ渡り、讃岐（香川県）の崇徳《すとく》天皇陵、阿波（徳島県）の土御門《つちみかど》天皇陵にも行きましたが、それらの荒廃ぶりから隠岐（島根県）の後鳥羽天皇陵、佐渡（新潟県）の順徳天皇陵へも足を運びました。

こうして知りうる限りの山陵の調査を終えて宇都宮へ帰る途中、君平は伊勢（三重県）松阪に本居宣長を訪ねます。実は君平は前回の調査のさいも宣長を訪ねていますが、この再度の訪問のときは宣長は君平を自宅に泊めています。調査報告『山陵志』の原稿ができたときには目を通してくださいと頼み、宣長も快諾しますが、宣長は翌一八〇一年9月に死去しますから、恐らくそれはかなわなかったでしょう。

宇都宮に戻ると、君平は『山陵志』の執筆に没頭します。その構成は、総論のあと神武天皇をはじめ歴代天皇の山陵を、所在する地域別に記録し、それぞれ考証を加えたものです。踏査した山陵は、大和が三一カ所、河内が一三カ所、和泉三カ所、山城が三八カ所、ほかに一カ所だけの地域が七カ所と、計九二カ所に及んでいます。その一つひとつについて、由来、形状、参考文献などを挙げて考証を尽くしているのです。

そうした中で、一つ、現代の私たちの目を引くのが、一時代の古墳の形状について君平が「前方後円」と表現していることです。今では何げなく使っているこの用語は、蒲生君平によるものだったのです。そのほか時代の推移にともなって山陵の形状が変わっていった経緯も、君平は明らかにしています。

一八〇一年、君平は『山陵志』を書きあげます。そう大部の本ではありませんでしたが、『海国兵談』の子平と同様、赤貧だった君平は出版には容易にたどりつけません。七年後の一八〇八年、予約出版の形をとって、ようやく出版にこぎつけます。しかし作れたのはわずかに一〇〇部でした。うち一冊を幕府に献上、残りは世話になった人々や京都の公卿たちに贈呈して、手元にはほとんど残りませんでした。ところが幕府は見逃しませんでした。「かかる行為は民間人の分を超えている。お上をはばからぬ出過ぎた真似である」と糾問されたのです。これに対し君平は理路整然たる名文の答申書を提出して難を逃れました。

このあと君平は江戸で儒学の塾を開き、貧しいながら平穏な生活を送り、一八一三年、四五歳で病没するのですが、その葬儀にあたっては藤田幽谷はその墓誌銘の執筆を会沢正志斎に依頼して墓前にささげ、さらに後日、墓所に碑を建て、そこに自ら作った長文の追悼の辞を刻んだのでした。

以上、「寛政の三奇人」について安藤英男氏の『寛政三奇人伝』を参考に紹介しました。安藤氏は

「近世後期に於ける転換期人物の研究」で博士号を得た人ですが、右の本（一九七六年刊）の「あとがき」で三奇人についてこう述べています（傍線、引用者）。

「わが国の戦後三十年、維新史の研究は旺《さか》んであるが、維新の前駆をなした三奇士の評価は全く低調である。まだ林子平は、一種のインターナショナルな思想をいだいていたということで、若干の評価はうけているが、蒲生君平は迂愚《うぐ》として片づけられ、高山彦九郎にいたっては狂人あつかいである。しかし、少なくとも彦九郎や君平を尊敬し、その志を嗣ごうとしたものに後期水戸学の中心的人物がおり、藤田幽谷から会沢伯民、藤田東湖という系譜を想いおこすとき、この一事だけでも彦九郎や君平が、幕末尊王運動の草わけであり、時代思潮を利導する上に、重要な役割をつとめたことが明らかであろう。」

かなり前の文章ではありますが、現在も事情はあまり変わっていないのではないかと思われます。明治維新からさらに日本近代史を通してその全体をつらぬく軸心となった「尊王攘夷」思想を形成した本流は、繰り返しますが国学と水戸学でした。しかし併せて、それに呼応し、共鳴する流れが、同時代を生きた知識層の間に広がっていたのです。「寛政の三奇人」がその代表的な事例だったのでした。

II

「開国」の扉を開くまで

――ペリー来航から日米修好通商条約の締結まで

前史としての「尊王攘夷」思想の形成過程を見てきましたが、次はいよいよ幕末・維新の変革過程に入ります。そのさい私は、「維新の変革をどうとらえるか」という視点から、類書とはだいぶ異なると思いますが、次のような時期区分で見ていくことにします。

(1) 「開国」の扉を開くまで
一八五三—五八年：ペリー来航から日米修好通商条約の締結まで

(2) 恐怖・混沌・模索の七年間
一八五八—六四年：「安政の大獄」から「下関戦争」まで

(3) 「尊王攘夷」から「尊王倒幕」へ
一八六四—六五年：「第一次長州征討」から「薩長同盟」まで

(4) 揺れる幕政と民衆反乱
一八六五—六六年：「第二次長州征討」と将軍・慶喜の登場

(5) 「大政奉還」から「王政復古」へ
一八六六—六七年：竜馬「船中八策」から「王政復古」クーデターまで

(6) 「脱封建革命」の達成
一八六八—七七年：「戊辰戦争」から「西南戦争」まで

(7) 近代天皇制国家の成立
一八六八—八九年：「五箇条の誓文」から「大日本帝国憲法」制定まで

「開国」のもつ歴史的な意味

さて、最初の「開国」の問題です。ここで私が強調したいのは、開国がいかに重要な歴史的意味をもつ出来事であったか、ということです。

周知のように、徳川幕府は一六三五年の寛永鎖国令によって日本人の海外渡航・帰国をいっさい禁止しました（違反者は死罪）。

もっとも海外との交易を完全に閉ざしたわけではなく、長崎でのオランダ、中国との交易、対馬藩を通じての朝鮮との交渉、蝦夷地（北海道）での松前藩によるアイヌ民族との使役を含む交易、そして薩摩藩に対しては琉球王国を通しての中国との交易を認めていました。しかしこれらはすべて幕府の管理下に置かれ、一般の人々からは隔絶した局地的・限定的な交易にすぎませんでした。

こういう事態が二百年以上もつづいたのですから、人々の世界認識がきわめて閉鎖的で自国中心的なものになったのは当然でした。そのため前章で見たように、国学や水戸学において、日本は「神の国」であり、世界では「別格の国」であるという思想が、当代一流の学者たちによって提唱されたのです。その意味で「尊王攘夷」の思想は、幕府による半永久的な鎖国政策が生み出したものだったともいえます。

前章で述べたように、ロシアの使節ラクスマンがシベリア総督の通商要求の信書をもって根室にやってきたのは一八世紀末でした。その対応に幕府は困惑し、長崎への入港許可証だけを与えて当座をしのいだことも前章で述べました。それから一一年後、一九世紀に入って今度はレザノフがその入港許可証をたずさえて長崎に来ますが、幕府は彼を半年間も出島に閉じ込めたすえ、結局は通商を拒否します。その仕打ちに怒ったレザノフの部下がエトロフ島の松前藩の番所などを襲撃したのでした。

一八二四年には水戸藩の海岸にイギリスの捕鯨船の乗組員が上陸し、その交渉に『新論』の会沢正志斎が筆談役として加わったことも先に述べました。このように、一八五三年、ペリー艦隊が浦賀に姿を見せるまでに日本にやってきた欧米の船は百隻をこえたといいます。しかしこの間、幕府は一八二五年に「異国船打払い令」を出したかと思えば、四二年にはアヘン戦争による隣国・清《しん》の無惨な敗戦を知って「打払い令」を撤回、燃料や水の提供を認めるというように、外国船との対応に右往左往したのでした。

鎖国とはいわば家じゅうの雨戸を締め切った状態ともいえます。開国とは、その雨戸を開け放つことです。家の中へいっせいに外光が射し込みます。夜の世界から、昼の世界への転換です。開国とはそれほど重大な出来事でした。その持つ意味は、どんなに強調しても強調しすぎることはない、と私は思います。

それほど重大な転換でしたから、国内では当然、深刻な葛藤、軋轢、混乱が、数年にわたって続きました。以下、それについて述べます。

ペリー上陸記念碑（横須賀市久里浜）。題字は伊藤博文が揮毫。右手奥はペリー記念館

ペリー艦隊の与えた衝撃

アメリカ東インド艦隊司令長官ペリーの率いる艦隊が東京湾の玄関口である浦賀へやってくる前に、同じアメリカの船が二度も同地に来航しています。一回目は一八三七年、アメリカ商船モリソン号です。日本の漂流民を護送しての来航でしたが、まだ「異国船打払い令」があったため、浦賀奉行はこれを砲撃して撃退しました。

二回目は一八四六年、東インド艦隊司令官ビッドルによる軍艦二隻を率いての来航です。目的は通商の要求です。「打払い令」は撤回されていたので浦賀奉行との交渉は何とかできたのですが、乗組員は一人も上陸できず、通商要求も幕府によってそっけなく拒絶されたのでした。

こうした二度の失敗体験をへた上で、一八五三年6月、ペリー艦隊は浦賀へやってきたのです。当然、可能な限り日本について調査・研究し、周到な準備を重ねて、もはやこれ以上の失敗は許されないとの決意を胸に、大統領による将軍あて開港要求の親書をたずさえての来航でした。

ペリー艦隊は四隻の軍艦で編成されていました。旗艦のサスケハナ号は二四五〇トン、ミシシッピー号は一六九〇トンです。この二隻は蒸気船で、他の二隻は帆船でした。当時の日本の船は、千石《せんごく》船《ぶね》が一〇〇トン、最大の千五百石船でも一五〇トンです。サスケハナはその一六倍、ミシシッピーでも一〇倍を超えます。その巨大さが当時の日本人の目にどれほど驚異的かつ脅威的に映ったか、それを端的に示す観察記があります。

幕末の政治運動には武士だけでなく、政治的意識の高い農民や町人も数多く参加したのですが、その一人に伊達郡（現福島県）に住む菅野八郎という農民がいました。のちに大一揆の主導者となりますが、彼が横浜に行って実際にその目で見た情景です。（ペリーは浦賀奉行との押し問答のすえ、浦賀から少し離れた久里浜に上陸し、大統領の親書だけを渡して、その返事は半年後に聞くとの言質《げんち》をとり、いったん引き揚げ、翌五四年1月に今度は八隻の軍艦を率いて再来します。八郎が見たのはその二度目に来航したペリー艦隊でした。）

多少、仮名と漢字を入れ替え、現代仮名遣いに変えて引用します（『日本思想大系　58〈民衆運動の思想〉』岩波書店から）。


金川（神奈川）沖に滞留の異国船を見ばやと思い、二月十一日、金川へ行きて見るに、山のごとき異船八艦あり。いずれも帆柱三本ずつ、その帆柱の高きこと、近海岸の山よりよほど高うして、空をつらぬくかと疑われ、大砲を打ち放すことたびたびなり。その音、天地にひびき、百雷のげきするごとくにして、近辺の老児は家の外に出ることかなわず、家の内にひれふして、むしろをつかむ老人あり、へそをかかえる小児あり、耳をふさぐ女子もあり。

八郎はまた、江戸での見聞についても書いています。これも先の要領で引用します。幕府が諸大名に動員令を発し、臨戦状態に入るなかで、江戸市内がどれほど騒然となっていたかがわかります。

江戸へ参り、まず江戸近辺のありさまを見聞するに、御大名、小名（小大名）様がた、御固め場（陣屋）へご通行、日々ひきもきらず、陣笠、陣羽織、あるいは兜《かぶと》、頭巾《ずきん》などにて、馬に乗り、槍・鉄砲・弓そのほか武具をかざり、二行三行につらなりお通りある。または大砲を車にのせ、五人、十人、二十人にて、えいえい声にて引くもあり、また早馬飛び違い、屋敷、屋敷へ注進あり、ご老中への注進あり。そのしげきこと、あたかも櫛《くし》の歯を引くがごとくにして、今や戦《いくさ》の起こらんと、肝《きも》天外にとばし、ああ浮世とは言いながら、何とてかかる世の中に生まれきたる事なるや、泰平の御代も多年なるに、我らほど天運つたなき者のあるべきやと、針のむしろに座す心地せり。

このあと八郎は老中の阿部正弘の行列に駕籠訴《かごそ》（直訴）まで決行するのですが、ペリー艦隊の江戸湾（東京湾）への侵入に、幕府は臨戦態勢をとり、その有様を目前に見て、人々が今にも戦争になるのではないかと恐れおののいていた様子がわかります。ペリー艦隊の二度にわたる来訪はかくも大きな衝撃を与えたのです。

日米和親条約の締結

ペリーの一回目の来航で大統領の親書を受け取った老中首座（首相に当たる）阿部正弘（福山藩一〇万石の藩主）は、その親書を翻訳し、幕臣の旗本や御家人のほか御三家をはじめ全国の大名に送って意見をつのります。それに対しほぼ全大名から、二五〇通の意見書が幕府に寄せられました。

意見書の内容は、積極的開国論と拒絶論はどちらも少数で、大半が戦争回避・回答引き延ばし論でした。一〇年前のアヘン戦争で清国がイギリスの軍事力に屈服し、上海《シャンハイ》や寧波《ニンポー》、広州《クワンシュウ》などを開港させられたうえ香港《ホンコン》を割譲させられた事実は、『鴉片《あへん》始末』や『海外新話』などの書物によって広く知られていたからです。そこで、開国そのものは望ましくないが、今の日本の軍事力ではとても太刀打ちできないから、確答を与えないで時間をかせぐ、ないしは一時的に開国を認め、我が方の軍備がととのった段階で打ち払いを決行して鎖国の旧法に戻る、という意見です。まさにどっちつかず、いい加減としか言いようのないもので、八隻の艦隊を率いて不退転の決意でやってきたペリーが受け入れるはずもない意見でした。

これに対し、この後まもなく老中首座を引き受ける佐倉藩一一万石の藩主・堀田正睦《まさよし》の意見書は、軍艦・大砲・火器・兵士の熟練度においてアメリカは日本に勝ると断言し、蒸気船の出現によって通商路が万国に広がっている現状では、今回は開国を受け入れて信義をもって対応し、数年後、国力を

日米和親条約交渉のため500名の武装水兵に守られ横浜に上陸するペリーの一行。沖に8隻の艦船が見える（『ペリー艦隊日本遠征記』〈ハイネ画〉より。横浜開港資料館蔵）

充実させたところで、改めて再検討してはどうか、というものでした（以上、小野正雄氏「大名のアヘン戦争認識」『岩波講座 日本通史 第15巻』所収）。

老中の阿部正弘はペリーの開国要求に対する方針決定に当たり、従来の幕府専制の枠を超えて外様《とざま》大名を含む全大名の意見を聞いたことからもわかるように、開明的な政治家でした。阿部は、幕臣の中から家格に関係なく有能な人材を登用します。この後ロシアとの交渉を担当した筒井政憲《まさのり》や川路聖謨《としあきら》、イギリスとの交渉をになった水野忠徳《ただのり》、ハリスとの交渉を担当した岩瀬忠震《ただなり》、それに勝海舟などです。

では、ペリーが大統領親書とともに提出した要求とはどういうものだったのでしょうか。要約すると、次の五つです。

① アメリカ船が遭難し、乗組員が海岸に打ち上げられたときの救助

② 新鮮な肉や野菜の購入

③　薪や水、石炭の供給
④　乗組員の健康維持のため陸上で運動ができる一定範囲の土地の提供
⑤　中国と結んでいるような通商のための条約の締結

これに対し日本側の回答は、①～③は人道上の配慮から受け入れる、しかし④の上陸地の提供と⑤の通商条約については、わが国の伝統的な国法にふれる問題であるから直ちに受け入れることはできない、というものでした。先の大多数の大名たちの意見をふまえた、開明的な阿部政権らしい回答だったといえます。

しかし、もちろんこれでペリーが引き下がるはずはありません。このあと長く交渉がつづき、最後は右の三点に加え、日本側が伊豆半島南端の下田と函館の二港を開き、さらに通商条約の交渉のためアメリカの領事一人を下田に常駐させることとして、一八五四年3月3日、日米和親条約が締結されたのでした。

ロシアとの友好と日ロ国境の画定

日本に対して最初に開国を求めてきたのが、一八世紀末のロシアのラクスマンであり、続いて一九世紀初めのレザノフであったことは前に述べました。ペリーの訪日計画を知ったロシアは、海軍中将プチャーチンを全権大使として日本に派遣します。五三年7月、前月のペリーに続いて、プチャーチン率いる四隻のロシア艦隊が長崎に入港しました。長崎を選んだのは、そこが日本の正規の外交窓口であるというラクスマン、レザノフ以来の約束を尊重したのでしょう。

プチャーチンとの交渉には、筒井政憲と川路聖謨が当たります。ところがそれからほどなく、黒海とその周辺の覇権をめぐってトルコとロシアが戦端を開きます。さらに翌年3月にはイギリスとフランスがトルコ側について参戦しました。クリミア戦争です。英仏の参戦によって戦場はロシアの勢力圏である北東アジアの海洋にも広がりました。五四年8月、英仏連合艦隊は千島列島の北、カムチャツカ半島のロシア海軍基地、ペトロパブロフスクを攻撃します。

この攻撃は失敗に終わりますが、その直後、イギリスの東インド・シナ海艦隊のスターリング司令長官が長崎に入港し、長崎奉行の水野忠徳に日本の諸港への入港を求めます。クリミア戦争の情報はもちろん日本側にも入っています。もはや全面的な入港拒否ができないことは明らかでした。そこでアメリカの場合と同様、港を限定して入港を認める方針をとります。その結果、同年8月、短期間の交渉で、長崎と函館への入港を認める日英和親条約が成立し、クリミア戦争中の五五、五六年には英仏艦隊の軍艦が函館港にひんぱんに入港したのでした。

一方、プチャーチンの方はどうだったでしょうか。英仏艦隊との衝突を避けていたプチャーチンは、日英条約のすぐあとの9月、大阪湾に現われて交渉地をこんどは長崎でなく下田に変更、11月から筒井、川路との折衝に入ります。ところがその直後、伊豆半島を含む静岡から神奈川にかけての一帯を巨大地震と津波が襲うのです。

下田の家々は全壊し、下田港に停泊中のロシア軍艦ディアナ号も大破しました。その修羅場の中、波にさらわれた下田の住民数名をロシアの水兵たちが懸命に救助したそうですが、一方、船体修理のため伊豆半島北部の戸田《へだ》へ向かう途中で沈没したディアナ号の乗組員五百名を、周辺の村からおよそ千人もの村人が総出で浜辺に出て救助作業に従事したのでした（ディアナ号のマホフ司祭の手記）。

この大震災の悲劇を乗りこえ、12月、日ロ和親条約が調印されました。そこでは、函館、下田、長崎の開港と、領事の駐在が、米英との和親条約と同様に合意されましたが、あわせて重要な事柄が取り決められました。

日ロの国境線を、千島列島の択捉島《えとろふ》とウルップ島の間に引くという決定です。つまり、択捉島以西の国後《くなしり》、歯舞《はぼまい》、色丹《しこたん》（すなわち北方四島）は日本領とし、ウルップ以東の千島列島はロシア領とするということが、平和的かつ友好的に合意されたのです。なおサハリン（樺太《からふと》）については現状どおり両国の雑居地とするとされました。

もう一つ、この日ロ和親条約に関連して特筆すべきことがありました。戸田《へだ》の地において、ディアナ号の荷物の中から見出された小型のスクーナー船の設計図をもとに、ロシア人士官らの協力も得て、日本の船大工たちの手で小型の帆船を造ったのです。責任者は伊豆韮山《にらやま》の代官で反射炉を築造した江川太郎左衛門でした。これにより日本人ははじめて竜骨を軸とする西洋流の造船術を学んだのです。完成した二本マスト、七五トンの帆船は「ヘダ号」と名付けられ、プチャーチン以下約五〇名は五五年3月、これに乗って故国へ向かい、残りのロシア兵はアメリカとドイツの商船で帰国の途についたのでした。

ハリス米総領事の来日

こうした中、幕府の阿部政権は急テンポで近代化をすすめます。五三年にはこれまでの大船建造の禁止令を解き、江戸湾の品川沖のほか大阪湾の河口や函館に台場（砲台）の構築を指示する一方、オランダに軍艦や鉄砲、兵術書を発注し、陸海軍の近代化に踏み出しました。とくに海軍については、長崎に海軍伝習所を設置し、オランダから贈られた軍艦を使い、同国の士官を教官として、人材の育成に乗り出します。そこには勝海舟をはじめとする幕臣だけでなく、近辺の肥前藩や筑前藩、さらに薩摩藩や長州藩からも伝習生が参加し、総数百数十人に達したといいます（その中には、ヘダ号を造った大工の棟梁の姿もありました）。

軍備の改革のほか、五五年、西洋の文化を導入するための洋学所を設立、これが二年後に蕃書調所《ばんしょしらべしょ》と改称、さらに洋書調所となって近代化の一つの拠点となります。

このように、阿部正弘は欧米諸国との和親条約の締結とあわせ、日本近代化への道を切り開いていったのですが、五五年10月、老中首座の地位を佐倉藩主の堀田正睦《まさよし》に譲り、自らは一老中となります。堀田も、前に米大統領の親書に対するその意見を紹介したように、やはり有力な開明派の大名でした。以前にも老中の経験があり、二度目の幕閣入りです。阿部としては、九歳年上の先輩で、蘭癖《らんぺき》と呼ばれるほどの洋学派である堀田と組んでさらに近代化をすすめたいと考えていたのでしょう。とともに、阿部はそれから一年八カ月後には三八歳で病没しますから、あるいは自らの健康上の不安を自覚していたのかも知れません。

さて、堀田が老中首座となってから一年がたった五六年8月、日米和親条約の規定にしたがって、アメリカ総領事タウンセンド・ハリスが下田にやってきます（タウンセンドの表記は後掲の坂田精一氏訳『ハリス日本滞在記』による）。

ペリーによって日本はたしかに和親条約を結び、開港させられました。しかしその内容は先に見たとおり遭難した乗組員の救助など、きわめて限定されたものでした。それはいわば前庭をもつ屋敷の門扉《もんぴ》を開けた程度といえます。玄関の扉を開けて外国からの客を家の中に入れる本格的な開国、つまり通商条約の交渉はこれからです。そういう、ペリーの任務にも劣らない、というよりその何倍も面倒かつ重大な任務を負って、ハリスはやってきたのです。

ハリスについては一般に、傲慢、尊大、あるいは居丈高といった印象があるようです。「アメリカ資本主義の冷徹な代弁者」と書かれた本もあります。しかし、ハリスが残した克明な日記『ハリス日本滞在記』（坂田精一氏訳、岩波文庫）を読むと、一概にそう片付けてよいようには思えません。以下、訳者の坂田氏の解説からまずその略歴を見てみます。

ハリスは一八〇四年、ニューヨーク州の村に生まれますが、家庭は裕福でなく、小学校と中学を出ただけの一三歳でニューヨーク市に出て洋服店に奉公した後、父母が始めた陶磁器輸入商の店で働きます。非常な読書家かつ勉強家でフランス語やイタリア語、スペイン語を修得したそうです。

四十代の初め、市の教育委員長になったハリスは自分の体験から無料の中学校（フリー・アカデミー）の創立にとりくみ、私財をも注ぎ込んで奔走したすえ実現します。その学校がのちにニューヨーク市大学となった後、その予備校は「タウンセンド・ハリス・ハイスクール」と名付けられ、今も現存しています（左下の写真）。

ところが一八四八年、不況の波にさらわれ陶磁器商は倒産してしまいます。そこでハリスは、一転して貿易商をめざし、東洋へ向かいます。東洋を選んだのは、陶磁器輸入の経験からでしょう。以後、彼の足跡は、マニラ、ペナン、シンガポール、香港、カルカッタ（現コルカタ）、セイロン（現スリランカ）と広範囲にわたってしるされます。

一八五三年、ペリー艦隊が日本に向かったとき、ハリスは同行を希望しました。しかし、民間人の乗艦は拒絶されます。その後ハリスは外交官に登用され、中国の寧波《ニンポー》の領事をつとめますが、五五年5月、急きょ帰国します。五四年の日米和親条約で日本に領事を置くことが合意されたのを知り、その領事となって日本に赴任したいと考えたのです。

タウンセンド・ハリス（ウィキペディアから転載）と彼が創立した「タウンセンド・ハリス・ハイスクール」（同校ＨＰから転載）

ハリスは国務長官はじめニューヨークの政治的に有力な

友人たちに推薦を依頼したあと、ついにワシントンに行き、ピアス大統領に面会を求めます。大統領は民主党でしたが、ハリスもまた熱烈な民主党員でした。その結果、五五年8月、大統領命令によりハリスは日本駐箚《ちゅうさつ》総領事に任命されたのです。

ハリスの胸中に、この任務に成功すれば「私の名前を祖国の歴史に結びつけることができよう」と日記にも書いている通り、功名心が満ちていたことは疑いありません。が同時に、独自の文化と政治システムを持ちながら世界から孤立している日本国の扉を、イギリスのように武力をもってではなく交渉によって開こうという使命感があったことも確かだと思われます。

ハリスの下田滞在と日本人観察

一八五六年8月、ハリスは軍艦サン・ジャシント号で下田に到着しました。当時満五一歳、同行したのは通訳のオランダ人青年、ヒュースケン（二三歳）だけでした。幕府の指示によって玉泉寺が宿舎に提供され、仏像や仏具を持ち出した本堂と庫裏《くり》にハリスとヒュースケンの居室が設けられ、ほかに小間使として雇い入れた若者二人の小部屋が用意されました。

領事の駐在は認めたものの、日本側にはまだ開国に反対する意見が広く、かつ深く存在していました。幕府にはハリスに対応する態勢はまだまったくできていません。下田奉行に応接させますが、幕府の方針が定まらないのですから、どうしようもありません。業を煮やしたハリスは、江戸に行って老中と直接交渉をしたいと三度にわたって書状を送りますが、下田奉行から口頭で拒否の答えが返ってくるばかりです。

そうした憤懣と悲嘆の日々の中、ハリスの苛立ちをかろうじて慰めてくれたのが、散策でした。

――「一八五六年九月十六日（注・陽暦）火曜　美しく晴れた朝。空がサファイアのように青い。風は北西から微かに。…十一時に散歩に出かける。道が江戸湾の方に続いていて、景色はうっとりするように美しい。…大きな角帆をつけた日本の小舟が、風をうけて快《こころよ》げに疾走している。この地方は、灌漑の水利があるところは、どこでも開墾されている。けわしい丘の中腹ですら、小さい平野と同様に肥沃らしく見える。」

――「新たに散歩する度に、日本人の忍耐強い勤労が愈々《いよいよ》はっきり分るし、また彼らの農業に対する讃嘆が新たに生れてくる。巨大な階段のように重なり合っている段畑を見下ろし、盆地の肥沃な田畑の向こうに連なって、青い水を断続的に瞥見《べっけん》させている丘々の頂《いただき》から見る景色は、有能な美術家の筆に匹敵する一連の魅力的な風光をなしている。」

――「この土地の山には鹿、狼、兎、野猿がいる。私は今日森の中で一株の矢車《やぐるま》菊を見つけて、いたく感動した。この楚々たる花は、その芳香と共に、故国についての多くの連想を私に起こさせたので、ホームシック気味になり――すなわち一時間ばかり物悲しい気分にさそわれた。」

ハリスは、このような感性を持った人物でした。そんなハリスが、背後には艦隊の影を背負いながらではありますが、単身、異国の地で開国の扉を素手でたたき続けたのです。
※ハリスについては「唐人お吉」の話がまとわりついています。ハリスが病気で寝込んだとき出入りの役人が「きち」という女性を「看護婦」として周旋したのは事実です。役人にはハリス懐柔の意図が

ありました。しかし潔癖なハリスは三日間できちを帰してしまいます。ハリスは生涯を独身で通した人でした。「唐人お吉」の物語が流布したのは、前出の坂田氏の解説によると、ずっと後年、昭和の初期(一九二〇年代の後半)に十一谷義三郎の小説が発表されて以降のことで、完全なフィクションです。

この間、日本の国内外では新たな事態が生じていました。ハリスが来日した五六年10月、清国で第二次アヘン戦争ともいわれるアロー戦争が起こります。イギリス船籍のアヘン密輸船アロー号を清国の官憲が臨検し、その清国人船員を海賊容疑で逮捕したのを発端に、イギリス軍がフランス軍と組んで出兵するという事態に発展したのです。イギリス出兵の真の狙いが、より有利な通商条件の獲得にあることは十分に推測できました。

そこで翌五七年2月、オランダはアロー戦争の情報を幕府に伝え、幕府の通商完全拒否政策の危うさを警告します。それを受けて堀田政権は、日本に好意的なオランダとまず通商関係を結んで、それをアメリカ、さらにはイギリスとの交渉の基準にしようと考えたのです。そこで水野忠徳《ただのり》と岩瀬忠震《ただなり》を長崎に派遣、オランダとの交渉に入ります。その途中にプチャーチンも長崎に来航、日本は五七年の8月末にオランダと、次いでロシアと、和親条約の追加条約を締結、長崎と函館での通商を認めました。しかし日本列島の西端と北端のみに場所を限定しての通商は、ハリスの考える自由貿易の範疇には入りません。

このオランダ、ロシアとの交渉が大詰めに入った8月、幕府はついにハリスの江戸入りを認めました。

幕府の「条約やむなし」と朝廷の拒否

一八五七年、ハリスの日記では陽暦の11月23日、ハリスは江戸へ向かって旅立ちます。大名行列に匹敵する三五〇人の行列を組み、星条旗を掲げての一行でした。天城峠を越え東海道に出て、東へ向かいます。神奈川（横浜）を通ったときには早くもここが貿易地として最適であることを認識し、川崎に向かう道中ではこんな観察をしるしています。

――「見物人の数が増してきた。彼らは皆よく肥え、身なりもよく、幸福そうである。一見したところ、富者も貧者もない――これが恐らく人民の本当の幸福の姿というものだろう。私は時として、日本を開国して外国の影響をうけさせることが、果してこの人々の普遍的な幸福を増進する所以《ゆえん》であるか、どうか、疑わしくなる。私は、質素と正直の黄金時代を、いずれの他の国におけるよりも、より多く日本において見出す。」

11月30日、江戸に到着し、彼は宿舎に指定された九段坂下の蕃書調所《ばんしょしらべしょ》に入ります。アメリカ使節接待委員にはペリーとの条約締結の際の幕府代表、林大学頭《だいがくのかみ》や鵜殿長鋭《ながとし》、プチャーチンとの交渉役だった筒井政憲《まさのり》と川路聖謨《としあきら》、その川路の実弟でこれまでハリスの相手を務めてきた下田奉行・井上清直など八名が任命されました。幕府としては最高の顔ぶれです。

12月7日、ハリスは江戸城に登城して将軍・家定に謁見、大統領の書簡を提出します。五日後の12日、ハリスは老中首座・堀田正睦《まさよし》を訪ね、通商条約締結の歴史的意味について述べたてます。実は一週間前にすでに一度、ハリスは堀田邸を訪れていました。そのときの堀田の印象を、かれは日記にこう書いています。――「宰相は三十五歳くらい、短躯で、感じのよい知的な容貌をしていた。その声は低く、やや音楽的な響きを持っていた」。堀田の年齢は実際は四八歳だったのですが（西洋人には日本人は年齢より若く見えるようです）、四カ月前、阿部正弘――その人物については恐らく井上清直から詳しく聞いていたのでしょう――の訃報を聞いたとき、ハリスは日記でこう追悼しています。

――「阿部伊勢守が江戸で死んだと聞いて、悲しく思う。彼は閣老会議の次席で、非常に勢力があった。彼は常に、私には偉大な叡智の人と思われた。彼は合衆国と他の西洋諸国の実力とを完全に理解し、とりわけ、日本が今や排外的政策を捨てるか、悲惨な戦争の中へ投げ込まれるかの時に直面していることを確信していた。彼の死は、日本のリベラルな党にとって大きな損失である。」

阿部についてこう思っていたのですから、阿部の盟友で同じ開明派の堀田についても、ハリスは高く評価していたはずです。

ハリスの弁論はおよそ二時間に及んだ、とハリス自身が書いています。それで歴史書にも二時間の長広舌と書かれていますが、その内容はハリスが事前に用意した草案の内容を日記に残しており、それは日本側の記録ともほぼ合致するとのことです。

――蒸気機関の出現によって世界の情勢は一変し、諸国間の交易もいよいよ盛んになっている。

――自由貿易は関税による収益のほか、資源の開発などで日本に大きな富をもたらしてくれるはずである。

――もしこのまま鎖国を続けるなら、諸外国は競って強力な艦隊を差し向けて開国を迫るだろう。

日本は屈服するか、戦争の惨苦をなめさせられる羽目になるだろう。アヘン戦争にも見る通り、艦隊による屈服的な譲歩は、政府の威信を失墜させるだろう。

――私は一隻の軍艦も伴わずしてここにやってきた。その私との談判は、日本の名誉を救うことになる。またわが国の大統領が満足するような条約が結ばれるなら、諸外国もそれに見習うだろう。なお私としては条約にアヘン持ち込み厳禁の一項を入れたい。

――ぜひ検討していただきたい問題は、次の三つである。一、外国の公使の江戸での居住。二、役人の仲介なしの自由な貿易。三、開港場の数を増やすこと。

11月1日（以下、当時の陰暦に戻ります）堀田政権はペリー来航時の阿部政権にならって、大統領の親書の訳文を御三家はじめ大名たちに示して意見を聞きます。次いで同月中旬には先のハリスの「演説」とそれについての川路聖謨《としあきら》らによるコメントを大名たちに届けて再度意見を求めました。

こうして大名たちの世論の感触を確かめながら、12月11日、岩瀬忠震《ただなり》と井上清直が幕府全権となってハリスとの条約交渉に入ります。あわせて同月中旬、大名たちに三度目、条約の素案とそれについての意見書を示して意見を徴します。そして暮れも押し迫った29日、堀田は「条約締結はやむを得ない」という自己の見解を述べて、最終的な大名たちの意見を求めたのでした。結果は、条約拒否の意見はきわめて少数であり、大多数が幕府の方針を支持しました。

これを受けて、ハリスと岩瀬、井上との間で精力的に交渉が重ねられ、一四回の会談をへて、翌五八年1月12日、ついに合意に達したのです。

しかし、これで直ちに調印とはなりませんでした。堀田が念のため朝廷の承認を得ておきたいと考えたからです。ハリスには六〇日間の猶予を求め、了解を得ました。

1月21日、堀田は川路聖謨と岩瀬忠震をともなって京都へ向かいます。堀田の予定としては、朝廷の賛同は容易に得られるはずでした。若い孝明天皇自身は攘夷論者でしたが、朝廷の最高実力者、鷹《たか》司《つかさ》政道太閤《たいこう》(天皇三代にわたって関白を務めたあと太閤となった)をはじめ九条尚忠関白ら朝廷の首脳は幕府の条約支持だったからです。

ところが最後の詰めの段階で思いもかけぬ展開となります。平公家《ひらくげ》たちがこぞって反旗をひるがえしたのです。当時一二八家を数えた平公家の三分の二を占める八八名が、御所と関白邸に押しかけ強《ごう》訴《そ》したのでした。列参《れっさん》といいますが、そのリーダーの一人が後年の「王政復古」で主役をつとめる岩倉具視《ともみ》でした。

では、どうして平公家たちは強烈に反対したのでしょうか。以下は、私の推測です。開国問題が生じて以来、梅田雲浜《うんぴん》、頼三樹三郎《らいみきさぶろう》(頼山陽の子)、梁川星巌《やながわせいがん》といった強烈な尊王攘夷論の志士たちが公家社会に入り込み、さかんに尊王攘夷思想を吹き込んでいました。一二世紀末、鎌倉幕府の成立によって貴族の時代が武家の時代に転換するとともに、公家の社会的地位は失墜し、以来何百年もの間、公家たちは生活苦にも耐えて生きてきました。ところがここへきて、卒然として尊王の青嵐《あおあらし》が吹き起こりました。名誉挽回、地位回復への千載一遇のチャンスです。平公家たちは、幕府の定めた公家に対しての近衛以下の五摂家(摂政・関白を送り出す特権をもった五つの家)による支配・統制という鉄則を突き破って、こぞって条約拒否に立ち上がり、天皇への強訴に及んだのです。

これにより堀田の目論見は裏目に出てしまいました。3月20日、孝明天皇の条約調印拒否の勅答を受け取った堀田が、条約を拒否して列強と戦争になったらどうするのですか、と反問したところ、朝廷の使いは「(天皇は)是非なき儀と思し召し候」と答えたそうです。戦争になればなったで仕方がない、というのです。それを聞いた堀田は「正気の沙汰とは存じられず」と老中への手紙に書いたと、井上勝生氏の『日本の歴史18 開国と幕末変革』(二〇〇二年、講談社)に紹介されています。

では、このような理性を超越した孝明天皇の強烈な攘夷思想はどこから生まれたのか。その由来について、同じ井上氏の本に、天皇による九条関白への手紙(五八年6月27日付)の一部がこう要約して紹介されています。(二重カギカッコ『』内は天皇の手紙の原文)

「中国では『賢才』を選んで帝王とするが、日本では『皇統連綿の事、誠に他国に例な』く、『日本に限る事、ひとえに天照大御神の仁慮、言語に尽くしがたく』、そのように代々の天皇が『万世一系の血脈』だから日本は、中国より優れた『神州』だという考えを言い、それだから、欧米との修好通商は、『神州の瑕瑾《かきん》(きず)で』、『許すまじき事』だと述べるのである。」

まさしくⅠ章で紹介した、本居宣長によって組み立てられた、中国を対抗国と見ての尊王攘夷論であり、それがほかならぬ天皇によって、純粋にそのままの形で引き継がれていたことがわかります。

日米修好通商条約の調印と開国

失意の堀田正睦《まさよし》らが江戸に戻った、わずか三日後、五八年4月23日、彦根藩三〇万石の藩主で譜代大名の筆頭格である、井伊直弼《なおすけ》が大老となります。大老とは、非常時に老中の上に設けられる官職です。したがって絶大な権力を持ちます。

井伊の大老就任は、この後（次章の冒頭）に述べる将軍継嗣《けいし》（跡継ぎ）問題をめぐっての権力争いにからんで、井伊らと共に紀州徳川家の慶福《よしとみ》を推す将軍・家定の生母・お美津の方（大奥を取り仕切っていた本寿院）が家定を説いて井伊大老就任の決定を下させたといわれています。

井伊の大老就任後、幕府はまたも諸大名に対し、天皇の勅書を示して意見をつのりますが、一方、海外の情勢はいっそうの緊迫度を加えていました。堀田が京都へ向かって以降の半年間にハリスは下田と江戸の間を二度も往復するのですが、6月17日の二度目の江戸への戻りは軍艦ポーハタン号に乗っての帰着でした。そのさいハリスは、アロー戦争で英仏連合軍が清国軍を撃破し、すでに天津《てんしん》まで攻め上っている情報も伝えました。もはやいい加減な条約引き延ばしは通用しません。それに、井伊直弼自身、もともと戦争回避のためには条約はやむなしの意見でした。

二日後の19日、岩瀬忠震《ただなり》と井上清直はポーハタン号に行き、その艦上で日米修好通商条約一四カ条、貿易章程（細則）七則に調印します。条約の主要な内容は――首都に公使、開港地には領事の駐在を認め、開港地を神奈川、長崎、函館、新潟、兵庫としたのに加えて江戸と大阪を開市場とし、そこでの自由貿易を認めたほか、協定による関税率の取り決め、日本人に対する米国人の犯罪は米国領事の手で裁判するといったことなどです。アヘンの輸入は厳禁とされました。

この条約については、主権国家として認めるべきでない領事裁判権（治外法権）や関税自主権の放棄など、不平等条約であることが指摘されています。しかし、関税自主権の問題は別として、領事裁判権についてはどうでしょうか。いま日本の全国各地に米国の海・空軍、海兵隊の基地がありますが、そこに住む軍人や軍属が日本の民間区域で重大な罪を犯しても、基地内に逃げ込めば日本の警察も検察も手が出せないのが実態です。

ともあれ、このあと7月から9月にかけ、幕府はオランダ、ロシア、イギリス、フランスとの間で相ついで通商条約を締結します。もちろん日米間の条約にならっての条約です。

こうして「安政五カ国条約」により開国の扉を開いた日本は、多くの混乱を巻き起こしながらも世界へ踏み出していきます。日本の近代化は、この開国なしにはあり得ませんでした。

横浜市の桜木町駅にほど近く、県立音楽堂や県立図書館のある紅葉ケ丘の一角、横浜能楽堂の裏手の通称掃部山《かもんやま》に、高い台座の上に顔を港の方角に向けて立つ銅像があります。井伊の正式名は井伊掃部頭《かもんのかみ》直

井伊直弼像（横浜市西区・掃部山公園）

弱です。石碑によると、明治14年、旧彦根藩の有志がこの地を買い取り、同42年に銅像を建て、大正3（一九一四）年、井伊家から土地と銅像を横浜市に寄贈、横浜市では平成元（一九八九）年、開港一三〇年、市政一〇〇周年を記念してこの碑を建立したと市長名の碑文にあります。

日本開国の功労者は、老中・阿部正弘と、条約調印の四日後に井伊によって老中を罷免された堀田正睦だったのに、ここでは井伊が最大の功労者になっているわけですが、要は開港・開国が地元の横浜はもとより日本にとっていかに重要な出来事であったかということなのでしょう。

III

恐怖・混沌・模索の七年間

――「安政の大獄」から「下関戦争」まで

将軍跡継ぎ問題をめぐる抗争

明治維新史がわかりにくい原因の一つに、日米修好通商条約の調印から井伊大老の出現にいたる政治過程の複雑さがあります。条約問題に加えて、さらに将軍継嗣《けいし》問題がからまっているからです。

ペリー来航の直後に亡くなった第一二代将軍・家慶《いえよし》の跡を継いだのは一三代・家定でしたが、心身に障碍をもつ病身で、実子がありませんでした。江戸に来たハリスが将軍に謁見したときの様子を、日記にこうしるしています。

――「大君《たいくん》は自分の頭を、その左肩をこえて、後方へぐいっと反《そ》らしはじめた。同時に右足をふみ鳴らした。これが、三、四回くりかえされた。それから彼は、気持ちのよい、しっかりした声で」遠方からの使節による書簡に満足する、両国の交際は永く続くであろう、という意味のことを言った、と。

ハリスが家定に謁見したのは五七年12月ですが、家定が亡くなったのはそれから半年あまり後の五八年7月です。このように病弱でしたから、将軍の跡継ぎを誰にするかは以前から差し迫った問題として政争の主題になっていたのです。

徳川幕府を創設した家康は、最初の武家政治＝幕府制度の開祖である源頼朝を尊敬し、鎌倉時代の歴史書『吾妻鏡』を愛読していたといいます。政治家・戦略家として相通じるものがあったからでしょうが、ただ一点、頼朝には学んではならない致命的な失敗がありました。世襲が続かず、源将軍家は頼朝、頼家、実朝のわずか三代、それも短期間で絶えてしまったからです。そこで家康は、将軍に実子が生まれなかったときも将軍の跡継ぎを提供できる特別の家柄を三つ、もうけました。尾張、紀州、水戸の徳川家、いわゆる御三家です。その一つ、紀州徳川家から将軍になった第八代・吉宗は、御三家をさらに補強するものとして、自分の息子たちを使って一橋、田安の二家をつくりました。のちに清水家が加わって御三卿となります（卿というのは三家とも三位《さんみ》以上をいう公卿《くぎょう》となったからです）。

家定の跡を継ぐ候補者としては、紀州徳川家の慶福《よしとみ》（のち家茂《いえもち》と改名）と一橋家の慶喜《よしのぶ》の二人が挙がっていました。家定死去の当時、慶福は一二歳、慶喜は二一歳です。「血脈」が濃い（慶福の実父である紀州藩主・斉順は将軍・家定の従弟）として慶福を推していたのは、井伊直弼《なおすけ》を代表格とする譜代大名たちです。譜代というのは、関ヶ原以前から家康に従っていた家柄で、石高《こくだか》はそう高くないけれども老中職などに就いて幕政に関与していた大名たちです。阿部正弘や堀田正睦も譜代でした。

一方、年若い慶福に対して、すでに成人して英才として知られる慶喜をたてていたのが、慶喜の実父である水戸徳川家の斉昭《なりあき》（慶喜はその第七子で一橋家の養子）のほか藩政改革により雄藩となっていた島津斉彬《なりあきら》や越前の松平慶永《よしなが》（春嶽、田安家からの養子）、尾張徳川家の慶勝《よしかつ》、宇和島の伊達宗城《むねなり》、土佐の山内豊信《やまのうちとよしげ》（容堂）などで、それに川路聖謨《としあきら》や岩瀬忠震《ただなり》、水野忠徳《ただのり》など開明派の幕臣たちもこの陣営に加わっていました。

慶福を推す井伊らは南紀派と呼ばれ、慶喜を推す勢力を一橋派といいましたが、この両派の争いの背景には幕府政治への関与をめぐる問題がありました。幕政の中枢である老中職は、譜代大名によって独占されていました。彼らの石高はだいたい数万石から十万石前後と高くはありませんが、彼らが老中となって幕政を取り仕切ったのです。その譜代の筆頭が彦根・井伊家だったのでした。

それに対し、薩摩の島津や土佐の山内は外様《とざま》のなかでも「国持《くにもち》」と呼ばれて石高も大きく、それだけに国政に対する意見や意欲もありましたが、幕政は譜代によって独占されていたため、国政参与のルートは制度上は閉ざされていたのです。その閉ざされたルートを、一橋慶喜の実父である水戸の徳川斉昭らと組んで、慶喜の将軍就任を機に突破口を開こうとしたのでした。

こうした事情を背景に、南紀派と一橋派の争いが朝廷をも巻き込んで隠微につづいたのですが、先に述べたように五八年4月23日、南紀派による大奥工作が成功して、家定により井伊直弼が大老に任命されると、井伊は間をおかずに5月1日、家定の口から老中一同に対し、「慶福《よしとみ》を跡継ぎとする」ことを通告させたのです。こうして、将軍跡継ぎ問題は井伊の主導する南紀派の勝利で終わりました。

しかし、まだ少年だった慶福が、この歴史の大転換期に国政の最高責任者の地位につくことが、彼自身にとって幸いだったのかどうか――答えは彼が満二〇歳の若さで世を去っていった、その事実が語っています。（一方の慶喜は七六歳まで生涯を全うしました。）

井伊大老の恐怖政治「安政の大獄」

日米修好通商条約の調印は、先に述べたようにこの年＝五八年の6月19日でした。そのすぐあと、同月25日に慶福の将軍就任が公表されるという日の前日、一橋派の面々――徳川斉昭、その子で水戸藩主の慶篤《よしあつ》、尾張の徳川慶勝《よしかつ》、越前の松平慶永《よしなが》、それに慶喜《よしのぶ》らが、その日は定例の登城日ではなかったのですが、井伊大老との最後の交渉を求めて江戸城に入ります。井伊との面会だけはできたのですが、井伊は公務を理由に早々に座を立つ結果に終わりました。

しかもこの後に、とんでもない事態が待っていました。7月に入り、井伊がほかならぬ御三家の当主たちに対し〝不規則登城〟を理由に処分を下したのです。斉昭、慶勝、慶永を「謹慎」処分とした上に、慶勝と慶永にはさらに「隠居」を命じて尾張と越前の藩主の地位から退去させてしまいました。残りの慶篤と慶喜には「登城停止」が言い渡されます。大老となった井伊が、早くもその権力の大ナタをふるいはじめたのです。

このすぐあと、将軍・家定が死去し、9月に慶福《よしとみ》が家茂《いえもち》と改名、10月に第一四代将軍となりますが、この間に、アメリカに次いでオランダ、ロシア、イギリス、そしてフランスとの間に次々と通商条約が結ばれます（安政五カ国条約）。

では、こうした外国との通商条約締結を、京都の孝明天皇はどう見ていたでしょうか。天皇が強烈な攘夷論者だったことは前章で述べました。アメリカとの条約締結を聞いた天皇は激怒し、「譲位の勅書」を参内した公卿に見せ、奥に引きこもってしまったとのことです。勅書にはこうありました

（芝原拓自氏『日本の歴史 23 開国』一九七五年、小学館から。傍線、引用者）。

――「神州の瑕瑾《かきん》（恥辱）、天下の危亡の基《もとい》、朕《ちん》においてはどこまでも許容いたしがたく候。……まことにもって存外の次第、じつに悲痛など申すくらいのことにてこれなく、言語につくしがたき次第に候。」

――「右の次第、実もって進退ここにきわまり、手足置くところを知らざるのいたり、なにとぞ是

非、帝位を他人に譲りたき決心に候。」

憤怒のあまり、「譲位」さえ決心したというのです。6月28日のことでした。

この勅書を見せられた関白らは驚き、幕府に連絡して「御三家あるいは大老のうち誰かを上洛（京都に上る）させますから」と言って天皇をなだめます。しかし7月6日、この沙汰書を受け取った井伊大老は、御三家はいま処分中であり、自分は政務多忙である、としてにべもなく上洛を拒否します。

この返答に、天皇はふたたび怒りを燃え立たせて、幕府に対し「譲位の勅書」を書きます。そこには、「違勅」「不信のいたり」といった言葉が躍っていました。その様子を見て、かねてから梅田雲浜《うんぴん》や梁川星巌《せいがん》など勤王の志士たちと接していた一部の公卿たちは、では、尊王攘夷に燃える水戸藩と、そして幕府に対し、直接、「攘夷」の勅命を下されてはいかがでしょうと奏上します。

天皇は同意し、直ちに譲位の意向を撤回、8月8日、水戸藩、次いで幕府に対し、勅諚《ちょくじょう》（天皇の命令）を下します。内容は――条約の調印と三家の処分を遺憾として、公武合体、国内一致協力して攘夷の態勢をきずくように、というものでした。この年は干支《えと》で戊午《ぼご》（つちのえ・うま）に当たるので「戊午の密勅」と呼ばれます。

幕末の対外危機の時期を迎えるまで、朝廷は政治的にまったく無力でした。江戸時代を通じて天皇家は、将軍家の万全の世襲維持のため正室として貴種の女性を提供することと、三百諸侯の秩序維持のため（幕府の指示に従って）官位を発給するという二つの役割の代償として、幕府から三万石を与えられることによって存続してきたのです（詳しくは梅田『日本ナショナリズムの歴史Ｉ』参照）。朝廷のみならず公家全体が「禁中 並 公家諸法度《きんちゅうならびにくげしょはっと》」と幕府から派遣された京都所司代によって厳重に管理・統制され、天皇にいたっては在位中、住まいである御所からただの一歩も外に出ることを禁じられていたのです。

その天皇が、尊皇攘夷の思想と運動が広がり、深まるなかで、水戸藩のみならず幕府に対して政策変更の命令を下したのです。文字どおり前代未聞の出来事でした。

当然、井伊大老から強烈な反撃を受けることになります。大老の腹心、長野主膳が総監となって大弾圧が開始され、まず9月7日、梅田雲浜が逮捕されます。梁川星巌は逮捕直前に病死しました。西郷隆盛も島津斉彬《なりあきら》の命を受けて、将軍継嗣問題で一橋派として島津家と歴史的に深い縁のある五摂家の筆頭・近衛家などを通じて暗躍したあとも京都に残っていましたが、近衛家から、雲浜や星巌らの同志だった勤王僧・月照の保護を頼まれ、共に薩摩への逃避行をめざします。

そして筑前（福岡）脱藩の平野国臣も同行してぶじ薩摩に入ったのですが、斉彬（この年7月に病没）亡き後の薩摩藩は西郷に冷たく、逆に月照の引き渡しを迫る始末です。月照を守り切れなかった責任から、西郷は共に死のうと鹿児島湾に平野もいっしょに舟を出し、別れの酒を酌み交わしたあと、西郷と月照は水中に身を投げるのですが、意図に反して西郷だけが生き残ります。そのため、幕府をはばかった藩庁により西郷は三年間、奄美大島に島流しとなったのでした。

〝志士狩り〟は容赦なくすすめられ、頼三樹三郎《らいみきさぶろう》ほか何十人もが逮捕され、とうまる駕籠（罪人を護送する竹で編んだ円形の駕籠）に乗せられ、東海道を江戸へ送られたのでした。

処分は「戊午の密勅」にかかわった公卿たちにも及びます。左大臣、右大臣をはじめ多くの公卿が、辞官、謹慎、隠居、出仕停止、落飾《らくしょく》（髪をそり落としての出家）等の処分を受けたのでした。

大名に対しては、先に処分を受けた水戸の徳川斉昭ら五人に加え、土佐の山内豊信にも隠居・謹慎の処分が下されました。また幕臣の中の開明派で一橋派だった岩瀬忠震《ただなり》、永井尚志《なおゆき》は官職だけでなく禄をも奪われ、川路聖謨《としあきら》、大久保一翁《いちおう》も免職、隠居の処分を受けたのでした。

捕らえられた志士たちに対する処罰は苛酷をきわめました。

まず水戸藩関係では、家老の安島帯刀《たてわき》が切腹させられたほか、四名の藩士が、死罪、獄門、遠島に処せられました。

次に志士では、橋本左内、吉田松陰、頼三樹三郎、飯泉友輔が死罪（斬首）に処せられました（梅田雲浜は獄中で死亡）。そのほか、遠島、追放、押込め（一室に閉じ込める刑罰）などに処せられた人は数知れなかったといいます。前章で黒船のショックを証言した福島の百姓、菅野八郎もその一人として遠島になったのでした。

「桜田門外の変」と遣米使節による友好親善

井伊大老による反対派にたいする血なまぐさい弾圧は、五八年9月の梅田雲浜の逮捕から翌五九年10月の吉田松陰らの処刑まで、ほぼ一年間、列島を震撼させます。

しかしそれからまだ半年もたたない六〇年3月3日、井伊大老は自ら種をまいた〝血の収穫〟をその身に負わされることになります。「桜田門外の変」です。

その日の朝、季節外れの雪が降る中（陰暦の3月3日はその年の陽暦では3月24日に当たる）登城する井伊大老の総勢六〇人あまりの行列が桜田門外にさしかかります。そこへ、大老の行列を見物する田舎武士の風体を装ってたむろしていた一八人が襲いかかったのです。うち一七人は水戸脱藩浪士で、一人が薩摩脱藩浪士でした。60対18ですから、襲撃は容易でなかったはずですが、当日は駕籠を守る彦根藩士たちは雪のため雨合羽《あまがっぱ》を着用、刀の柄《つか》には柄ぶくろをつけていたため、とっさに対応することができませんでした。

一発のコルト拳銃の弾丸で身動きできなくなった井伊直弼に、駕籠の外から幾度も白刃を突き刺した後、薩摩脱藩浪士で若干二一歳ながら示現《じげん》流の名手だった有村次左衛門が首を斬り落とし、それをかかえて日比谷門へ向かいましたが、途中、彦根藩士に討たれ、取り返された首級は彦根藩医によって再び胴体と縫い合わされたとのことです。

この事件で死んだ彦根藩士は八人、浪士は五人、ほかに負傷者が多数出たと伝えられます。ともあれこうして、井伊大老による恐怖政治の時代は五八年4月から六〇年3月まで、二年足らずで終息したのでした。

この間、五九年6月から神奈川、長崎、函館の各港を開港、いよいよ自由貿易が開始されました。実質的な開国です。その直前、5月には、このあと外国公使団のリーダーとして活躍するイギリスのラザフォード・オールコック公使が日本に着任しました。

年が明け六〇年になると、新年早々、日米修好通商条約の批准のため幕府の総勢七七人の使節団が米軍艦ポーハタン号でアメリカに向かいます。この使節派遣は通商条約の折衝中、日本側の岩瀬忠震《ただなり》が提案し、ハリスが快諾したのですが、開明派の岩瀬としては「外国を見聞するまたとない好機と考えたのだろう」と、小西四郎氏は推測しています（『日本の歴史19 開国と攘夷』一九六六年、中央公論社）。したがって、本来なら岩瀬が使節となったはずですが、井伊によって左遷された上、官職まで奪われていたため、外国奉行・新見正興《しんみまさおき》が正使、ほかに副使と、目付として小栗忠順《おぐりただまさ》が同行しました。

一行はハワイをへてサンフランシスコに到着、それから南下してパナマ地峡を汽車で横断、ふたたび米軍艦に乗って北上、ワシントンに到着するのですが、そこでアメリカ市民の大歓迎を受けます。小西氏の前掲書にその様子を伝える当地の新聞の記事がこう紹介されています。

――未知の異国からの訪問者をひと目みようとホテル付近に集まった群集は「入ってくる日本人に大喜びで、また心から楽しく、合図やその他、ありとあらゆる手を使って、たてつづけに祝福・儀礼・冗談などの砲火を浴びせつづけた。」「日本人の何人かは、聡明な知的な顔つきをしており、そして明らかに非常に素早い知覚（理解）力を示した。」

このような歓迎を受けてうれしくないはずはなく、一行は工場、学校、博物館などの見学のほか演劇鑑賞、パーティー招待などで充実した一カ月半の滞在を楽しんだのでした。（帰途は、米軍艦でこんどは大西洋を横断、喜望峰をまわって香港経由で帰国。）

なおこの使節団の往途には、日本の咸臨丸がポーハタン号の護衛としてサンフランシスコまで先導しました。護衛といいますが、幕府がオランダに発注して建造した咸臨丸の排水量は三〇〇トン、一方のポーハタン号はその一二倍以上、三七〇〇トンです。護衛は名目で、これまで三年余りになる長崎の軍艦操練所での成果を実地に試すためだったのでしょう。ともあれ、太平洋を横断した最初の日本の船となります。艦長は軍艦操練所の教授頭取だった勝海舟、提督には軍艦奉行の木村喜毅《よしたけ》が任に就きました。

福沢諭吉はその木村奉行に頼んで従者となり乗船、またアメリカ帰りのジョン万次郎も通訳として同行しました。福沢と万次郎はサンフランシスコでウェブスターの辞書を一冊ずつ買ってきたと福沢の『福翁自伝』にありますが、ワシントンの遣米使節の一行も米国政府から贈られたり購入したりした数百冊の書籍を持ち帰ったといいます。それらの本がその後の日本の文明開化に大きく貢献したことは言うまでもありません。

外国人へのテロル「夷人《いじん》斬り」

このように日米親善が実現する一方で、日本国内では恐るべき事態が進行していました。攘夷派の志士たちによる外国人に対する襲撃、テロルです。一方では対外親善、もう一方では外国人排斥のテロ、こういう矛盾する事態が同時進行したところに、維新の過程の複雑さ、理解の難しさがあるといえます。

まず五九年7月、ロシア使節を護衛してきた艦隊の乗組員四名が横浜で襲われ、見習士官と水兵の二名が殺されました。犯人は逃亡して不明です。

六〇年になり1月、漂流民でイギリス公使館の通訳となった伝吉（デン・ケッチ）が暗殺されます。今回も犯人は不明でしたが、このニュースを聞いて、長州の木戸孝允《たかよし》は、伝吉は「まったく夷人と相成る者」で「まことにきび（気味）のよきこと」と国もとに報告したそうです（小西氏、前掲書）。木戸もこの当時は強烈な攘夷論者だったのです。

2月、こんどはオランダ船の船長と商人がやはり横浜で襲われ、死亡しました。犯人は逃亡、幕府は二人に各一千両の賠償金を支払って事を収めました。

そして12月、長年ハリスと苦楽を共にしてきた通訳・ヒュースケンが薩摩藩士らに斬りつけられ、かろうじて公使館に戻ったものの、あえなく死亡します。その夜のことを、イギリス公使オールコックは回想記『大君の都』（山口光朔氏訳、岩波文庫、中巻）にこう書いています。

——「その晩、およそ一〇時ごろ、わたしはハリス氏から、負傷してはこびこまれたヒュースケン氏のために医者を送ってくれるようにとの短い手紙をうけとった。真夜中に、オランダ語通訳の資格でイギリス公使館付きになっている医者のマイバーグ博士がすぐに出かけていったが、ほどなくしてけが人は死亡したという知らせを持って帰ってきた。ヒュースケン氏は、（引用者注：オランダ語通訳として協力していた）プロシア使節館から帰る途中、刺客の一団に待ち伏せされて致命傷を受けたのであった。」

この当時、各国の公使は江戸市内に割り当てられた寺を仮の公使館として駐在していました。ヒュースケン死去の四日後、各国公使は葬儀に参列してほしいとの要請を受け、アメリカ公使館に集まります。そこでハリスは、幕府から、墓地への途中で襲撃される恐れがあるとの警告があったと伝えます。それでも全員が、前に伝吉が葬られたのと同じ墓地へ行くのですが、そのあと、各国公使はイギリス公使館に集まって善後策を協議します。再び、オールコックの回想記です。

――「会議には、全員が出席した。完全に意見の一致を見たのであれば、大いなる効果が得られたであろうが、不幸にもアメリカ公使（ハリスをさす）が意見を異にしたので、その効果が少なからず減じられた。フランス、オランダ、プロシアの代表と本官とは、完全に一致していたが、出席した五名のうちハリス氏のみが事態を成り行きにまかせ、日本政府の誠意を信じようとした。彼の書記官の暗殺、葬儀に当たっての警告、そしてその後のいっさいをもってしても、なお彼の日本政府の責任感と保護能力によせる信頼の念はゆるがないようであった。」

結局、ハリスを除く四カ国の公使は一時、江戸を撤退して横浜の外国人居留地に〝避難〟するのですが、この間の経過の中に、オールコックのハリスに対する複雑な感情がうかがわれると同時に、ハリスの日本開国にかかわった先駆者としての自負と、それゆえの幕府への信頼が読みとれます。（実際、ハリスはこの一年半後、幕府の高官たちに惜しまれて日本を去るのですが、そのさい将軍・家茂はリンカーン大統領にあてハリスの功績に感謝する書簡を送りました。）

それにしても、オールコックらの日本の攘夷派によるテロに対する恐怖は疑いようがありません。それをもう一度、彼の手記から見ておきます。

――「数日とか数週間とかではなく、何カ月も何カ月も、そして時たまではなくくる年もくる年も、たえず暗殺の脅威のもとで暮らし、しかもその脅威を実行するのに適当な道具がいつも身辺に迫っている――これがどんなことかということは、近代ヨーロッパにおいてはとうてい理解することが困難だ。馬に乗るごとに、かならず危険が迫っていることを意識し、床に入って目を閉じるごとに、こんど目をさますのは最後の時で、のどには執念深い刃《やいば》を擬《ぎ》せられ、殺害者の凶暴な喚声を耳にせざるを得ないようになるかも知れぬと感じるようなことは、愉快な生活ではないし、幸福にも健康にもまことによろしくない。」

オールコック特有のまわりくどい表現ですが、公使たちのテロに対する恐怖がどんなに差し迫ったものであったかがわかります。そして実際、此の半年後にはイギリス公使館が一四名の水戸浪士たちによって襲撃されるのです。

五九年6月の開港以来、横浜は貿易港として急速に発展しました。オールコックによると、六一年の一年間に出入りした船はおよそ一〇〇隻、取引額は一二〇万ポンドに達しました。日本からの輸出品は生糸と茶を中心に海産物や漆器などで、外国からの輸入品は綿糸、綿布、毛織物、鉄器類などが主で、ほかに大砲やピストルなども陳列してあったといいます。日本側の輸出入の対比は、六六年までは輸出が輸入を上まわっていましたが、それ以降は逆転します。

外国人居留地には大勢の商人たちが居を構えました。六一年末のその構成は、イギリス人＝55名、アメリカ人＝38名、オランダ人＝20名、フランス人＝11名、ポルトガル人＝2名――の総計一二六名だったとオールコックは記録しています。

やはり、対中国貿易で独走したイギリスが、対日貿易でも先頭に立っており、その存在も目立っていたのです。そのため、イギリス公使館が襲撃の対象としてねらわれたのでした。

江戸でのイギリスの仮設公使館「東禅寺」は２度にわたり浪士たちに襲撃された。幕末に来日した写真家フェリックス・ベアト撮影の第２次東禅寺事件の現場（横浜開港資料館蔵）

六一年5月27日、オールコックの一行は避難していた横浜から、馬に乗って江戸の仮設の公使館である東禅寺へ向かいます。東禅寺は当時、江戸で最も大きな寺院で、幾棟かの建物と庭園からなっており、周囲を林に囲まれていたといいます。そしてこの広大な場所を、幕府から派遣された一五〇名の護衛兵が警備していました。防御には不適な立地ではありましたが、なにしろ一五〇名に守られているのだから、と思っていたのに、早くも到着の翌日、28日の夜、襲撃を受けるのです。

——深夜、オールコックは通訳見習いに起こされ「箱から連発ピストルを取り出し、その場に行こうとして入口の方へ五歩も歩かないうちに、突然オリファント氏（注：新任の書記官）が血まみれになって現われた、腕にぱっくり開いた傷口と首の傷から血が流れていた。と思う間もなく、こんどは長崎駐在領事のモリソン氏が、やられた、と叫びながら現われた。ひたいの刀傷から血が流れていた。」

この襲撃では、一四名の襲撃者側は、遅ればせながら駆け付けた一五〇名の護衛兵によって三名が殺され、さらし首にされますが、公使館側はおそらくピストルの威力によって負傷者だけで死者は出さずにすみました。それでもオールコックは、幕府と交渉、負傷したオリファントとモリソンに対する賠償金として一万ドルを得たほか、江戸市内の適当な場所に、幕府の経費で各公使館を建設することを約束させます。

しかし、翌六二年5月にも、イギリス公使館はほかならぬ警護中の松本藩士によって襲撃され、水兵二名殺傷（第二次東禅寺事件）、さらに同年12月には品川・御殿山に建設中だったイギリス公使館が、長州の高杉晋作《しんさく》や久坂玄瑞《くさかげんずい》らによって焼打ちされるのです。これらを見ても、攘夷派の志士たちの外国に対する憎悪と敵意がいかに激しく、根深いものだったかがわかります。

皇女和宮の降嫁とその代償

このように、井伊大老による恐怖政治につづいて外国人に対するテロが相次ぐなか、幕府による政治は新たな方向へと向かいます。井伊のしいた〝強権政治〟から〝融和政治〟への転換です。

話はいきなり現代にとびますが、一九六〇年、日米安保条約の改定をめざした岸信介政権が、国会に警官隊五百名を導入して会期延長を強行し、さらに三十万人の民衆によって国会を包囲されるなか改定条約を自然成立（これが現行の日米安保条約）させたあと退陣、その〝強権政治〟の後を同じ自民党ながら、「国民所得倍増」のキャッチフレーズをかかげ〝寛容と忍耐〟をうたう池田勇人《はやと》〝低姿勢内閣〞が引き継いだことが思い出されます。政治の手法は、今も昔も変わりません。

一八六〇年3月の「桜田門外の変」のあと、幕府を率いる老中の中心人物は、磐城平《いわきだいら》五万石の藩主・安藤信正でした。安藤は井伊によって登用されたのでしたが、もはや井伊の路線を引き継ぐことはできません。そこで、かつて開明派の阿部正弘とともに老中職をつとめた下総関宿《しもうさせきやど》五万八千石の藩主・久世広周《くぜひろちか》に再出馬をたのみ、久世に老中首座に就いてもらいます。

この久世・安藤政権が直面していたのは、先述の「夷人斬り」に象徴される、根本的な矛盾をはらんだ状況でした。つまり、開国した日本の現実と、それを真っ向から否定する攘夷派勢力の対立です。この矛盾・対立の状況を、どう克服し、解消するか、これが久世・安藤政権が背負わされた最大の課題だったのです。

開港を取り消し、元の鎖国状態に戻れば、矛盾は解消します。しかしそれには、諸外国と締結した和親条約と通商条約を破棄しなくてはなりません。強力な軍事力をもつ諸外国に対して、そんな無茶ができるはずはありません。

では、攘夷派を説得し、攘夷をあきらめさせるのはどうか。これも、外国に対する彼らの信念と、その凝り固まった憎悪、敵意を考えれば、容易にできるとは思えません。

しかし、条約破棄の絶対的な不可能にくらべれば、攘夷派に対する宥和《ゆうわ》の方は、まだ何とか道を開く可能性があるかも知れません。では、どこから手を付けるか――。

思い返せば、攘夷派の中心に立っているのは孝明天皇です。日米通商条約の締結を前に、老中首座の堀田正睦《まさよし》が全国の大名たちの条約締結もやむなしの意見を取りまとめ、自ら京都におもむいて懸命に説得工作を重ね、朝廷の高官たちの賛意を取りつけたにもかかわらず、最後にそれをひっくり返したのが天皇でした。天皇は前章で述べたように、天照大神以来、万世一系の血脈を受け継いだ「神国」の君主として、生粋の攘夷論者だったからです。

その結果、幕府は天皇の承認を得ぬまま条約に調印したのでしたが、それをとらえて攘夷派は〝天皇の意思にそむいた調印〟すなわち「違勅」調印だと決めつけ、以後、幕府に対する攻撃を激化させたのでした。そうした中、天皇が水戸藩と次いで幕府に対し「戊午《ぼご》の密勅」を送ったことは先に述べました。

したがって、まず朝廷と幕府との関係を修復し、親和的な状態をつくりださなくてはなりません。もともと孝明天皇は幕府に敵対的ではありませんでした。「戊午の密勅」の中でも、朝廷と幕府の相互の協力、「公武合体」を説いています。

では、実際に目に見える形で「公武合体」の実態をつくりだす最短距離の道は何か。そこに浮かび上がったのが、孝明天皇の異母妹、皇女和宮《かずのみや》を将軍・家茂の正室に迎えるという〝奇策〟でした。なぜ奇策かというと、将軍が天皇家から正室を迎えるという事例は、江戸時代二百五十年を通して、前例がなかったからです。〈一度だけ、七代将軍・家継と霊元法皇〈天皇は譲位すると上皇となるが、その上皇が仏門に入ると法皇と呼ぶ〉の息女・八十宮との縁組がありましたが、これはどちらも嬰児だったときの縁組で、しかも家継が僅か六歳で亡くなったので実態として結婚とは言えません。〉

しかも、和宮はすでに幼女のときに有栖川宮熾仁《ありすがわのみやたるひと》親王と婚約済みだったのです。和宮と家茂は、奇しくも同じ一八四六年5月の生まれですから、久世・安藤政権が朝廷に和宮の降嫁《こうか》を請うた六〇年

5月の時点では二人は共に一四歳です。

幕府からの申し出を受けて、孝明天皇がすぐに応じる気になったはずはありません。なにしろ前代未聞の申し入れです。それに、幕府が窮地に立たされていることはだれの目にも明らかでした。天皇は自ら優位に立っていることを自覚していたはずです。

そこで天皇は、幕府に対して条件を出します。条約を破棄して、ペリー来航前の状態に戻すならば、和宮はすでに婚約済みではあるが申し聞かせて関東へ降嫁させよう、というのです。つまり、交換条件は、各国との通商条約の破棄――その必然の成り行きとしての列強との開戦→戦争だったのでした。

幕府側の発想のもとは、条約破棄を回避するための和宮降嫁の申し入れだったはずです。それなのに、返ってきた答えは、条約破棄の決行を誓約せよというものでした。普通ならとても呑める条件ではありません。しかし久世・安藤政権は呑みました。「七、八年、ないしは十年のうちには、交渉によってか、あるいは武力をもってしても攘夷を決行しましょう」と答えたのです。この当時、幕府は軍制の近代化と軍備の増強にとりくみ始めていました。七、八年もすれば、列強に対抗できる陸海軍が育成できるかも、という期待があったのかも知れません。が、この安易な約束が、このあと幕府を、とりわけ若い将軍・家茂を追いつめていくことになるのです。

このあと8月、朝廷は幕府に和宮降嫁の勅許を内達、11月には幕府が公式に和宮の東下《とうか》を布告し、翌六一年10月、和宮を乗せた駕籠は、中山道《なかせんどう》を通って江戸へ向かうのです。その中山道の宿《しゅく》駅の一つ、木曽馬籠《きそまごめ》の宿《しゅく》を舞台に幕末・維新の変動を描いたのが「木曽路はすべて山の中である」で始まる島崎藤村の長編小説『夜明け前』ですが、その中にこの和宮降嫁の行列についてふれた箇所があります。それによると、この馬籠の宿は長年、諸大名の参勤交代の行列を送り迎えしてきたのですが、この和宮の行列ほど大がかりで盛大な行列は過去に例がなかったということです。

そしてその翌年、六二年2月に家茂と和宮の婚儀がとりおこなわれます。共に満一五歳と九カ月でした。

長州の「航海遠略策」と「坂下門外の変」

こうして六〇年夏から秋にかけ、「七、八年ないしは十年後の攘夷決行」という時限爆弾をかかえながらではありますが、公武合体の路線がしかれます。それを待っていたかのように登場したのが、長州藩で「智弁第一」といわれ、藩主・毛利敬親《たかちか》の信任あつい長井雅楽《うた》による「航海遠略策」でした。六一年3月、長井が藩主に提出したその建白書の大筋は――朝廷が命じて、富国強兵によって航海術・海軍力の充実をはかり、もって海外に雄飛し、全世界に「皇化」を施すことを国策と決定した上で、それを幕府が列藩に指示すれば、世界でも別格である「皇国」の「国体」も回復でき、公武協調も一挙に進むでしょう、という提案でした。

当時の日本の置かれた現実から見れば、理想というより夢想に近い提案です。それにその内実は、かつて幕府を指導した開明派の阿部正弘や堀田正睦がめざした開国路線にほかならないことは明らかです。

しかし、長州藩の藩論を統一したうえで、長井が上洛し、朝廷にこの建白書を提出すると、孝明天皇はこの「航海遠略策」が朝廷を頂点に立てて壮大な構想を展開していることに目を奪われ、大いに感激、喜びのあまり長州藩主にこんな御製《ぎょせい》の歌を贈ったのでした。

国の風　吹起《ふきおこ》してよ　天津《あまつ》日の　もとのひかりに　かへすをぞまつ

新たな風を吹き起こして、天津日、つまり太陽神・天照大神の威光を取り戻す日を待っている、ということでしょう。孝明天皇の「天孫」としての強い自意識がうかがえます。

この天皇による賛同・承認をたずさえて、長井は江戸に向かいます。阿部正弘の開国路線を引き継ぐ久世・安藤政権は、もとよりこれを喜んで受け入れ、長州藩が先頭に立ってこの路線で各方面に公武合体の積極的意味を説いてまわってほしいと頼みます。長井からその報告を受けて、藩主・敬親《たかちか》も喜び、この年11月、参勤交代で江戸に入ると、この構想を諸大名に吹聴します。（先述の和宮の江戸への降嫁はこの前月のことです。）

しかし、天皇は錯覚したものの、航海遠略策がまぎれもなく攘夷論に反する開国路線であることは明白でした。それに対する熱狂的な攘夷論者による反撃は、早くも翌六二年1月に出現します。坂下門から江戸城内に入ろうとする老中・安藤信正の行列を、水戸浪士ら六人が襲撃したのです。ほぼ二年前の「桜田門外の変」の再現です。しかし今回は前回の教訓から安藤の駕籠は五〇人の武士によって厳重に警護されていました。そのため六人は全員その場で返り討ちにあいますが、それでも安藤は背中に三カ所の傷を負わされたため駕籠を飛び出し、素足のまま城内に駆け込みます。

こうして水戸浪士らの襲撃は失敗に終わったのですが、安藤の負傷は武家としてはあるまじき敵に背を見せた「後ろ傷」ということで評判がガタ落ちし、4月には老中を罷免されてしまいます。そのため井伊政権のあとの久世・安藤政権は二年で終局を迎えました。

こうした混迷する政治状況の中に、新たに薩摩の藩主・島津忠義の父で斉彬《なりあきら》の異母弟、久光が突如、登場してくるのですが、このあと政局が推移する過程でこの久光を含め雄藩の藩主たちと、その雄藩の藩政改革の中から頭角を現わしてきた攘夷派の志士たちが重要な役割を果たすことになりますので、だいぶ回り道になりますが、彼らについて前もって見ておくことにします。

「雄藩」の藩政改革と「志士」たちの登場

「雄藩」と書きましたが、三百近い藩のうち、何をもって雄藩というのでしょうか。そこに共通しているのは、国内外の危機が急速に深まっていった天保期（一八三〇〜四四年）、思い切った藩政改革を行なって藩の財政を建て直すとともに、その過程で身分の上下にかかわらず有能な人材を登用したことです。具体的には、薩摩、長州、水戸、越前、土佐、肥前などを指します。このうち、薩摩の島津斉彬《なりあきら》、水戸の徳川斉昭《なりあき》、越前の松平慶永《よしなが》、土佐の山内豊信《やまのうちとよしげ》らは将軍継嗣問題のさい一橋派として井伊直弼《なおすけ》と対峙したことは先に見たとおりです。

こうした国家的視野をもつ英邁《えいまい》な君主たちによって取り立てられた政治的俊才たちが、その活動の場を、狭い藩の枠内から国政の場へと広げていったのは当然だったのかも知れません。

藩の財政の建て直し、といま書きましたが、江戸時代は初期の半世紀をのぞいて早くも一七世紀後半からずっと、幕藩体制の幕府と各藩、ともに慢性的な財政難状態を背負うことになります。背景には、米穀の生産を主とする一次産業中心の経済から商品経済への移行という、歴史的必然ともいえる経済の構造的変動がありました。

五万石《ごく》、一〇万石というように、藩の規模は石高《こくだか》で表示されました。石《こく》は米穀の量を計るときの単位で、一升（一・八リットル）の10倍が一斗、一斗の10倍が一石です。したがって一石は一八〇リットル、一〇万石の大名は一八〇〇万リットル（俵にすると、四斗で一俵ですから一〇万石は二五万俵となる）のコメの収穫高の領地を有する藩となります。藩の規模が石高で表わされ、その収入もコメで計られるのですから、家臣たちの俸禄も当然その地位に応じてコメで支給されました。つまり、コメがすべての価値の源泉であり、基準だったのです。

コメの収穫量が限定的で、したがってごく貴重だった時代は、これで問題はありませんでした。しかし時代がすすみ、コメの価値が相対的に低下してくると、事情は変わってきます。

家康が「百姓は生かさぬよう殺さぬよう」と言ったそうですが、江戸時代初期の収穫配分はいわゆる六公四民、生産者である農民の取り分は収穫高の四割だけで、残りの六割は年貢《ねんぐ》として領主の米蔵《ぐら》に収められました。

しかし、江戸時代に入ってもはや戦乱もなくなり、農民が落ち着いて生産に取り組めるようになると、稲の品種改良や農具の改善がすすむと同時に農民の団結による発言権も強まり、このすぐ後に述べるコメ以外の作物を含めて収穫高の価値的配分はやがて五公五民となり、さらに四公六民へと逆転していきます。

農法や農具が改良されるにつれて、農民にはコメや野菜の生産のほかにも他の作物を栽培できる余裕が生まれてきました。その代表が木綿《もめん》です。戦国時代までは庶民の衣料は苧麻《ちょま》＝からむしの繊維で織った布でした。それが室町時代に木綿が大陸の方から伝えられると、一六世紀から一七世紀にかけ綿《わた》の栽培が広がってゆき、その実からつくる木綿が麻の布に代わって庶民の衣料となるのです。

また菜種油をとるためのアブラナや、蝋《ろう》をつくるためのハゼの木の栽培がありました。これらを原料として灯火用の油や蝋燭《ろうそく》がつくられます。これによって、それまでは農家の夜の明かりは囲炉裏の火だけだったのが、夜も縄をなったり草鞋《わらじ》を作ったりなど夜なべの仕事ができるようになりました。このほか、地方によっては染料となる紅花《べにばな》や藍《あい》、煙草《たばこ》なども栽培されました。以上のような作物はそのあと加工して商品となって売られるため、商品作物といいます。

このような商業的農業が、一七世紀、つまり江戸時代に入ると次第に農村に広がり、定着していきます。そうすると、これらの商品作物を農民から買い取って加工業者に売り、さらには一般消費者に販売する専門業者が生まれてきます。すなわち商人です。

こうして一八世紀後半から、農村と都市をつなぐ商人が大挙して生まれ、その中から巨大な財力をたくわえた大商人、豪商が登場してきます。本居宣長の地元、伊勢松阪を出身地として江戸での呉服商から大発展をとげた幕末最大の豪商、三井家（商号「越後屋」）がその代表です。

商業が盛んになり商品がいきわたってくると、人々の消費生活も豊かになってきます。また商品流通が拡大するにつれて、貨幣経済が発展してきます。その流れが一七世紀末には早くも井原西鶴や近松門左衛門が活躍した元禄時代を生み出すのです。

そうした社会全体の流れは、当然、武家の生活にも及びます。農民や町人の世界もこの間、上層と下層、つまり富民・富農と貧民・貧農とに分解してゆくのですが、総体として社会全体の消費生活が豊かになってゆく中で、武家だけがそれと無縁ということはあり得ません。しかし、貨幣経済が発展してきた中においても武家の世界は依然としてコメ中心の経済です。武家の生活が相対的に窮迫してゆくのは避けられません。

そのため、早くも一七世紀の中ごろから各藩の財政は赤字が目立ちはじめ、一七世紀末、つまり元禄期にはその行きづまりが一般化するのです。

財政の逼迫はもちろん幕府にも及びます。徳川将軍家は七〇〇万石の大領主で（うち四〇〇万石が天領を主とする直轄地、三〇〇万石が旗本の知行地）ほかに初期には金や銀の鉱山を含め莫大な備蓄金を所持していましたが、一七世紀末ごろにはそれも使い果たし、以後は天領などからの年貢だけに依存する状態になっていました。旗本はすべて一万石以下、それも総数五千人のうち三千石以上は二五〇〇人（5％）で、あとの95％はそれ以下でしたから、その窮迫状態は推して知るべしだったでしょう。

このように、江戸時代をとおして幕府、各藩ともに慢性的な財政危機にあったのでした。その危機が最も深まったのが天保年間（一八三〇年末〜四四年末）です。現在もそうですが、日本列島は宿命的な災害列島です。江戸時代もたびたび災害に見舞われました。当時の災害は必然的に凶作、飢饉をともないます。それがとくに集中して生起したのが天保年間でした。

一八三二（天保3）年、天候不順に見舞われ、コメが減収となります。つづいて翌年も夏の半ばから雨がつづき、収穫は軒並み半減しますが、とくに東北での飢饉は悲惨な状態となります。津田秀夫氏『日本の歴史 22 天保改革』（一九七五年、小学館）には秋の津軽での状況を伝える『天保飢饉奥羽武蔵聞書』の一節がこう紹介されています。

――「四、五日のあいだ米というものは目にかからず。多数の猫が殺され、犬はよろよろとして、つぎつぎに餓死しており、人々は日々乞食となり、他国へ多数の人がでていっている。」

次の年もそのまた次の年も状況は改善されず、その次の三六年も5月の風雨につづいて6月も雨がやまず、7、8月には全国的に凶作が必至となり、飢饉はいっそう深刻となります。とくに悲惨を極めたのが大消費都市である江戸と大阪でした。

三七（天保8）年2月、かつて大阪東町奉行所与力を務めた陽明学者の大塩平八郎が同志の門弟たちを率いて挙兵します。直接の引き金となったのは、その前年に東町奉行となった跡部良弼《あとべよしただ》――当時の老中首座・水野忠邦の実弟です――が、隣接する京都などへの廻米《かいまい》（商都・大阪には百万〜二百万石の米が集められ、それを各地に送り出した）は禁じたにもかかわらず、地元民の窮状は見捨てて江戸への廻米を認めるという挙に出たからでした。前年末に平八郎が書いた檄文《げきぶん》には「下民を悩まし苦しめ候諸役人」と「驕《おご》りに長《ちょう》じ居《お》り候大坂市中金持の丁人（町人）」を誅伐《ちゅうばつ》し、その隠匿の金銀銭、諸蔵《くら》屋敷米を窮民に配当すべく挙兵を決意した、とあります（宮城公子氏編『大塩中斎』一九八四年、中央公論社、解説）。

挙兵と書いたのは一党が大砲まで引いていたからですが、商業の中心街、船場《せんば》に突入した一党は、鴻池《こうのいけ》、天王寺屋、三井呉服店などの屋敷に火薬弾を投げ込みます。立ち上った黒煙を見て近隣の農民、貧民ら数百人が駆けつけるのですが、奉行所側の反撃によって、「大塩の乱」はあえなく一日で鎮圧されてしまいます。

しかし、その与えた衝撃は深刻でした。大阪を直轄地とする幕府の驚愕はもとより、全国の領主たちにとってもそれは他所事《よそごと》ではありませんでした。実際、大塩の決起を伝え聞いた各地で一揆や打ちこわしが引き起こされたからです。引きつづく飢饉の中、国の経済活動のかなめである商都・大阪の、そのまた中心部を襲った「大塩の乱」は、幕藩体制そのものを揺るがす弔鐘《ちょうしょう》ともいえる事件だったのです。

こうした危機的状況がつづく中、幕府は老中首座の水野忠邦をリーダーとして「倹約令」をはじめ上からの統制強化による「天保の改革」をすすめてゆくのですが、各藩においても財政再建を中心とする藩政改革にとりくんでいきます。

中でも最もはなばなしく藩政改革をすすめたのが長州藩です。財政再建をゆだねられた村田清風は天保年間、城下町の特権商人による借財を帳消しにするなど思い切った政策を断行するとともに新田《しんでん》や塩田《えんでん》の開発を行なって、藩財政の赤字を解消します。

その村田の方針を受け継いだ周布《すふ》政之助は木戸孝允《たかよし》や高杉晋作《しんさく》を抜擢し、藩特産の木綿や塩、和紙、藍、蝋などを移出品として江戸や大阪との交易で藩の財政に寄与しました。そのさい運搬に使った船は、砲四門を備えた洋式帆船ですが、そのスクーナー船は前章で述べた、津波で自船を失ったロシアの使節プチャーチンが、伊豆の戸田《へだ》で帰途に使う船を建造したさいに雇われた船大工を萩に招いて造った船でした。

長州藩はこのあとも大型の船を建造し、あわせて二隻の蒸気船を購入、交易を拡大します。前に述べた長井雅楽《うた》の「航海遠略策」も、実は長州藩のこうした活動実績の上に立った構想だったのです（以上、井上勝生氏『日本の歴史18 開国と幕末変革』二〇〇二年、講談社、から）。

薩摩藩も財政難に苦しんでいましたが、茶坊主から抜擢され最後は家老にまで上った調所広郷《ずしょひろさと》が財政再建の全権を委任され、これも過去の借金を実質帳消しにするという思い切った手段をとったほか、奄美諸島の砂糖を専売にして奄美島民の生活を犠牲にしながらも藩の利潤を何倍にもし、また琉球王国の中国との進貢《しんこう》貿易を利用しての密貿易（抜荷《ぬけに》）によって財政を改善したのでした。

こうして財政再建がすすむ中、ペリー来航の前々年、藩主となった島津斉彬は西郷隆盛や大久保利通などの下級武士を登用し、殖産興業にとりくんで大砲や火薬、ガラスなどを作ったほか、電信やガス灯などの実験施設をまとめた「集成館」を設立、軍艦五隻を建造して近代化の道を直進したのです。

越前藩主・松平慶永《よしなが》も開明派の藩主で、熊本で受け入れられなかった横井小楠《しょうなん》を政治顧問として招き、橋本左内、由利公正《きみまさ》らを登用して殖産興業、軍備強化をめざす藩政改革をすすめました。

土佐の藩主・山内豊信《やまのうちとよしげ》も門閥を超えた人材登用で藩政改革をすすめました。土佐藩からは後藤象二郎や板垣退助などが輩出します。

肥前佐賀藩の藩主・鍋島直正（閑叟《かんそう》）も開明的な藩主として知られます。土地改革のほか藩政改革につとめ、殖産興業とともに反射炉を造って大砲、小銃を製造、洋式艦船を購入して軍備を強化します。藩からは、大隈重信や江藤新平、副島種臣らが頭角を現わしていきました。


ところで、ここまでの叙述の中で、私は「志士」という用語を使ってきました。一般に使われてきた言葉ですが、近年、彼らをさして単なる「テロリスト」と決めつける本も現われていますので、改めてその定義を見ておこうと思います。

小西四郎氏は前掲『日本の歴史 19 開国と攘夷』の中で、こう定義しています。

――「『志士』とは『有志之士』の略であり、『天下のために憂うる人』であった。……志士は思いを天下国家にはせ、しかも現状をそのまま受け容れるのでなく、むしろそれを批判する改革者的態度をとるのであった。」

また井上勲氏は同氏編の『日記に読む近代日本 1 幕末・明治前期』（二〇一二年、吉川弘文館）でこう簡潔に定義しています。

――「志士とは、既存の秩序からへだたって、自身の志《こころざし》を行動として表現した者である。」

「改革者的態度」で「既存の秩序からへだたって」行動するのですから、よほどの決意が必要だったでしょう。したがって幕末の当時、彼らが総じて妻子をもたない若い世代に属していたことはごく自然のことだったと思われます。明治維新は二〇代から三〇代の人々による「革命」だったのです。

そこで参考までに、これから登場する彼らの生年を一表にして示しておきます（表参照）。

そのさいの基準になるのは、一八三〇年＝天保元年です。この年が大久保利通の生年です。その三年前に西郷隆盛が生まれ、三年後に木戸孝允が生まれています。いわゆる「維新の三傑」は天保元年とその前後にそろって生まれているのです。

幕末史に登場する主な人々の生年

1800	徳川斉昭
1804	タウンセンド・ハリス
1809	島津斉彬、横井小楠、中山忠能
1810	堀田正睦
1811	佐久間象山
1815	井伊直弼、吉田東洋
1817	島津久光、大久保一翁
1818	伊達宗城、岩瀬忠震
1819	阿部正弘
1823	勝海舟、周布政之助、板倉勝静
1825	岩倉具視、大村益次郎
1827	西郷隆盛、山内豊信、小栗忠順
1828	松平慶永
1829	西　周、武市瑞山、由利公正
1830	大久保利通、吉田松陰
1831	孝明天皇
1833	木戸孝允
1834	福沢諭吉、近藤勇
1835	坂本竜馬、小松帯刀、松平容保
1836	榎本武揚、井上馨、加藤弘之
1837	一橋慶喜、三条実美、板垣退助
1838	大隈重信、後藤象二郎、山県有朋
1839	高杉晋作、相楽総三
1840	**アヘン戦争**　久坂玄瑞、黒田清隆
1841	伊藤博文
1843	井上毅、西郷従道
1846	徳川家茂、和宮（静寛院宮）
1852	明治天皇
1853	**ペリー艦隊来航**
1867	**王政復古──→ 68　五箇条の誓文**

島津久光の政治的登場と薩摩攘夷グループの壊滅

さて、本筋へ戻ります。

井伊直弼による恐怖政治のあとに登場した久世・安藤政権は、開国によって生まれた新たな現実と、それをテロ行為をも使って否定・抹消しようとする尊王攘夷勢力との真正面からの対立を緩和し、解消へと向かうために、公武合体の路線をとります。その大胆かつ画期的な一歩が、将軍と皇女との史上空前の結婚でした。

しかしその代償として、久世・安藤政権はとんでもない重荷を背負い込むことになります。七、八年から一〇年のうちに列強との条約を破棄し、開国以前の状態に戻すことを約束させられてしまったからです。

しかもその準備のための軍備改革に取りかかったその矢先、六二年1月の「坂下門外の変」によって安藤は失脚、久世・安藤政権はもろくも崩れます。こうして幕府権力が半ばレームダック状態になったところに、薩摩の島津久光が突如、「公武合体の促進」と「幕政の改革」をかかげて京の都に登場してきたのでした。

島津斉彬の遺言（五八年没）によってその異母弟・久光の長子・忠義が薩摩藩主となりますが、実権は後見役の久光がにぎります。その久光が六二年4月、藩主の名代《みょうだい》として一千人の藩兵を率いて参勤交代で江戸へ行く途中、京都にやってきたのです。

斉彬が西洋諸国の軍事力の強大さと文明度の高さを客観的に認識していたのと違って、久光は「夷人ぎらい」で知られ、薩摩にも「斬奸義挙」をかかげる「精忠組」という攘夷グループが結成されていましたが（西郷や大久保利通もそのメンバーでした）、その攘夷派の藩士たちに人気がありました。

そのメンバーたちが著名な攘夷論者である筑前の平野国臣《くにおみ》や久留米水天宮の神官、真木和泉《まきいずみ》らとも組んで、久光を擁立して「義挙」を決行しようとひそかに画策していたのです。その拠点となっていたのが大阪の薩摩藩邸でした。

計画を伝え聞いた攘夷派の志士たちが薩摩藩邸へ集まってきます。そのことを側近の大久保から聞いた久光は激怒しました。封建的秩序を何よりも重視していた権威主義者の久光は、家臣たちが勝手に計画を立て、行動していることが許せなかったのです。

4月23日未明、ついに「義挙」決行に踏み切った一党が薩摩藩邸を出て伏見の船宿・寺田屋に集合したところを、久光の命を受けた薩摩の剣の腕利きたちがそろって襲います。その結果、薩摩藩の攘夷派の有馬新七などリーダー六人が殺され、薩摩攘夷派は壊滅状態となるのです。「寺田屋の変」です。

こうして薩摩の攘夷派が消えたあとの京都を、代わって長州と土佐の攘夷派の志士たちが占拠することになるのですが、それについてはもう少し後で述べます。

久光による薩摩攘夷派の弾圧を喜んだのは、久光と同様、上下の名分を重んじる権威主義者の孝明天皇でした。久光がとなえる公武合体は、先の「戊午《ぼご》の密勅」でも見たとおり天皇の主張でもありました。天皇は幕府に対して「公武合体」「国内一和」「夷狄掃攘《いてきそうじょう》」の朝廷の意思を伝える勅使の派遣を決めるとともに、久光の幕政改革案——一橋慶喜を将軍・家茂の後見職とし、越前の松平慶永を大老ないしは政事総裁職とする——の採用を朝廷から幕閣に対し要請することにしたのです。

前にも述べたように、天皇が国の政治に関与することは「禁中《きんちゅう》並《ならびに》公家《くげ》諸法度《しょはっと》」によって固く禁じられていたはずです。しかし天皇は「戊午の密勅」につづいてまたも幕府の政治に介入したのです。しかも今度は勅使を送って正面から。

幕府と朝廷との力関係のシーソーは今や明らかに朝廷側に傾いています。六二年5月、ついに勅使が江戸へ向かって出発します。そしてそれには、薩摩藩兵一千人を率いる久光の大行列が同行したのでした。

朝廷＝久光からの要求を幕閣が無抵抗で受け入れるはずはありません。しかし結局は7月、久光の要求は通って、慶喜が「将軍後見職」に、慶永が「政事総裁職」に就いて、幕政改革に着手してゆくことになります。

8月、望みを果たした久光は帰途につきます。その途中、久光の行列は現在の横浜市鶴見区の生麦《なまむぎ》で、馬に乗ったイギリス人の商人四名を「無礼討ち」にして殺傷する事件を引き起こします。「生麦事件」です。最大の強国イギリスを相手とする大事件ですが、久光は「大名行列を乱すものは討ち果たすのが本国の慣行である」として、幕府に報告しただけで、もしイギリスが報復するつもりなら鹿児島で待ち受ける、と言い放ってそのまま薩摩へ帰ってしまいます。

その結果は、約一年後の六三年7月、鹿児島湾での「薩英戦争」となり、鹿児島市街がイギリス軍艦の砲火で焼失することになります。

長州と土佐の攘夷派が占拠した京都

「寺田屋の変」で薩摩攘夷派が姿を消したあとの京都を占拠したのは、長州と土佐の攘夷派を主体とする志士たちでした。

まず長州藩から見てみると――同藩の長井雅楽《うた》による「航海遠略策」が藩主の認める藩論となり、さらに天皇の賛同をも得たうえ幕閣にも歓迎されたのは、つい前年、六一年のことです。しかしこの「遠略策」がまぎれもなく幕府のとってきた開国路線であることは明らかでした。そこで長州の木戸孝允《たかよし》や久坂玄瑞《くさかげんずい》ら攘夷派は、一部の公卿をも巻き込んで長井批判の猛運動を展開します。もともと「遠略策」は攘夷論とは矛盾します。藩主・毛利敬親《たかちか》はじめ周布《すふ》政之助らに木戸らも加わった会議により、長州藩の藩論は実質開国論から熱烈な「尊王攘夷論」へと急転回しました。六二年7月のことです。

なおこの年12月には、先にも述べましたが、品川御殿山に幕府の予算で建築中だった米、英、仏、蘭の公使館のうち完成間近だったイギリス公使館が、長州の高杉晋作、久坂玄瑞、品川弥二郎、井上馨、伊藤博文らによって焼き打ちされます。

一方、土佐藩にも熱烈な攘夷派が存在しました。その代表格が剣客として知られる武市瑞山《たけちずいざん》（半平太）です。六一年8月、彼を中心に一九〇人余りが血判盟約して土佐勤王党が結成されました。坂本竜馬、中岡慎太郎、吉村寅太郎らもそのメンバーです。

当時の土佐藩は前藩主の山内豊信《やまのうちとよしげ》によって起用され、開明派の藩士たちから支持されて藩政改革をすすめた吉田東洋が実権をにぎっていました。勤王党はその吉田東洋を暗殺、藩主・山内豊範《とよのり》の江戸参勤に同行して京都に入り、そこで長州はじめ諸藩の攘夷派と組んで、京都を制圧してしまったのです。

もともと攘夷派のチャンピオンは孝明天皇です。その天皇に屈して、幕府もまた攘夷路線へと転換し、しかも一〇年以内に列強諸国との条約を破棄することまで約束させられてしまいました。攘夷はいまや「国論」となったのです。

攘夷熱は朝廷内をも席巻《せっけん》し、まだ二〇代の三条実美《さねとみ》や姉小路公知《あねがこうじきんさと》など少壮急進派に乗っ取られてしまいます。攻撃目標となったのは幕府に協力して和宮の降嫁に奔走した岩倉具視《ともみ》など四人の公家と二人の女官で、かれらは「四奸《かん》二嬪《ひん》」としてねらわれます。岩倉具視が王政復古の直前まで近郊の岩倉村に閉居・逼塞《ひっそく》状態となったのはこのためでした。

かつて「安政の大獄」のさい攘夷派に対する弾圧で活躍した者たちも暗殺の対象となりました。その一人、九条家の家臣、島田左近は六二年7月、斬殺され、その首のない死体が高瀬川に浮き、首は四条河原にさらされました。以後、こうしたさらし首が、京都市街にあいついで現われます。京都はいまやテロの街と化したのでした。（なおこうした日本人どうしのテロの一方、先に述べたように外国人に対する「夷人斬り」や公使館襲撃が続いていたのです。この時代がいかに血なまぐさく殺伐としていたかがわかります。）

反対派に対する攘夷派のこれらのテロは、「天誅《てんちゅう》」の名のもとに実行されました。「天誅」とは、

「天が下す罰、天に代わって罰すること」（大辞林）です。一九〇四（明治37）年、日露戦争の開戦からほどなく作られた軍歌「日本陸軍」の歌い出しが「天に代わりて不義を討つ 忠勇無双のわが兵は…」でした。作詞者は一八五七（安政4）年生まれの大和田建樹《たけき》です。京都でこの「天誅」が横行したときはまだ五歳だったはずですが、幼い脳裡に「天誅」の語が刻まれていたのかも知れません（なおこの軍歌は昭和の軍国主義時代まで長く歌い継がれました）。

朝廷に屈した将軍の「攘夷」決行宣告

朝廷による幕府への攘夷決行の督促はなおも続き、しかもさらに強圧的になります。六二年10月、攘夷特別使として三条実美と姉小路公知が、こんどは土佐藩主の参勤の行列とともに江戸に到着します。前回の勅使派遣からまだ半年もたっていないのに、重ねての勅使派遣です。

三条と姉小路は幕府に対し、「攘夷の期限や方法について諸大名とも協議し、年内、遅くも年明けに朝廷に返答せよ」と迫りました。それに対し、幕府は「十分に協議したうえ、上京してご返事します」と答えます。朝廷と幕府、もはやどちらが上に立っているかは明らかです。

そしてそのことは、幕府側もすでに自覚していました。幕府は「公武一和・国内一致」のためには翌年早い時期の将軍の上洛（京都行）も避けられないと考えていましたし、また京都の治安維持と御所警備のためこれまでの京都所司代のほかに新たに「京都守護職」を設置し、その初代守護職として、越前藩に次ぐ親藩（徳川の縁続きの藩）の名門である会津藩主・松平容保《かたもり》を任命していたのです。幕府みずからも朝廷の方へ前傾の姿勢をとっていたのでした。

翌六三年2月13日、将軍・家茂は京都へ、諸大名の供も含め三千人の行列で江戸を出発、3月はじめ京都・二条城に入ります。江戸時代になってからの徳川将軍の上洛は、実に二百三十年ぶり、これが二回目のことでした。しかも前回――三代将軍・家光が三十万人の大軍を引き連れて京都に入ったのは徳川将軍が天下をその支配下に収めたことの大デモンストレーションだったのですが、今回の上洛は朝廷に呼びつけられての上洛です。ここに徳川幕府の権威の凋落が歴然と示されていました。

一方、朝廷の方は、いまや長州、土佐の攘夷派に支持された三条や姉小路ら攘夷急進派公家を中心とする勢力によってほぼ完全に実権を占められつつありました。彼らは朝廷内に新たに「国事御用掛《がかり》」なるものを設置しました。江戸時代の初期、幕府の定めた「禁中《きんちゅう》並《ならびに》公家《くげ》諸法度《しょはっと》」と「公家衆法度《はっと》」では、天皇のやるべきは学問や和歌、有職故実《ゆうそくこじつ》を習うことであり、公家も家ごとに世襲で受け継がれてきた「家々の学問」（家業、家学）に励むのがその職務であって、それにそむいたときは流罪に処すとされ、国事（国の政治）に関わることなどはもってのほかとされていました。

それなのに、朝廷の中に国事について審議する機関（会議の場所は御所の中の小御所《こごしょ》）を設けて、そこで政策を決めるというのです。そしてそのメンバー二九人には、穏健な公武合体派を排除した、これまで関白や左右大臣などの要職を経験した高級公家に交じって、三条や姉小路ら若手の急進攘夷派が加わったのでした。会議全体はこれら少壮急進派が牛耳ったことは言うまでもありません。

こうした京都の情勢に危機を感じた一橋慶喜《よしのぶ》ほか松平慶永《よしなが》、山内豊信《とよしげ》、島津久光、それに同じ開明派の宇和島藩主・伊達宗城《むねなり》らは急きょ上洛して協議します。彼らが怖れたのは、朝廷の国政介入によって、国内に幕府と朝廷、二つの政府が出現したことになり、国が二つに割れ、分裂することでした。

そうした中、六三年3月4日、京都に着いた将軍・家茂《いえもち》はその三日後、初めて御所に参内《さんだい》し、孝明天皇と会見します。先述のとおり天皇の妹・和宮は家茂の正室です。したがって、二人は義理の兄弟となります。その兄弟が、国内の〝二つの政府〟のそれぞれの代表として対面したのです。日本の歴史始まって以来の〝椿事《ちんじ》〟だったといえます。

そしてこのとき家茂に与えられた勅書には――家茂は「これまでどおり征夷大将軍として攘夷にはげめ」として、「国事の儀については、事柄によりただちに諸藩へ御沙汰あらせられ候あいだ、かねて御沙汰なしおかれ候こと」と書かれていました。つまり将軍は攘夷のことについてのみ専念せよ、他の国内政治に関することは朝廷から直接諸藩に指示する、というわけです（芝原氏前掲書）。

かつて平安時代の初期、「蝦夷《えみし》征討」の総大将を「征夷大将軍」と名付けました。坂上田村麻呂《さかのうえのたむらまろ》が有名です。家茂の「将軍」という官職名の実体を、この一千年以上前の元々のレベルに戻して、その役割を軍事面のみに限定し、その他の国事（政治）一般については古代のように朝廷がとり行なうことにする、というのです。これにより、二つの政府による二元政治の問題は、朝廷のもとに一元化されることが天皇によって宣言されてしまいました。

絶望した慶永や久光、山内豊信、伊達宗城らは、もはやこれまでと思ったのか京都を引き揚げ、それぞれの地元に帰ってしまいました。残る将軍・家茂の補佐は、慶喜と松平容保、それに三人の老中だけです。反対に意気さかんとなったのは少壮公家たちと長州や土佐の攘夷派でした。長、土の攘夷派も先に見たとおり若者が主体です。彼らの建白によって、天皇の賀茂《かも》神社と石清水八幡宮《いわしみずはちまんぐう》への攘夷祈願の行幸が実現することになります。

前に述べたとおり、江戸時代を通じて天皇は御所内に禁足され、御所を一歩も出ることができませんでした。その二百数十年の幽閉状態を破って、天皇がついに御所を出たのです。六三年3月11日、天皇はまず賀茂上《かみ》・下《しも》社に行幸しました。この〝歴史的〟な行幸には、公卿たちはもとより、家茂と慶喜が騎馬で随行したほか老中三名、それに一一の藩の藩主と藩兵が付き従いました。

その一カ月後、4月11日、天皇がこんどは石清水八幡宮に行幸します。八幡神は弓矢・武道の神です。攘夷の戦いの勝利を祈願する行幸であることは言うまでもありません。ここに詣でることの意味は明らかです。

今回はさすがに、家茂は前夜、風邪で発熱したとの理由で随行を断わり、慶喜も随行はしたものの八幡宮の手前でにわかに腹痛を起こしたとして行列からはずれました。八幡宮の社前で、天皇が将軍に対し攘夷の節刀《せっとう》（天皇の権限を代行するための刀）を授ける計画があると聞いていたからです。将軍がいなければ、将軍後見職の慶喜が代理で刀を受けとることになりましょう。そうすれば、攘夷決行の直接の責任を、将軍と共に慶喜も負わされることになります。開明派の慶喜が逡巡し回避したのは当然でしょう。

後年、それも明治も終わり頃になって、慶喜の回想を記録した『昔夢《せきむ》会筆記――徳川慶喜公回想談』（一九六六年、平凡社東洋文庫）という本があります。その中で慶喜は、自分が八幡宮の手前で行列を外れたのは、決して仮病を構えたのではない、真に下痢をして山の上まで登ることができなかったのだ、と繰り返し語っていますが、やはり虚構の弁明の疑いは消えません。

ところで、以上のように見てくると、孝明天皇は確信的な攘夷論者だったように思われます。じっさい、幕府による通商条約調印を知ったときは「譲位」を口走るほどに怒り狂ったのでした。しかし先ほどの『昔夢会筆記』の中では、慶喜は孝明天皇の攘夷思想についてはこう語っています。

「先帝の真の叡慮（考え）というのは、誠に恐れ入ったことだけれども、外国の事情や何か一向御承知ない。昔からあれは禽獣《きんじゅう》だとか何かというようなことが、ただお耳にはいっているから、どうもそういう者のはいって来るのは厭だとおっしゃる。煎じ詰めた話が、犬猫と一緒にいるのは厭だとおっしゃるのだ。」

そして、聞き手が慶喜に、陛下のおそばに仕える者がいろいろ情報を提供しても陛下は晩年まで西洋人は禽獣同様に思っていらっしゃったのですか、と尋ねたのに対しても、こう説明しています。

「どうも（その情報を）申し上げる人（自身）が分らないからね。最初（自分が）上京した時に鷹司《たかつかさ》関白（の前）へ出て、当時外国に蒸気船というものができてこう、大砲ができてこうでござるといろいろ申しあげた。なるほどそうかと言って大分お分りのようだったね。それで大分お分りになったと思ってだんだん進んで行くと、いや日本には大和魂《やまとだましい》というものがあるから、決して恐れることはない、こうおっしゃるんだね。どうもお分りになったかならぬか分らない。それでそのような人が外国の事情を陛下に申し上げるんだ。陛下にお分り遊ばさぬのは御尤もだ。お尋ねがあっても、それをちゃんと申し上げることができない。」

要するに朝廷は、天皇をはじめ徹底して現状認識、事実認識を欠いていたというのです。この慶喜の発言につづいて聞き手の一人が、「最初ペルリが参りました時に、近衛家からペルリの画像を天覧に供えましたが、それはなるほど禽獣の態です」と述べていますが、こうした鬼面か獣面のように描かれた「夷人像」が、朝廷の上下全体に刻み込まれていたのでしょう。

慶喜の回想録は何十年もたってからのものですからバイアスはかかっているでしょうが、ともあれ慶喜が聞いていた孝明天皇の攘夷論はこの程度のものだったのです。

しかし、こうした認識はひとり孝明天皇だけではありませんでした。朝廷の急進攘夷派や長州、土佐の攘夷派も似たような認識だったと思われます。そのことはこの石清水八幡宮への行幸から一カ月後、長州攘夷派の小児的な愚行（外国船への闇討ちの砲撃）によって証明されます。

ともあれ、天皇をはじめ京都じゅうが攘夷熱に沸き立つなかで、将軍・家茂はついに攘夷の期限を約束させられました。5月10日を期限に攘夷を決行する、と言わされてしまったのです。

しかし、攘夷熱に浮かされて攘夷決行の期限は約束したものの、家茂（幕府）にそれを本気で実行する用意もつもりもありません。まして諸藩の中にすすんで火中の栗を拾うような藩などあるわけがありません。いや、ただ一つだけ、攘夷に向け突進した集団がありました。長州の過激派です。

長州藩の外国船襲撃と薩英戦争

六三年5月10日、攘夷の期限の日を迎えます。日付が変わってまもなく、長州藩の攘夷分子が行動を起こしました。深夜、折からの風雨を避けて下関海峡に錨を下ろしていたアメリカ商船ペムブローク号に対し、長州藩の軍艦二隻がやにわに砲撃を加えたのです。驚いたペムブローク号は急いで錨を挙げ、南の豊後《ぶんご》水道へ向かいました。長州軍艦はそれを追撃しますが、速力の差は明らかです。商船は逃げ去りました。

どう見ても、これは闇討ちです。将軍の命による国の方針としての「攘夷」であったにしろ、これはその最も拙劣な実行でした。攘夷決行の方針決定の過程も異常なら、その実行の仕方も異常だったのです。以下、この後の長州藩の動きについて、多くは芝原氏の前掲書に依拠して述べます。

この闇討ちは、実は長州藩の正規の方針によるのではありません。実行したのは久坂玄瑞を首領とする先走った攘夷派の一派でした。これより先、攘夷期限を5月10日と聞いてから、京都の攘夷急進派の志士たちは勇躍、長州藩に集まり、その日を待ちわびていたのです。攘夷を決行できるのは長州藩以外にはないとわかっていたからです。その一派が、藩の海防総奉行の逡巡を無視して藩の所有する軍艦に乗り込み、深夜の砲撃を決行したのでした。

長州藩の藩論は、先に見たとおり、攘夷論に転換しています。久坂や山県有朋らの独断専行に眉をひそめながらも、表だって咎めることはできなかったのでしょう。

攘夷急進派の外国船攻撃はさらに続きます。5月23日早朝、こんどは下関沖に停泊していたフランス艦キンシャン号に向かって藩の軍艦および砲台から砲撃を加えました。驚いた同艦が問い合わせのため下ろしたボートも砲弾で破砕されます。あわてたキンシャン号は急いで錨を上げ、玄界灘へと逃れたのでした。

その三日後、オランダの軍艦メデューサ号が下関海峡に入ります。同艦の艦長はキンシャン号から長州藩による砲撃について聞いていました。しかしオランダと日本は長年の友好国です。しかも艦には総領事ポルスブルックも同乗していました。まさか友邦の艦を砲撃することはあるまいと思ったのは当然です。しかしそのような常識は、もはや血迷った長州攘夷派には通用しませんでした。メデューサ号に命中した砲弾は三〇数発、死者四名、重傷者五名の犠牲者を出します。

こうなると、米、仏、蘭の列強諸国が黙っていることはあり得ません。まず6月1日、米艦ワイオミング号が海峡に入って下関に近づくと、まず砲台に集中砲火を浴びせてこれを破壊、次いで長州藩が伊豆の船大工を招いて造った軍艦・庚申丸《こうしん》ほか一隻を撃沈、さらにもう一隻をも大破させてしまいました。下関沿岸の民衆は山中に逃れ、一帯は一時、無人と化したとあります。

さらに四日後の5日、こんどはフランス東洋艦隊の司令官ジョーレス少将が直接指揮する軍艦二隻が下関に接近、陸戦隊（今でいう海兵隊）二五〇人が上陸していくつかあった砲台を次々に占領して破壊したのみならず、長州藩の刀剣、銃砲、甲冑《かっちゅう》などを奪い、民家にも火を放って引きあげたのです。

これが、当時の日本と列強との軍事力の差でした。幕府の一部知識層や諸藩の開明派の人々にはおよその想像がついていたでしょうが、狂熱状態の攘夷派にはそれがまったく見えておらず、今回の

イギリスに留学した長州藩士たち。遠藤謹助（上段左）、野村弥吉（上段中央）、伊藤俊輔（博文、上段右）、志道聞多（井上馨、下段左）、山尾庸三（下段右）。幕末のイギリス外交官アーネスト・サトウの写真アルバムから（横浜開港資料館蔵）

ような現実を突きつけられてやっと少し目が覚めたのです。

しかしここが歴史の興味深いところですが、藩論が攘夷論でわきたっていた長州藩の中にも、もう一つの隠れた顔があったのでした。砲撃開始の前月、井上馨を含む三名の若い藩士に対し、藩主からイギリスへの留学の命が下っていたのです。前に長州藩の藩論が攘夷に転換するなかで、周布政之助が「攘夷して後《のち》、国開くべし」と言ったとのことですが（青山忠正氏『明治維新』二〇一二年、吉川弘文館）、藩の一部指導者は攘夷とともに西洋諸国からの文明吸収を視野に入れていたのでした。

4月半ば、井上ら三名は長州を発って5月初旬に江戸に着き、つてを頼って英国領事のガウワーに洋行の周旋を依頼します。聞くと渡航費・滞在費を含め一千両が必要だということでした。しかし彼らが藩から支給されていたのは一人当たり二百両です。まったく問題になりません。

加えて伊藤博文と山尾庸三が留学を希望してきました。必要経費は五名分五千両です。思案のあげく彼らが見つけ出した秘策が、麻布の藩邸に銃砲購入のため用意してあった一万両の半分を〝借用〟することでした。留守居役がさいわい大村益次郎です。その計らいで五人はガウワーとジャーディン・マジソン商会、それに政商グラバーの協力があって、最初の砲撃の二日後、5月12日、横浜を出航、イギリスに到着後そろってロンドン大学の聴講生となったのでした。（この五人の長州の留学生は日本の近代化に貢献した「長州ファイブ」とたたえられ、二〇〇六年には地元の企画で映画化されました。）

こうして日本（長州藩）と列強との最初の軍事衝突は、列強の完全勝利で終わったのですが、その翌月の7月、またしても大規模な軍事衝突が起こります。薩摩藩とイギリス艦隊との交戦、薩英戦争です。

前年（六二年）の8月、生麦事件が突発したことは先に述べました。そのさい、薩摩藩の久光は、行列を乱した者を無礼討ちにするのは本国の慣行であり、それで問題があるというのなら鹿児島で応接すると言い放ってそのまま帰郷したのですが、しかし死者一人を出した事件です。一国の外交を受け持つ幕府として放っておくことはできません。結局、幕府はイギリスの要求どおり一〇万ポンドの賠償金を支払ったのでした（先の東禅寺襲撃事件の分と合わせて一一万ポンド）。時価にしてどれくらいかはわかりませんが、莫大な額であったことは間違いありません。

しかしそれでもイギリスは承知せず、薩摩藩に対して二万五千ポンドの賠償と下手人の処刑を要求して、6月27日、七隻からなる艦隊が鹿児島湾（錦江湾）に入ったのです。

六三年7月2日未明、台風が接近する中、鹿児島湾に入った英艦隊は、市街地側とは反対の桜島側に停泊していた薩摩藩の艦船三隻を拿捕《だほ》します。この三隻は薩摩が三三万ドルを投じて当のイギリスから購入していた艦でした。

その日の正午、接近してきた台風の中、薩摩藩の一〇基の砲台が火を噴きます。英艦隊は拿捕した三隻からめぼしいものを略奪したあとに火を放ち、艦砲で応戦します。薩摩の大砲は射程距離一キロ、それに対し英艦の砲の中には最長射程距離四キロの最新鋭のアームストロング砲もあり、武力の差は明らかでした。

しかし、荒れ狂う強風と波浪のため英艦の砲の照準は容易に定まらず、イギリス側は旗艦ともう一艦の艦長二人を含め六〇名をこえる死傷者を出してしまいます。一方、薩摩の側も、砲台を次々に破壊されたほか、市街地が焼かれた上、島津斉彬《なりあきら》が藩政改革の途上で造らせた溶鉱炉やガラス、紡績の機械や実験施設などを集めた集成館も破壊されてしまいました。

初日の交戦は、こうして互いに甚大な被害を出しながら終わりました。被害は受けましたが、英艦隊はまだ一隻も撃沈されてはいません。しかし、戦闘を続行するのに必要な弾薬、燃料、食糧を準備していませんでした。恐らく、前月の下関でのフランス軍の完全勝利を聞いていたイギリス側は、薩摩との交戦を甘く見ていたのでしょう。翌日、英艦隊は鹿児島湾から撤退して横浜へと帰っていったのでした。そのさい、藩の船に乗っていた五代友厚と寺島宗則は捕虜となって横浜へ連れ去られます。

こうして薩英戦争はいわば引き分けのかたちで終わりましたが、薩摩藩もまた長州藩に次いで列強の軍事力の強大さを身をもって知らされました。ということは、攘夷などというものの非現実性をハッキリと知ったということです。

ここから薩摩は、先進諸国に学びながらの「富国強兵」路線へと踏み出します。もともと斉彬の藩政改革でも見たように、薩摩は西洋文明を吸収しながらの近代化をめざしていたのでした。

このあと同年11月、薩摩藩はイギリスへの賠償金二万五千ポンドを幕府から借金して支払い、そのさいオールコック帰国中の代理公使ニールには軍艦購入のあっせんを約束してもらうのです。

そしてさらに一年半後の六五年5月には、長州藩と足並みをそろえたように、前年に捕虜から解放されて藩に帰っていた寺島と五代の提案で、この二人に加え町田久成を引率者、新納《にいろ》久修《ひさのぶ》を団長として、十代から二十代の若者を主体に総勢一九名をイギリス留学に送り出したのでした。（グラバーの手引きにより英国商船で密航した留学生たちはロンドン大学に入学、その多くが明治新政府の要職について国の文明化や富国強兵に尽力します。その留学生群像の大きな銅像が、いまＪＲ鹿児島中央駅前に立っています。）

JR 鹿児島中央駅前に建つ「若き薩摩の群像」。ずっと薩摩藩士 17 人だけの像だったが、2020 年に同行した土佐と長崎出身の 2 人が加えられて 19 人となった（撮影／木下リラ）

8・18宮廷クーデター――攘夷派、京都を追われる

こうして全国の藩の中でも有数の大藩である長州藩と薩摩藩が、ともに列強と実際に戦火をまじえ、彼我の軍事力の差をまざまざと見せつけられたのでしたが、それでも京都は、まだ依然として攘夷激派の勢力下にありました。彼らの攘夷熱はますます高ぶり、天皇を神武天皇の山陵（墓所）のある大和（奈良県）まで連れ出して、そこで攘夷作戦の軍議を行なおうという「大和行幸」まで計画します。そして六三年8月13日、天皇をたきつけて「攘夷親征」の詔勅まで出させたのでした。その中心メンバーは攘夷派きっての〝理論家〟である真木和泉《まきいずみ》（久留米藩・水天宮の神職）と三条実美《さねとみ》ら公家の過激派、それに長州の木戸孝允《たかよし》や久坂玄瑞《くさかげんずい》です。

しかし孝明天皇は、行幸の詔勅は出したものの、みずから攘夷の先頭に立つことにはさすがにためらいがありました。なにしろ南北朝時代の後醍醐天皇いらい五百年余、天皇が戦陣に立ったことなどないからです。天皇に軍事的な知識はゼロです。それに、天皇は先だって家茂に対し、攘夷決行は将軍である家茂に一任すると命じたばかりです。もし将軍を押しのけて自分が攘夷決行の先頭に立てば、みずから勅命を破ることになります。加えて、外国事情にうとい天皇にも、さすがに攘夷戦争の開戦は早すぎはしないか、と感じられていたのでしょう。天皇には眠られぬ夜が続いたはずです。

そうした中、先に「寺田屋の変」によって攘夷派を一掃した薩摩藩と、藩主が幕府の京都守護職であ

る会津藩との間で、ある隠密の計画がすすめられていました。その計画とは、「公武合体派」の協同・協力によって、朝廷、さらには京都から、攘夷激派を放逐する〝宮廷クーデター〟です。

大和行幸の詔勅が出されたその日、8月13日、会津藩と薩摩藩の有志が協議して、会津藩主・松平容保《かたもり》に対し、攘夷派排除の決行を提議しました。攘夷派の専横に業を煮やしていた容保は提議を受け入れ、朝廷の要人である宮家の朝彦《あさひこ》親王に協力を求めます。親王もただちに賛同し、同じく攘夷派の跋扈《ばっこ》を嫌っていた前関白の近衛忠熙《ただひろ》・忠房父子や右大臣・二条斉敬《なりゆき》らの同意も取り付けました。

そこで彼らが立てた計画は――当日深夜、朝彦親王が参内して天皇に計画決行を告げる。あわせて、御所にある九つの門を会津と薩摩の藩兵で固め、京都市中は守護職・所司代・奉行所の監視下におく。次いで、公武合体派の在京の藩主や公卿を参内《さんだい》させ、攘夷派の公家は御所から排除する。同時に、真木、木戸、久坂ら攘夷派の指導部を指名手配する。また、先に朝廷に新設した「国事御用掛」などは廃止する。そして最後に一橋慶喜や老中らを京都に呼んで、改めて国の方針を決める――というものです。ざっと以上のような手順で行くというのですが、成功のためには、何より迅速果敢な行動が必要です。緊密な手はずが整えられました。

8月16日の早朝、まず朝彦親王が参内、天皇に拝謁して計画を内奏し、同意と勅許を求めました。しかし天皇は、攘夷派に対して「大和行幸」の詔勅を下したばかりです。天皇はこれまでの三条実美ら攘夷急進派による宮廷内外での我がもの顔の勝手な振る舞いには強い嫌忌《けんき》を抱いていました。朝彦親王の密計にたいして、内心は大きく動いたはずです。しかし、さすがにすぐには賛同できなかったのでしょう。なお熟考するということで、親王はむなしく引き下がったのでした。

これにより、クーデター計画はまず朝彦親王による天皇説得からつまずき、その日の午前、攘夷派の公卿たちが参内する姿が見えて、クーデター派は失敗を覚悟します。

ところが翌17日の夕方、天皇は朝彦親王のもとに「勅命」の密使をよこしてきたのです。クーデター派は狂喜します。

その夜、18日午前1時、朝彦親王が参内するのと同時に、守護職・松平容保と、京都所司代の淀藩藩主・稲葉正邦の指揮する会津藩と淀藩の藩兵が夜の闇の中ぞくぞくと御所に入り、入り終わると九つの門をすべて閉ざしました。次いで、近衛父子と二条斉敬らが、こんどは薩摩藩兵らに護衛されて御所に入ります。公卿を送り届けた薩摩藩兵は、これまで長州藩が担当警備していた御所の南側正門である堺町門に集結、代わってその警備につきました。こうして午前4時、御所はクーデター派によって完全に確保されたのでした。

あわせて、土佐、米沢、備前、阿波などの藩主たちにも急きょ参内が要請され、早朝からの天皇臨席の御前会議で、朝彦親王から次々に今後の処置が発表されました。

――三条実美はじめ攘夷過激派の公卿二〇余人に対する参内・面会の禁止、「国事御用掛」等の廃止、長州藩に対する堺町門警備の免職と京都からの退去、天皇の大和行幸の中止などです。計画どおりの進行でした。クーデターは見事に成功したのです。

しかし事態はこれで収まるはずはありません。堺町門をはさんで、内側の薩摩・会津の藩兵と、閉め出された長州藩兵との間に一触即発の緊張が高まります。御所に隣接する関白・鷹司輔熙《たかつかさすけひろ》の屋敷には三条らの公家や真木、久坂らの攘夷派指導部が集結して対抗策を練りますが、打開策は見つかりません。

こうして終日、御所の門内と門外とのにらみあいが続くのですが、夕方になってようやく堺町門の警備を薩摩・会津藩から淀藩に代えることを条件に双方が妥協して、門内外の両軍が引き揚げたのですが、事実上これで攘夷派の敗退が決まってしまうこととなりました。

このあと攘夷急進派の兵は京都東方の寺院で今後の作戦について協議するのですが、いったん停戦した戦いを再開するのは容易ではありませんし、兵力の点でも会津・淀・薩摩の連合軍に対して長州軍に勝ち目はありません。それに何より、公武合体派の側には天皇による「勅命」がありました。それに歯向かう攘夷急進派は「朝敵」となったのです。もはや「大義名分」は立ちません。

三条らはあくまで京都にとどまって戦おうと言い、真木らは金剛山か六甲山地の摩耶《まや》山に立てこもって戦うと主張したのですが、どちらも現実離れしています。結局、ひとまず長州にしりぞいて再挙をはかろうという長州藩の主張に従うことになりました。

この結論に落ちついたのが19日の午前3時のことだといいます。そしてその数時間後の同日午前中、早くも三条実美、沢宣嘉《のぶよし》など七人の公家は、長州藩兵に守られ、降りしきる雨の中、蓑笠《みのかさ》に草鞋《わらじ》ばきの姿で京都から立ち去っていきます。世にいう「七卿都落ち」です。長州藩も留守居役二名だけを残して、全員が京都から撤退させられてしまいました（以上、クーデターの経過についても芝原氏前掲書によります）。

これが「8・18クーデター」です。四年後、これとそっくりの宮廷クーデターが再度、出現します。

「王政復古」のクーデターです。それによって、三条実美らもまた政界の中心に返り咲くのですが、このように主役が入れ替わり、形勢反転、攻守ところを変える複雑さが明治維新の難解さです。

さて、こうして攘夷派は京都から駆逐されてしまったのですが、しかし攘夷派がこれで沈黙してしまったわけではありません。

攘夷派による「攘夷親征」の実行を迫る武力行動は、実はクーデターの直前にも起こっていました。若い公卿・中山忠光をかしらに土佐の吉村寅太郎ら多くは土佐の脱藩浪士たちの「天誅組」三〇人あまりが8月17日、大和・五条の幕府代官所を襲撃、代官らを殺害し、周辺の農民に「本年は年貢を半減する」と宣言、代わりに農民たちに協力を求めます。しかし翌日には朝廷でのクーデターが成立したため、南北朝の動乱のさい後醍醐天皇の南朝にくみしたという伝承をもつ十津川郷に移動し、郷士（農民）千人あまりを味方につけますが、しかし一週間後、大和郡山《こおりやま》や彦根、紀州など諸藩の連合軍による攻撃にあうと、主体的な戦意をもたない十津川軍は離散し、吉村寅太郎は重傷を負って天誅組は壊滅したのでした。「大和の乱」あるいは「大和五条の変」と呼ばれます。

このあと10月12日、こんどは筑前浪士・平野国臣《くにおみ》らが但馬《たじま》・生野《いくの》の幕府代官所を襲撃、占領します。かしらには都落ちした七卿の一人、沢宣嘉を長州から呼び寄せ、周辺の農民、約二千人を集めました。キャッチフレーズにはやはり「三カ年の年貢半減」を使いました。

しかし、但馬出石《いずし》、姫路、豊岡など各藩からの出兵を知らされると農民兵はたちまち浮き足立ち、解散したかと思うと、こんどは逆に偽の宣伝で自分たちを動員した志士たちを包囲、攻撃してきたのです。そのためほぼ全員が死亡、かろうじて脱出した沢宣嘉は四国をへて長州に戻りますが、平野は途中で捕らえられ、京都の六角獄に送られたのでした。これを「但馬の乱」または「生野の変」といいます。

どちらの「乱」にも見られるのは、「現状認識」を決定的に欠いていたということです。したがって、見通しがありません。先に見た長州の攘夷過激派による外国艦船に対する一方的で無謀な砲撃もそうでしたが、攘夷派に共通しているのはこうした「非現実」「非合理」「無計画」、つまりは頭脳と精神の酩酊状態でした。

雄藩藩主による「参与会議」の新設と崩壊

攘夷派が一掃された京都は、公武合体論者である孝明天皇の下、朝廷と幕府の蜜月期を迎えます。その流れに乗って、クーデター後の六三年9月末から、開明派で公武合体派の雄藩の諸大名が京都に呼び集められました。薩摩の島津久光の提議によるもので、メンバーは越前の松平慶永《よしなが》、土佐の山《やまの》内豊信《うちとよしげ》、宇和島の伊達宗城《むねなり》、それに久光です。とくに久光は小銃隊、大砲隊を含む一万五千の兵を率いての上洛でした。

加えて、江戸に戻っていた一橋慶喜《よしのぶ》も11月に入京し、12月末、慶喜、松平慶永、伊達宗城、山内豊信、それに会津の松平容保《かたもり》（京都守護職）の五名は朝廷の「参与」に任命されました。いずれも相応の官位がありますが、ひとり無位無官だった久光も従四位下左近権少将に叙任され大隅守《おおすみのかみ》の官名ももらって、参与に加わりました。合計、六人の参与です。

ここに、参与が三日おきに参内して朝議（つまり国政を審議）する「参与会議」が成立しました。

越前の慶永に政治顧問として招かれていた横井小楠《しょうなん》はかねてから、幕府の独裁に代えて有力大名による「公共の政」、つまり合議制による政治を主張していました。その「公共の政」がこの「参与会議」によって緒についたようにも思われました。

12月末、将軍・家茂も江戸を出発、翌六四年1月15日、京都に入ります。天皇は再会を喜び、「汝《なんじ》は朕《ちん》が赤子《せきし》、朕、汝を愛すること子のごとし」と言ったといいます。しかし、朝廷と幕府をめぐる関係は、そう無邪気に喜びあえる状態ではありませんでした。

天皇は依然としてかたくなな攘夷論者です。一方、幕府は、列強との通商友好関係を結んだ当事者であり、将軍はその責任者です。この根本的な矛盾は依然として厳存します。それは前年3月、家茂が天皇から「攘夷決行」の勅書を与えられて以来ずっと幕府の頭上にのしかかっていた問題でした。

その難題に対する一つの解決策として、前年の8・18クーデターのあと、幕府内に浮上してきたのが「横浜鎖港《さこう》」案でした。しかもその中心的提唱者が一橋慶喜だったのです。

「横浜鎖港」案とは、横浜港をいったん閉ざす、しかるのちに欧米諸国と新たな交渉を行ない、対等な条件で通商条約を結びなおす、その間は横浜での貿易は停止して交易は長崎と函館の二港だけにする、という案です。しかし実際の交易は圧倒的に横浜港を通じて行なっているのです。横浜鎖港は実質的に通商断絶と同じです。ペリー来航いらい通商条約の成立まで五年がかりでやっとこじ開けた通商の門を再び閉ざすことを、列国が認めるはずがないのは、冷静に考えればわかりきっています。

しかし六三年5月10日と限っての攘夷決行の勅命のもと、長州藩の急進派を中心に諸藩士、在野の草莽《そうもう》の浪士たち、加えて攘夷激派の公家たちからの攻勢をそらす窮余の一策として、慶喜主導のもとで幕府はこの「横浜鎖港」の方針を打ち出したのでした。

しかし、いま述べたような絶対的な矛盾をはらんだこの方針が、老中や大目付など実際に幕政をになう人々多数の支持を得られるはずはありません。以後、幕府上層部には深刻な内紛が生じ、めまぐるしく人事交代が行なわれ、幕政はマヒ状態となります。

そんな折、フランス公使から幕府に対し、前年の下関海峡でのキンシャン号砲撃と、9月初めに横浜の郊外で起こったフランス士官殺害の賠償問題について、フランス本国へ特使を派遣してそこで交渉してはどうか、との提案があります。

これを幕府は、渡りに船と受けました。国内で本国の出先機関である各国公使と交渉しても、そう簡単には片付かないことは目に見えています。いっそ相手の本国に乗り込んで交渉すれば何とかなるのでは、と考えたのです。それに、特使を派遣している間は、朝廷からの攘夷督促から逃れることができる、とも思ったでしょう。姑息とも何とも言いようがありませんが、幕府は実際に外国奉行・池田長発《ながのぶ》を正使とし、副使、目付ほか四〇名近い使節団をフランス軍艦に乗せて送り出すのです。これが、六三年末のことでした。このすぐあとに、前述の「参与会議」が新設されたのです。

さてその参与会議で、この「横浜鎖港」が大きな問題となります。当面する最大の外交問題なのですから、当然です。開明派の越前の慶永や宇和島の宗城、薩摩の久光は、この非合理・非現実的な政策に反対しました。とくに久光の場合、つい半年前に薩英戦争を戦って相手国の軍事力の実態を知っています。強行すれば、列強との開戦を招くことにならざるを得ない「横浜鎖港」など論外だったでしょう。しかし、この「横浜鎖港」方針の主導者は一橋慶喜でした。かつては開明派で開国論者だったはずの慶喜が、ここでは一転して強硬な鎖港・攘夷論者となり、慶永ら開明派の諸侯を相手に、一歩も譲らなかったのでした。

この慶喜による頑強な横浜鎖港の主張のため、参与会議は、幕府側の代表となった将軍後見職の慶喜と、雄藩の藩主たちとの間で真二つに割れてしまいました。当面の最大の問題である攘夷問題について、意見が真正面から衝突したのでは、参与会議の土台はくずれます。

参与会議のもう一つの課題であった長州藩処分問題については、大筋は懲罰の方向で一致しましたが、最重要課題の「鎖港・攘夷」問題で対立したのでは参与会議の継続は不可能でした。六四年2月末、豊信がまず参与辞任を願い出て京都を去り、次いで慶永、宗城、久光らも相次いで辞任、帰国してしまいました。

その少し前、六四年2月16日、参与会議の乱調をなんとか調整しようと考えた朝彦親王が、参与会議のメンバーを自宅に招きます。その酒席で、泥酔した（ふりをした？）慶喜が、久光、慶永、宗城を指して、こう暴言を吐いたと伝えられます。

――「この三人は天下の大愚物、大奸物にござ候ところ、いかにして宮はご信用あそばされ候や……」

決定的な断絶宣言でした。これにより、有力大名による「合議政体」の萌芽であった参与会議はもろくも砕け散ってしまったのでした。

それにしても、慶喜はどうして開国論から鎖港論者へと一転したのでしょうか。二つのことが考えられます。一つは、将軍の後見職として実質的に幕府の命運をになっていると自負する慶喜は、斜陽の幕府を立てなおすには朝廷と一体となることが必要であり、そのためには公武合体論者でもある天皇の攘夷の意思を受け止めることが必要と考えたのではないか、ということです。

そしていま一つは、慶喜のパーソナリティーの問題です。久光と宗城《むねなり》が前関白の近衛忠熙《ただひろ》の邸を訪れたさい、近衛は慶喜の人物についてこう評したとのことです。

――「此の人は例の己《おのれ》を恃《たの》む癖あれば、今後いかなる気随《きずい》の挙動に及ぶべきや測られず、大いに懸念するなり。」

慶喜は自分の才覚を信じてやまぬ性癖だから、今後どんな勝手気ままな挙動に出るかわからない、大いに心配だ、というのです。要するに自分本位で、機を見るに敏、変わり身が早い、というのでしょう。慶喜のこのような変わり身の早さを、このあとも何度か、重要な局面で見ることになります。

こうして3月初め、参与会議は解体、家茂も江戸に帰り、京都に残ったのは、みずから将軍後見職を辞して新たに「禁裏御守衛総督・摂海（大阪湾）防御指揮」に就任した慶喜と、京都守護職の松平容保、それに淀藩の稲葉正邦が老中に昇進したのに代わって新たに京都所司代となった桑名藩主・松平定敬《さだあき》（容保の弟）らだけとなりました。

この結果、8・18クーデターのあとに残ったのは、幕府と雄藩大名たちの協力体制ではなく、朝廷を抱き込んでの慶喜主導による幕府の権威挽回だけでした。しかしそれがはたしてどれほどの実体を伴うものであったかは、今後の事態の推移の中で明らかとなります。

なお、使節団を送ったフランスでの「鎖港」交渉はもちろん相手にされず、賠償金の支払いの上に輸入関税の軽減まで約束させられて、7月に帰国しました。

「池田屋の変」から「禁門の変」へ

さて、クーデターによって京都を追われ、また大和や但馬での無計画な蜂起は鎮圧されたものの、攘夷派がそれで壊滅したわけではありません。長州藩はまだ無傷のままでしたし、そこには真木和泉や七卿ほか多くの攘夷激派が集まっていました。それに、戦わずして京都から退去した長州藩の中には、長州遊撃隊総督の来島又兵衛や久坂玄瑞などを先頭に、クーデター派に対する復讐と名誉挽回への熱気が充満していました。

それに対し木戸孝允や高杉晋作は、いまはまだその時期ではない、もっと態勢を固め、情勢を見て進発すべきだと説いたのですが、激派には冷静にそれを聞く耳はありませんでした。

そうした中、6月5日（六四年）、「池田屋の変」の知らせが飛び込んできます。長州藩士を含む攘夷派の志士たち二十数名が旅館・池田屋に集まっていたところを新選組によって襲撃され、全滅させられたという知らせでした。

新選組は、この一年半前の六二年末、久光のあっせんで幕府の「政事総裁職」に就いていた松平慶永の指示でつくられました。浪士を集めて一隊を編制し、京都へ送って幕府の統制下で攘夷派の取締りに当たらせようというのです。ところが京都に着いた浪士隊は、攘夷派の志士、清河八郎の巧みな煽動により幕府側から敵側の攘夷派へと一転させられてしまいます。

驚いた幕府は浪士隊を直ちに江戸に呼び戻しますが、二十数人だけはそのまま京都にとどまりました。彼らは京都守護職の会津藩に願い出て、会津藩のもとで攘夷派取締りに就くことになります。六三年3月、将軍・家茂が二百三十年ぶりに上洛したそのすぐ後のことです。新選組と名乗るこの一隊はその後増員されて百人をこえる勢力となりますが、その中心メンバーが衆知の近藤勇はじめ土方歳三、沖田総司、芹沢鴨らでした。

この新選組が、六四年6月5日の夜、長州、土佐、肥後の攘夷派の志士たち二十数名が会合を開いていた京都都心の旅館・池田屋を急襲したのです。凄惨な死闘のすえ、志士側は七人が絶命、その他もほとんどが捕縛されました。もちろん新選組側からも多数の負傷者が出ました。「池田屋の変」と呼ばれます。

この「池田屋の変」の知らせが、長州藩内に充満していた京都奪還、名誉挽回の熱気に点火、一気に燃え上がらせることになります。前年5月から6月にかけ、米仏の軍艦から反撃され陸戦隊に砲台を占拠されたあと、高杉晋作らによって編制された奇兵隊をはじめとする諸隊六隊、千数百人が、増田弾正ほか二人の家老と真木和泉や久坂玄瑞らに率いられて京都へ向け進発します。池田屋の変からひと月とたたない六四年6月末のことです。

7月、この長州軍を、幕府の軍や会津、桑名、薩摩藩の軍が迎え撃ちます。交戦は数カ所で行なわれましたが、最も激しかったのが御所の九つの門の一つ、蛤《はまぐり》御門《ごもん》の付近でした。そこでこの戦闘は

「蛤御門の変」あるいは「禁門の変」と呼ばれます。戦闘は御所の内部にも及び、その様子を公卿の一人は「九重《ここのえ》（宮廷）の内外、甲冑《かっちゅう》の武士、切火縄《きりひなわ》、抜身《ぬきみ》充満」と日記に記しました。流れ弾が飛び込み、会津軍の口径15センチの大砲の発射音がとどろき、公卿たちを震え上がらせたといいます。

戦闘は結局、兵力で圧倒する幕府・諸藩軍の勝利で終わりました。久坂玄瑞は重傷を負って自刃、真木和泉も天王山まで撤退したところで新選組を含む幕府軍に包囲されて自刃しました。追討軍は大阪の長州藩邸をも襲撃、木戸孝允はそこにいたのですが、池田屋の変のときも偶然のいきさつから生き延びたように、今回もかろうじて難を逃れ、商人に身なりを変えて逃げ延びたのでした。

こうして戦闘は一日で終わったのですが、戦火は強風にあおられ三日にわたって京都市街を焼き、公卿の屋敷を含め二万八千余の民家が焼失、賀茂川の河原は避難民で埋まったと伝えられます。

戦火は御所の内側にも及んだのですから、孝明天皇が激怒したのはもちろんです。7月21日、天皇は「長州藩追討」の勅命を発したのでした。こうして「尊王攘夷」の急先鋒だった長州藩は、一転して朝廷にそむく敵、「朝敵」となったのです。

四カ国艦隊に対する長州と幕府の二重の敗北

六四年7月に京都で完敗した長州藩を、8月4日、またしても大災難が襲います。下関海峡での不意打ちに対する報復として、英仏米蘭の四カ国艦隊が、海峡に現われたのです。艦隊の総司令官はイギリスの海軍中将、副司令官はフランスの海軍少将、英海軍を主力とする艦隊は、軍艦一七隻、艦砲は計二八八門、兵員は五千人をこえる大艦隊です。

一年前の不意打ちのときでさえ、米、仏それぞれの軍艦に砲台を破壊され、さらに占拠されているのです。まして今回は四カ国の連合艦隊です。抗するすべがないことは明らかです。

これより先の4月、留学先のロンドンで井上馨と伊藤博文はこの四カ国艦隊による長州に対する報復攻撃の情報を知り、取るものもとりあえず急きょ帰国します。彼らは半年余の留学で、四カ国艦隊による砲撃が実行されればまちがいなく壊滅することがわかっていたからです。二人は横浜に帰着すると、休暇を終えて帰任していた英国公使オールコックに面会を求め、長州藩への説得のための時間が欲しいと頼み込んで、英艦に乗せてもらい、長州に帰ります。しかし、折から藩は京都進発の直前で、下級武士二人の意見に耳をかす余裕はありません。二人がむなしく横浜に戻った7月11日、四カ国代表は連合艦隊の出撃を幕府に通告したのでした。

ところが、ちょうどその日、前に述べた「横浜鎖港」交渉でフランスに派遣されていた使節団が帰ってきたのです。正使の池田長発《ながのぶ》は幕閣に交渉の結果を報告するとともに、実地に見てきたヨーロッパ諸国の文明の実態を伝え、いまは富国強兵に徹して国力を高めるほかに道はないことを進言したのでした。しかし幕閣は、長州藩の幹部と同様、その懸命の訴えを聞く耳をもちませんでした。耳をかさぬどころか、幕閣は逆に池田に重罰を与え、六百石の家禄までも取り上げ、隠居、謹慎を命じたのです。まだ二八歳だった池田長発は憤懣のあまり発狂して死んだといいます。

8月5日、大艦隊の艦砲がいっせいに火を噴きます。それから一時間、長州側の砲台は完全に沈黙

四カ国艦隊の砲撃の破壊力は圧倒的で、下関戦争は四カ国の一方的勝利で終わる。
写真は長州藩の砲台を占領したイギリス軍（F・ベアト撮影、横浜開港資料館蔵）

させられてしまいました。建物は炎上、弾薬庫は連続して爆発し、兵員は逃げ去ります。そこへ英、仏の陸戦隊が上陸、砲台を占領します。これに対し、山県有朋の指揮する長州軍が反撃しますが、これもただちに粉砕されます。

その後も引きつづき陸戦隊は進撃して残る砲台を破壊、6日、7日と掃討戦を展開します。それに対する長州軍の抵抗はほとんどなく、予想どおり戦闘は四カ国艦隊の一方的な勝利で終わりました。

四日目の8月8日、長州藩家老の命を受けた正使であると名乗って、高杉晋作が、英艦隊の旗艦にキューパー提督を訪ねます。通訳として井上馨と伊藤博文をともなっていました。

同月14日、停戦協約が締結されます。その中で長州藩からは、外国船の海峡通行の承認はもとより、燃料や水のほか必要品を販売し、風波の激しいときは乗組員の上陸を認めるなど積極

1863年5月17日、英仏軍の横浜駐留を決めた、フランス軍艦上での幕府と英仏との秘密交渉（『ル・モンド・イリュストレ』1863年9月26日号の挿絵、横浜開港資料館蔵）

的なホスピタリティーが示されました。伊藤などは、それだけにとどまらず、いっそ下関を開港して、特産物の綿、蝋、生糸などの交易を望んだといいます。

また高杉らは、攘夷をわが藩が決行したのは朝廷や幕府の命令によるものだと弁明（たしかにその通りでした）、したがって賠償の交渉は幕府と行なってほしいと主張したのです。四カ国艦隊側もそれを認め、幕府と交渉、その結果幕府は、生麦事件のときの実に七倍、三百万ドルもの賠償金を支払うことになったのでした。この巨額の賠償金を、幕府は二回に分割して支払うことにし、まず半額の百五十万ドルを支払います。

このように外国軍、とくに英仏の軍事力の前に幕府は屈服させられたのですが、実はこの前年にも幕府は英仏に重大な譲歩を迫られ、それを受け入れてしまっていたのでした。

イギリス軍の横浜駐屯地。1868年末当時、1大隊680名が駐屯していた（イギリス軍将校が所蔵していたアルバムから。横浜開港資料館蔵）

先に述べたように、日本に居留する外国人が攘夷過激派の襲撃に危機感を抱いていたのは事実です。その脅威からの〝自衛〟を理由に、英仏の両国は自国軍の駐屯を要求、そのために横浜居留地に軍事基地を設置することを求めてきたのでした。

自国内に外国軍の駐留を認めるかどうかは、国家の主権にかかわる重大な問題です。それなのに幕府は、この重大問題の交渉を、老中ではなくその次の地位である若年寄の酒井飛騨守と出先の神奈川奉行にゆだねたのでした。

交渉の相手は英仏の公使（英国はオールコックの代理公使ニール）と両国海軍の提督、しかも会談の場所はフランス軍艦の艦上です（前頁イラスト）。ここでの秘密会談により、六三年5月17日、幕府は英仏両軍の基地を国内に置くことを承知させられてしまったのでした。

その結果、外国人居留地にイギリス軍基地

日本側の費用負担で建設されたフランス海軍の武器・弾薬庫。隣接してイギリス軍の武器庫もあった（F・ベアト撮影、横浜開港資料館蔵）

（約六・六ヘクタール）とフランス軍基地（約一ヘクタール）が建設されます。とくにイギリス軍の基地は、横浜港を見下ろす高台、現在の「港の見える丘公園」に立地されたのですが、千五百人収容の兵舎ほか武器庫や火薬庫、射撃場、それに病院など、建設費はすべて日本側が負担したのでした。

なんと情けない幕府の有様かと、思わず溜息が出そうですが、これも領事裁判権の場合と同様、振り返って現在の日本を見てみると、あながち当時の幕府の行為を慨嘆するだけではすまないかも知れません。現在、日本の全国各地に散在する米軍基地については、日米地位協定や「思いやり予算」によって、広大な基地の地代はもとより米軍将兵の宿舎や病院から戦闘機の格納庫や弾薬庫などの建設費、さらには基地で働く日本人従業員の賃金まで、日本政府が負担しているからです。

なお、このイギリス軍の基地が撤去されたのは、維新後、消滅した幕府に代わって新政府が賠償金の残り百五十万ドルを支払った一八七五（明治８）年のことで、フランス軍が立ち退いたのはその翌年でした。

こうして、四カ国艦隊の攻撃により圧倒的な軍事力を見せつけたイギリスほか列強に対し、長州藩はもとより幕府もまた屈服したのでした。そしてこの敗北により、長州藩は「攘夷」を捨てて、逆に先進諸国に学ぶ「学夷」へと転換します。薩摩藩はすでに前年、薩英戦争により身をもって先進国の実力を知り、「攘夷」から「学夷」へと転じていました。つまり、攘夷を実行するうえでその主力部隊となるはずの薩長二藩が、攘夷派から抜け出したのです。したがってこの時点で、「尊王攘夷」のうちの「攘夷」は、実質的に消滅し、あとには「尊王」だけが残ったのでした。

そしてここから、維新の変革過程は、攘夷をめぐっての「幕府と朝廷」の関係を主軸とする展開から、「幕府と雄藩」との対立関係を主軸とする新たな展開へと入ってゆくことになります。

Ⅳ

「尊王攘夷」から「尊王倒幕」へ

――「第一次長州征討」から「薩長同盟」まで

第一次長州征討と幕府首脳の権威奪回の策動

一八六四年7月21日、「禁門の変」で御所内にまで砲撃を受けた孝明天皇は長州藩を「朝敵」と断定、幕府に対しその追討を命じました。それを受け、同月24日、幕府は西南の諸藩に対し出撃準備を命じます。

では、一方の長州はというと、その翌月、先に述べたように四カ国艦隊の攻撃を受けたばかりです。それは軍艦一七隻、兵員五千人による総攻撃でした。抗するすべもなく、長州藩は手を上げ、高杉晋作が使節となって講和を結んだことは前章で見たとおりです。

こういう打ちのめされた長州藩に対して、幕府は三五藩、一五万人からなる征討軍を編成したのでした。軍の総督は尾張の前藩主・徳川慶勝《よしかつ》、副総督が越前藩主・松平茂昭《もちあき》、そして参謀は先の「禁門の変」で薩摩藩兵を指揮して奮戦、勇名をはせた西郷隆盛です（西郷は二年前に尊攘激派と交わって久光の怒りを買い、沖永良部島《おきのえらぶ》に遠島処分になっていましたが、この年2月に許されて復帰、久光から軍賦役兼諸藩応接掛に任じられていました）。

この西郷が、征討軍の編成中に、大阪に来ていた幕府の軍艦奉行・勝海舟に会います。そして海舟から、幕府内部の現状分析と今後とるべき道筋を示され、それこそ目からウロコの衝撃を受けるのです。以後の歴史の展開については、私はこの海舟と西郷の二人の出会いが転換点となったと思っていますので、二人については後で改めて述べることにします。

さて、勅命による長州攻撃です。征討のための大軍は編成したものの、長州軍はすでに「禁門の変」と四カ国艦隊との戦争で敗北を喫しています。三度目の敗戦となることは目に見えていました。しかし実際に戦争となると、征討軍、つまり各藩の軍も少なくない犠牲者を出すことになります。それに、戦争で最も被害をこうむるのは農民、民衆です。西郷には、かつて薩摩で農政にたずさわり、また配流《はいる》先の奄美大島と沖永良部島では島民に交じって生活した経験がありました。それらに加え（少し後に述べますが）海舟との会見から得た方針転換もありました。そこで、できるなら「戦わずして勝つ」道はないかとさぐります。

その条件はありました。長州藩内の内紛です。「禁門の変」の敗退で、攘夷激派の勢力は衰えていました。代わって勢力を伸ばしてきたのが、門閥を誇る藩の上級層、上士たちです。いくらもたたぬうちに、藩庁は彼ら門閥派に占拠されていました。その門閥派に、西郷ははたらきかけたのです。

征討軍からの総攻撃を前に、敗戦を必至と見ていた門閥派の政庁は、今は何よりも毛利家（長州藩）の存続が大事と考え、そのためには征討軍から示された攻撃停止のための三つの条件を呑むしかないと判断、三条件を受け入れました。その第一の条件は、「禁門の変」の責任者として藩兵を率いて上洛した三人の家老と四人の参謀に対しての切腹・斬首です。切腹して斬られた三家老の首級は、征討軍本陣の広島へはこばれ、総督の慶勝の検分を受けました。第二の条件は、藩主の毛利敬親《たかちか》と定広父子による謝罪です。これも自筆の謝罪書の提出で了承されました。

最後の条件――長州にかくまわれていた都落ちの五卿（七卿は五人になっていた）の処遇についてはだいぶ難渋しましたが、西郷が筑前（福岡）まで出かけて筑前藩と折衝し、同藩の了承を得て太宰府へ身柄を移すことで落着しました。
こうしてこの年、六四年の12月末、幕府側は全軍が撤兵、長州征討戦は火ぶたを切ることなく終わったのでした。

この長州征討に前後して、江戸では幕府首脳部による幕府の権威奪回と支配権力の強化をめざす動きが急速に進められていました。それはまず人事に現われ、開明派の幕臣が相次いで職を追われたのに代わってタカ派の人士が相次いで復権してくるのです。その中のエースとして知られるのが小栗忠順《ただまさ》（上野介《こうずけのすけ》）ですが、以後ここで結成された首脳部が幕権の強化をめざして、このあとの幕府を最後まで牽引してゆくことになります。

この幕府首脳部がとった政策の象徴ともいえるのが、六四年9月、前政権が行なった幕政改革――大名の参勤交代の緩和と大名奥方の江戸在住の義務を解いたのを、元に戻すという復旧令です。二年前の六二年7月、島津久光の幕政改革の提議により慶喜が将軍後見職となり、開明派の松平慶永が政事総裁職に就いたのでしたが、二人はまず幕政改革の第一弾として、一年置きに行なっていた全国の大名の参勤交代を三年置きに緩和したうえ江戸での滞在期間も一年から半年に半減、また大名奥方の江戸住まいの義務も解除したのでした。この二つは幕府による諸藩の大名統制の中心的な手段でした。莫大な費用を要する参勤交代は各藩の財力の蓄積をはばむことになり、奥方の江戸住まいの強制はいわば幕府による〝人質〟の確保にほかならなかったからです。
全国の藩が例外なく財政難に苦しんでいたことは前に見ました。参勤交代制の改革は、各藩から大歓迎を受けたはずです。それなのに、新たに老中や目付の職に就き、あるいは返り咲いた首脳部メンバーはせっかくの改革を元に戻し、幕府権力の奪回・再建をはかったのです。

その権力奪回の方向は、諸大名と同時に京都にも向かいます。先に見たように、この国の統治主体は幕府と朝廷に分裂し、二元化していました。いや、今回の長州征討の勅命でも見られたように、むしろ朝廷側がリードしていました。その現状をくつがえし、統治権力を幕府側に取り戻そうとはかったのです。

そのため、六五年1月には二人の老中が三千人の幕兵を率いて京都に出発します。その要求は、御所の九つの門の警備についている諸藩の兵を解除し、代わって幕府直属の兵がその任につくこと、また禁裏御守衛総督として京都に常駐する一橋慶喜に加え京都守護職の会津藩主・松平容保《かたもり》と京都所司代の桑名藩主・松平定敬《さだあき》を解任し、代わって上洛した二人の老中が京都にとどまってその任を果たす、といったことなどです。

要するに、これまで幕府がとってきた朝廷への対応はご破算にして、新たな人事と方式で行くというわけです。しかもその要求を通すために、朝廷の重臣たちに対する買収工作資金として三十万両ともいわれる資金を用意していったといいます。

しかしこの朝廷工作は完全に失敗しました。朝廷からは廷臣に対して賄賂の受け取りを厳禁する指令が下されたうえ、逆に朝廷が以前から求めていた、将軍・家茂の上洛を督促される始末だったのです。結局、二人の老中は六五年3月初め、むなしく江戸に戻ったのでした。

そしてこの後、幕権奪回を急いだ幕府首脳部は、さらに自滅へと近づく道をたどることになるのですが、そこへ行く前に、先ほど留保した二人のキイパーソン——勝海舟と西郷隆盛の出会いについて述べることにします。というのも、この出会いこそがこのあとの歴史の流れ、その方向を決定したと私は考えるからです。

勝海舟の人物と政治思想

勝海舟と西郷隆盛の二人の出会いが決定的だったことをこれから述べるのですが、そのさい海舟の政治思想が重要ですので、まず海舟の人物像について、松浦玲氏の『勝海舟』(一九六八年、中公新書)にもとづいてごく簡単に素描します。

海舟は一八二三年、貧しい旗本の家に生まれます。西郷の生年は二七年ですから、西郷より四歳年上です。海舟の十代の中心は剣術修行です。二十歳になると免許皆伝となり、あわせて座禅に傾倒します。後年、幾度も修羅場をくぐりますが、動じなかったのはこの剣術と座禅によって心身を鍛えぬいた自信があったからだと自ら語っています。

二十代に入ると蘭学にとりくみます。武士である海舟の目標は近代的な兵学の構築ですが、そのためには洋学が必要だと考えたからでしょう。海舟の蘭学修行時代の有名なエピソードは「日蘭辞書」五八巻を二セット、筆写したという話です。語学学習には辞書が欠かせません。ところが極貧の海舟は辞書が買えない。そこで海舟はある蘭医から辞書を有料で借り受け、寝る間を惜しんでそれを二セット筆写し、うち一セットを売って蘭医からの借り賃を払ったというのです。

筆写の話はもう一つあります。海舟はあるとき新刊の兵学の書籍を見つける。しかし高額なので買うことができない。そこでそれを買った人の家を訪ね、貸してくれと頼むが駄目、うちに来て、それも夜一〇時以降なら見せてやってもいいという。それで海舟はそれから半年、毎夜、六キロの道を歩いてかよい、まるごと筆写してしまったというのです。

蘭学と兵学を猛勉強して熟達した海舟は、二七歳で赤坂にオランダ語と兵学の私塾を開きます。一八五〇年、ペリー来航の三年前です。同じ年、この海舟の私塾を、「蛮社の獄」（三九年の幕府による洋学者弾圧事件）で永牢処分を受けていた高名な蘭学者・高野長英が脱獄して潜伏中に訪ねてきたことがあったそうですから、海舟の存在はすでにかなり知られていたのでしょう。

そのうちに軍備拡充にとりくむ各藩から、海舟のもとに大砲や小銃の設計・製作の依頼が来るようになります。オランダ語の兵学書によって設計し、鋳物師や鍛冶工を使って製作するところまで請け負っていたのです。そうした実績から、五五年、三二歳の海舟は幕府から下田取締掛手付に任じられ、蘭書の翻訳に当たることになります。ハリスが下田に来る前年です。

ところで、ペリーが大統領の国書をもって来航したとき、老中首座の阿部正弘が、それに対する意見を広く旗本や大名から募ったことはⅡ章で述べました。そのとき海舟が提出した意見は、次の通りでした。

――①広く人材を登用してその意見を聞く、②外洋用の船を造って清国やロシア、朝鮮と交易し、そこで得た利益で国防を強化する、③江戸の防備を固める、④旗本の困窮を救い、兵制を西洋式に改め、教練の学校をつくる、⑤兵器製造の体制を固める。

すでに海舟の開明派政治家としての面目が躍如としています。

この当時、旗本の数は五千人を超えていましたが、そのうちオランダ語の原書を読める者は皆無に近かったといいます。海舟がどんなに稀有の存在だったかがわかります。そこで海舟に目をつけて抜擢したのが目付だった大久保一翁《いちおう》（忠寛《ただひろ》）でした（一翁と海舟はずっとのち江戸城無血開城のさいタッグを組んで停戦処理に当たることになります）。

五五年1月、海舟は蕃書翻訳御用出役を命じられるとともに一翁の部下として海岸防御のため大阪近辺の海岸を視察して回りました。そのあと7月、こんどは長崎行きを命じられます。


二年前のペリー来航からまもなく、阿部政権下の幕府はオランダに軍艦、銃砲、兵書などを発注していたのですが、五五年6月、オランダはそれとは別に蒸気船一隻を日本に寄贈し、その艦長以下の乗組員が航海術を教える用意があると申し出てくれました。渡りに船と幕府はこれを受け、さっそく長崎に「蒸気船運用伝習所」を設立、そこに応募してくる伝習生のリーダーとして海舟を含む二名を派遣することにしたのです。伝習生には、幕府からの四五名に西南の諸藩からの参加者を交え計一七〇名あまりが集まりました。

オランダ人教官と日本人伝習生、互いに言葉が通じないなかでの航海術をはじめとする諸学科の教授・学習は困難をきわめたようですが、二年後の五七年、幕府は江戸に「軍艦操練所」を作ってより大規模の訓練を始めることを決めます。そのため幹部の多くが江戸に引き揚げるのですが、オランダ側の要望があって、海舟は長崎に残ります。

この年、五七年の8月、幕府が発注していた軍艦二隻のうち早くに出来た三本マストの蒸気艦「ヤッパン号」、すなわち「咸臨丸」が新たなオランダ人の教官たちを乗せて到着します。この新着の咸臨丸でこの年の晩秋、海舟らは五島から対馬、そして釜山までを航海しました。

伝習所では、造船所を造って造船術も学びました。その実践として造った一本マストの実習船で、やはりこの秋、海舟らは日本人だけで東シナ海に出て遠洋航海を試みます。ところが暴風にあい、いったんは難破を覚悟しました。しかし海舟の指揮でなんとか危機を脱して、ぶじ帰着します。それを聞いたオランダ人教官は、海舟に対してもはや操船術は免許皆伝だと言ったそうです。

翌五八年の初め、海舟はオランダ人教官と伝習生一同で遠洋航海に出て、薩摩半島東南端の山川につきます。たまたますぐ近くの指宿《いぶすき》温泉に保養に来ていた薩摩藩主・島津斉彬《なりあきら》がそれを聞き、単騎、馬を駆ってやってきました。名君のほまれ高い斉彬は、海舟を〝幕府側の使者〟と見てとり、自藩の軍事施設などを案内して格別の秘密はないことを示したほか、海舟との会話の中で自分のいわば懐《ふところ》刀《がたな》として京都での政治工作で使っている西郷隆盛について話します。海舟はそこで西郷という人物の存在を知りました。西郷もまた後で斉彬から海舟について聞いたでしょうから、二人はここで斉彬を介して間接的に出会っていたわけです。

翌五九年の初め、海舟は江戸に帰ります。前年に締結した日米修好通商条約のアメリカへの批准使節に同行する咸臨丸の艦長として航海術の第一人者である海舟の名前が挙がったからです。時あたかも「安政の大獄」のさなかでした。川路聖謨《としあきら》、岩瀬忠震《ただなり》、大久保一翁《いちおう》など開明派の幕臣は次々に左遷あるいは罷免させられていきます。しかし海舟は長年江戸を離れていたおかげで井伊大老の視野から逃れ、新たに幕府がつくった軍艦操練所の教授方頭取を命じられて、築地の操練所に勤務していました。しかし、長崎の伝習所の方は井伊によって廃止されてしまいます。井伊は徹底した西洋嫌いだったのです。

批准使節の派遣はいろいろともたついた末、六〇年1月、アメリカへ向け出港します。海舟の咸臨丸が、使節の乗船するポーハタン号よりも短い日数でサンフランシスコに到着し、そこで海舟も先進国の社会・文明の実態を見聞し、体験したことは前に述べました（一〇一ページ参照）。

アメリカから帰った海舟は、六〇年6月、蕃書調所頭取助《ばんしょしらべしょとうどりのすけ》となります。蕃書調所はのちに洋書調所となる、西洋の学問・技術を調査・研究する幕府の機関です。西周《にしあまね》や津田真道《まみち》、加藤弘之《ひろゆき》など新進の知識人たちが勤務していました。海舟はそこの副所長になったわけです。

二年後の六二年7月、海舟は軍艦操練所頭取となり、次いで軍艦奉行並《なみ》、あわせて海陸軍制用掛となります。禄高も一挙に一千石と倍増しました。ちょうど一橋慶喜が将軍後見職となり、越前の松平慶永が幕府の政事総裁職についた、幕政改革の開始時期にあたります。このころから、海舟は幕末の傑出した政治思想家・横井小楠《しょうなん》と交流を深めていきます。

横井小楠は肥後熊本の藩士、一八〇九年の生まれですから海舟より一四歳年長です。実学党を結成し藩政改革を提言しますが入れられず、五八年、松平慶永に招かれて越前へ行き、その政治顧問となります。

小楠の政治思想は、六二年、慶永に提言した「論策　七条」に簡潔に示されています。これも松浦玲氏の責任編集『日本の名著30　佐久間象山・横井小楠』（一九七〇年、中央公論社）から引用します（傍線は引用者、次も同）。

一、将軍が上洛し、歴代将軍の朝廷に対する無礼をお詫びせよ。
一、諸大名の参勤交代を中止し、藩政の報告を行なわせるにとどめよ。
一、諸大名の奥方を帰国させよ。
一、外様《とざま》・譜代を問わず有能な人物を選んで幕政の要路につけよ。
一、意見の交流を自由にし、世論に従って公共の政治を行なえ。
一、海軍を興し、兵力を強くせよ。
一、民間商人による自由貿易を中止して政府直轄の貿易を行なえ。

これにより、先に述べた参勤交代の緩和等が、実は小楠の提言によるもので、それを藩主の慶永が採用したことがわかります。また幅広い人材の登用、海軍の創設・増強など、海舟の持論と完全に一致することもわかります。

この提言の中で重要なのは、朝廷を幕府の上に置いていることと、五番目の「公共の政治」です。これについては、翌六三年、小楠が越前から熊本の同志に送った書簡でこう説明しています（前掲書から）。

――「政府の任免を朝廷の手でおこなわれ、外様大名からも有能な方はご挙用になり、諸役人も幕府旗本だけではなくて諸藩よりも人物を選ぶというようになさり、それを朝廷で統治なされば、政治は朝廷から出ることになり、日本国中共和一致の実があがって平和に治まると思われる。」

政治にかかわるのが武家だけに限られてはいますが、政権の幕府による独占を廃止し、朝廷の権威のもとに全国から有能な人物を選んで政治を行なうようにすれば平和に治まる、というのです。明治維新で生み出された新政府が、まさにそのような政府でした。小楠はこの時点ですでに維新政府の姿を描いていたわけです。そしてそのような政治のあり方を、小楠は「公共の政治」「共和政治」と呼んでいたのでした。その「共和政治」の構想を、海舟もまた小楠に学んで共有していたのです。

海舟と西郷の出会い

海舟が軍艦操練所頭取となり、次いで軍艦奉行並となってから二年後の一八六四年5月、海舟はいよいよ軍艦奉行となります。つまり海軍大臣です。禄高は二千石。加えて海舟は将軍・家茂の承認を得て神戸に私塾の「海軍操練所」をつくります。その設立には以前から海舟に師事していた坂本竜馬も協力しますが、のちに日本海軍の最大派閥となる薩摩からの二一名をはじめ各藩から相当数の希望者が集まりました。

折から情勢は激しく動いています。この年6月には「池田屋の変」、7月には「禁門の変」、長州藩征討の勅命と続くのです。

勝海舟（左、1868年撮影。アーネスト・サトウ写真アルバムから。横浜開港資料館蔵）／西郷隆盛（国立国会図書館「近代日本人の肖像」から転載）

さてその長州征討軍ですが、副総督の越前藩主・松平茂昭《もちあき》は出陣の準備にとりかかったものの、総督の徳川慶勝《よしかつ》がなかなか腰を上げようとしません。その背景には、江戸の幕府首脳に対する慶勝の思惑もありそうです。そこで西郷は、盟友である同じ薩摩藩の吉井友実《ともざね》および越前藩士の二人といっしょに、六四年9月、老中・阿部正外《まさとう》に呼ばれて神戸から大阪に出てきていた海舟の宿泊先を訪ねるのです。幕府の高官である海舟に、幕府の内情を聞くためでした。

　西郷たちを前に海舟が怒りをこめて語ったのは、守旧派によって占められた幕府首脳部の反動的な姿勢と施策でした。彼らは幕権の奪回と強化に固執しながら、朝廷に対しては攘夷実行を引き延ばすための「横浜鎖港」という姑息な策を弄す一方で、それにより参与会議という新しい試みもつぶし、開明派の幕臣をことごとく排除し、最近もせっかくの参勤交代の改革を元に戻すことを命じたばかりです。

もはや幕府首脳部には、この困難な状況に立ち向かい乗り切ってゆく政治的手腕もなく、見識もなく、放置すれば幕府は瓦解するしかない、というのが海舟の現状分析でした。（この二カ月後の11月、海舟自身も幕府の開明派排除の標的となり、軍艦奉行を罷免させられ、禄高二千石も没収され、さらに神戸の海軍操練所も翌年3月には閉鎖されてしまいます。）

このように海舟は、幕府首脳部に対する冷徹かつ辛辣な批判を述べたあと、西郷らに対し、幕府政治に代わるべき新たな政治形態の構想を語ったのです。それが、横井小楠の提唱した「共和政治」でした。

この海舟の熱弁に、西郷はそれこそ頭を一撃されたようなショックを受けたようです。このすぐあとに書いた大久保利通への手紙で、西郷は海舟その人から受けた印象をこう書いています。
――「実に驚き入り候人物にて、最初は打叩《うちたた》くつもりにて差越《さしこし》候処、頓《とん》と（すっかり）頭を下げ申し候。どれ丈《だけ》か知略のあるやら知れぬ塩梅《あんばい》に見受け申し候。先ず英雄肌合の人にて、佐久間（象山）より事のでき候儀は、一層も越え候《そうら》わん。」（小西氏前掲書）
そして今後とるべき道として、海舟から教えられた「共和政治」について述べます。
――「一度この策を用い候うえは、いつまでも共和政治をやりとおし申さず候ては相済み申すまじく候あいだ、よくよく御勘考くださるべく候。もしこの策を御用いこれなく候《そうら》わば断然と割拠《かっきょ》の色をあらわし、国を富ますの策に出でず候ては相済み申すまじくと存じ奉り候。」（芝原氏前掲書から）

ここで「割拠」というのは、群雄割拠といいますから、有力な藩が従来通りそれぞれ独自路線をとって対立・競合せざるを得ない、ということでしょう。

「共和政治」については、西郷とともに海舟からるる話を聞いた吉井友実も大久保利通に対してこう意見を伝えています。

——「大久保越州（一翁）、横井（小楠）、勝などの議論、長（長州）を征し、幕吏の罪をならし、天下の人才をあげて公議会を設け、諸生といえどもその会に出ずべき願いの者はサッサッと出し、公論をもって国是《こくぜ》を定むべしとの議に候よし。ただいま、このほか挽回の道これあるまじく候。」（同前）

全国から有志・有能な人士を集めて議会を設け、そこでの議論を通して国是、すなわち国家の方針を定めるという政治体制をとることなしにこの国の窮状を挽回することはできない、というのです。

この西郷、吉井の意見に、大久保も賛同します。ここに諸藩のなかでも最有力の雄藩・薩摩藩が今後めざす道筋がつけられます。そしてそれをいち早く実践に移したのが、長州征討軍の参謀・西郷だったのです。

先に、この長州戦にのぞんで、西郷が「戦わずして勝つ」方針をとったことを述べました。その理由として、戦場におもむく兵士たちや戦禍をこうむる民衆の被害を避けたかったということを挙げたのですが、より直接的には海舟との会談から受けた示唆が西郷の終戦工作の方向を決めたのです。

実は西郷は、参謀の任についた当初は、長州藩をつぶそうと考えていたのです。西郷にとって長州は「禁門の変」で戦った宿敵でした。六四年9月7日付で大久保利通に送った手紙で西郷は、このさい最大のライバルである長州藩を倒して、その領地を大きく削減し、東国へ国替えするほどでなければ、将来わが藩にとっても災害となる、と書いているのです（芝原氏前掲書）。

しかし、海舟との会談で、西郷はこの方針を根本から転換します。現在のような幕府の実態からすると、いずれそう遠くないうちに、この国の政治は雄藩の連合による共和政治へと移らざるを得ない。さらに討幕へと向かう公算も大である。そのとき長州は薩摩の有力な協力者となるはずだ。したがってここで長州藩をつぶしてしまうのはまずい。何とか戦端を開くことなく征討軍が勝利する、つまり「戦わずして勝つ」方策はないか――。

そこで西郷は長州藩の支藩（分家の藩）である岩国藩まで行って、藩主の吉川経幹《きっかわつねまさ》に会います。経幹は「禁門の変」を引き起こす長州藩兵が上洛するさいに、それに反対した人物です。その経幹と西郷は岩国で交渉します（以下、松浦玲氏『勝海舟と西郷隆盛』二〇一一年、岩波新書による）。

その結果、経幹の説得で「禁門の変」への出兵の責任者である三人の家老の切腹が決まり、その三人の首級を経幹が広島へ運んで、それを総督の徳川慶勝が確認、次いで山口城（長州藩の藩庁）の破却と長州藩主父子の謹慎と五卿の太宰府送りが決まって、長州藩そのものには軍事的・経済的にはさしたる打撃を与えることなく、西郷の「戦わずして勝つ」戦略により長州征討は終息したのでした。

こうして横井小楠から勝海舟へと引き継がれた「共和政治」の思想は、政治力学の現場に立つ西郷隆盛へと受け継がれ、以後のこの国の政治を大きく動かしていくのです。この小楠と西郷の二人について、後年、海舟は『氷川清話』（松浦玲編、講談社学芸文庫）の中でこう語っています。

「おれは、今迄に天下で恐ろしいものを二人見た。それは横井小楠と西郷南洲だ。横井は、西洋のことも別にたくさんは知らず、おれが教えてやったくらいだが、その思想の高調子なことは、おれなどが、とてもはしごを掛けてもおよばぬと思ったことがしばしばあったよ。おれはひそかに思ったのさ、横井は自分で仕事をする人ではないけれど、もし横井の言を用いる人が世にあったら、それこそ由々しい大事だと思ったのさ。その後、西郷と面会したら、その意見や議論は、おれの方がまさるほどだったけれども、いわゆる天下の大事を負担するものは、はたして西郷ではあるまいかと、またひそかに恐れたよ、（中略）横井の思想を、西郷の手で行なわれたらもはやそれまでだと心配していたのに、はたして西郷は出てきたわい。」

西郷について「ひそかに恐れた」「心配していた」というのは、海舟が幕府側の人間だったからでしょう。どんなに幕府を批判・非難しても、海舟は幕臣であり、徳川家は彼が忠節を尽くすべき主家だったのです。だから、幕府の倒壊を歴史の必然と見ながら、そこに言うに言われぬ痛みを感じていたのではないでしょうか。

長州に生まれた新たな政権

こうして西郷の終戦工作によって長州藩はさしたる物質的損害をこうむることなく危機を免れたのですが、しかし政治的には藩内に大変動が起こりました。なにしろ藩政の中心にいた家老三人が責任をとって切腹させられ、藩政のトップから消えたのです。かつて藩政改革の先頭に立ち、高杉晋作や久坂玄瑞《くさかげんずい》を引き立ててくれた周布《すふ》政之助も自刃しました。門閥派のなかに動揺が生じ、藩政の内部に空白が生じたのは当然でした。その空白をついて、長州藩内で身分の別なく編成された〝国民軍〟が息を吹き返します。

約一年半前、六三年5月10日の攘夷決行の期限を待って長州攘夷派の一部が下関海峡を航行中の米、仏、蘭の船を砲撃、それへの報復として翌月、米、仏の軍艦に攻撃され、砲台を破壊されてしまいます。そのとき動揺する藩庁に提言して高杉が新たに編成したのが、身分の上下を問わず、有能とみれば足軽、中間《ちゅうげん》はもとより農民や商人の子弟まで入隊を認めた「奇兵隊」でした。ここでの「奇」は奇妙や奇異の奇、つまり普通でない、非正規という意味です。封建制の下での軍隊は武士団によって構成されましたが、これは危機に際してつくられた規格外、非正規の、いわば国民的〝郷土防衛軍〟でした。藩庁もこれを歓迎し、富裕な農工商人による献金やその子弟の武芸の修練を奨励しました。こうして、長州の各地に第二、第三の奇兵隊が生まれました。それぞれ隊名がつけられましたが、総称して諸隊といいます。

しかしこの後、六四年7月、上洛して「禁門の変」を戦った長州軍三千人の一翼をになった諸隊は、すでに見たように無残に敗北します。久坂玄瑞は戦死し、木戸孝允も命からがら逃げ延びます。そのため攘夷激派が勢いを失い、代わって門閥派が復権するなかで、諸隊も息をひそめていました。

ところが六四年12月、征長戦の終戦処理が終わり、幕府軍が引き揚げると、筑前へ身を隠していた高杉晋作が下関に舞い戻り、力士隊を率いていた伊藤博文とともに藩の出先機関を襲撃、そこの貯蔵米を民衆に分配します。六三年秋の「8・18クーデター」前後の「大和の乱」や「但馬の乱」でも平野国臣《くにおみ》らは近辺の農民に「年貢半減」の空約束をして彼らの協力を得たのでしたが、今回は実際にそれを実行したのです。

高杉の挙兵に、息をひそめていた諸隊が呼応して立ち上がります。瀬戸内海沿いの一帯は諸隊とそれを支援する勢力が占める事態となりました。諸隊の応募者は農家の次男三男が多かったとみられますが、村役人である庄屋による同盟まで結成されました。

どうして諸隊がこのように急速に農民層の支援をかち得たのか、その理由は新たに決起した諸隊が徹底して農民の側に立ち、きびしい自己規律を確立していたからです。その規律とは次のようなものでした。

一、礼譲をもととし、人心にそむかざるよう肝要たるべし。
一、農事の妨げ少しもいたすまじく、みだりに農家に立ち寄るべからず。牛馬等、小道に出会いそうらわば、道べりによけ、すみやかに通行いたさせ申すべし。田畑たとえ植え付けこれなくそうろう処にても、踏み荒らしもうすまじくそうろう。
一、衣服そのほかの制《さだめ》、もとより質素肝要にそうろう。
一、つよき百万といえども恐れず、よわき民は一人といえども恐れそうろうこと、武道の本意といたしそうろうこと。

奇兵隊をはじめとする諸隊は、その構成員が非正規だったように、その行動綱領も封建制軍隊には例をみない非正規なものだったのです。このような諸隊が民衆の支持を得ないはずはありません。

一方、門閥派の軍は旧態依然たる軍隊です。民心に支持される軍隊と、支配と搾取によって民心の支持を失った軍隊と、その勝敗の行方は明らかでした。

戦闘はわずか二カ月たらずで終わり、六五年2月初め、長州藩には、門閥派に代わって木戸孝允や高杉晋作、井上馨、伊藤博文、山県有朋らの若手を指導部とする新たな政権が形成されたのでした。

幕府の長州再征の決定と長州の藩政改革

長州の新政権は、藩政についても大胆に改変の手を加えました。ひと言でいえば、これまでの身分・門閥による役職をあらため、思い切って簡素化するとともに有能な人材とみれば身分に関係なく登用したのです。その代表例が、軍政の改革を一任された大村益次郎です。

大村は村医の子でした。緒方洪庵の塾などで蘭学と医学を学び、村に帰って医業に就きますが、藩政改革をすすめていた宇和島藩（藩主は伊達宗城《だてむねなり》）に招かれ、そこで西洋兵書の翻訳や軍艦の製造を指導します。そのあと江戸に出て幕府の蕃書調所などに勤めますが、六三年、名声を伝え聞いた長州藩に呼び戻され、軍政に関わることになったのでした。

その、もともとは蘭医であった大村が指揮をとって、西洋式の軍制が整えられます。諸隊も、既成の家臣団の軍とともに藩庁直轄の軍に組み込まれました。その新たな長州軍に、大村はオランダの戦術書を参考に、散開・接敵・突撃からなる近代的な「散兵戦《さんぺいせん》」の戦術等を教え込んだのでした。

こうした長州藩の動向は、もちろん幕府側にも伝わります。幕府は危機感をつのらせ、六五年5月、再び長州征討のため今回は将軍みずから進発することを布告するのです。

再征の表向きの理由は、先ごろの長州征討の後始末としての幕府による公式の処分にたいする長州側の受け入れの問題でした。その処分の内容はまだ決定されていないが、それを長州側が受け入れそうもないから再度討つというのです。

しかし、再征の本当の理由は、「長州藩において容易ならざる動きがある」ということではなかったか、というのが私の推測です。敗れたはずの長州が、謹慎して自粛するどころか、藩政改革にとりくみ、藩の体制を一新するとともに軍制も整備している。しかも終戦処理を取り仕切って、長州藩の〝国力〟を温存したのは、薩摩の西郷でした。幕府の権威挽回をめざす幕府首脳部としては、平静でいられなかったのでしょう。

さらに推測すれば、彼らを苛立たせたのは、長州藩の藩政が、下克上によって下級武士たちに乗っ取られ（藩主父子は第一次征長戦の責任をとって謹慎中）、彼らによって藩政の仕組みが改変され、軍の構成も士族だけでなく農民や商人まで組み込むという事態が進行していることではなかったかと思われます。それはまさに封建制本来の武家支配の秩序を突き崩すことにほかなりません。そのことが、幕藩体制の頂点に立つ、封建制のいわば元締めを自負する彼らには許せなかったのです。こういう事態をこのまま放置するわけにはいかない、という〝使命感〟とないまぜになった強迫観念が、彼らを駆り立てたのではないでしょうか。

そう考えなければ、最初の長州征討の発令からまだ一年もたっていない、終戦処理からはまだわずか半年の六五年5月、幕府が再度の長州征討に踏み切ったことが理解できません。しかも前回は長州藩が御所内に砲弾を撃ち込んだことへの懲罰として征討の「勅命」があったのに対し、今回の長州征討には幕府側の「忖度《そんたく》」があるだけで、明瞭な〝大義名分〟がないのです。そんな再征なのですから、諸藩に参戦を要請しても、すんなりと応じてもらえるわけはありません。そのため、幕府が長州征討を決定し、その先鋒総督に紀州藩主の徳川茂承《もちつぐ》が就くことまではすぐに決まったものの、実際に攻撃に突入するまでには一年もの月日を要した（開戦は翌六六年6月）のでした。

一方、こうした幕府側の意図や動きは、当然、長州側にも伝わります。前回は「禁門の変」と四カ国艦隊との戦闘で惨敗したため、当時の藩庁には戦う意思も力もなく、西郷の終戦工作を全面的に受け入れて窮地を脱したのですが、今回は同じ屈辱を重ねるわけにはいきません。

門閥派を駆逐して政権をとった木戸や高杉らの新政府は、幕府との対決を予想して、今度こそはと意気込んでいたでしょう。それに、諸隊を含む長州軍は、すでに「禁門の変」や外国軍との下関戦争、それに藩内の内戦で、実戦の経験を積んでいました。幕府側の軍や他藩の軍にくらべ、戦闘に自信を持っていたはずです。

来たるべき幕府との一戦も予定して、大村益次郎の統括する新たな長州軍は洋式の軍制や訓練をとりいれ、戦力充実につとめます。しかし一つ大きな問題がありました。幕府によって新しい兵器の調達を禁じられていたことです。その難題に手をさしのべてくれたのが、坂本竜馬でした。

「薩長同盟」の成立

先ごろ（六五年3月）海舟の海軍操練所の閉鎖の後、塾頭の竜馬をはじめ浪士の塾生たちの一部は大阪の薩摩藩邸に身を寄せます。海舟が西郷に依頼してくれていたのです。二カ月ほどたった5月、竜馬は西郷の盟友である薩摩藩家老の小松帯刀《たてわき》とともに長崎へ行きます。そして市内の亀山にこれから始める海運業の事務所を設置し、そこに海軍操練所の元塾生たちを呼び寄せるのです。こうして開業したのが「亀山社中」、のちの「海援隊」です。

亀山社中の大口の得意先は、薩摩藩と長州藩でした。両藩とも藩政改革で奨励して開発した特産品等の物産を遠隔地と交易するのに海上輸送の需要があったのです。

長州には、竜馬と同じ土佐藩の浪士、中岡慎太郎がいました。中岡は脱藩後「禁門の変」では長州側で戦って負傷、四カ国艦隊との下関戦争でも長州側で戦っています。西郷のあっせんで三条実美ら五卿が太宰府に移った時も一行に随行しました。この中岡が、竜馬と組んで、薩摩と長州の提携をめざして動きます。

竜馬が木戸孝允《たかよし》を説き、中岡が西郷に会って、木戸と西郷の会見をプロデュースします。いったんは合意できたものの西郷の急用で実現にいたりませんでしたが、このとき木戸は竜馬に対し、西郷が本当に長州と手を組む意志があるのかどうか、その真意をただすために、一つの条件をつけます。長州が幕府のきびしい監視下で外国から買えなかった兵器を購入するのに、薩摩は手を貸してくれるか、というのです。

竜馬からそれを聞いた西郷は、その条件にあっさりOKを出します。6月下旬のことです。そして一カ月後の7月下旬、長州藩の伊藤博文と井上馨が長崎の薩摩藩屋敷に入り、薩摩藩士になりすましてイギリス商人グラバーと商談、兵器を購入するのです。ちょうどこの年4月、アメリカ南北戦争が終結、大量の小銃が放出されていました。その小銃等を、グラバーは輸入して長州藩に売ったのです。購入した小銃は合わせて七三〇〇挺《ちょう》、これが翌年の第二次征長戦で威力を発揮することになります。


こうして薩摩に対する長州の疑心はとけ、木戸や高杉、伊藤、井上ら長州藩の指導部と西郷、大久保、小松ら薩摩藩指導部とは急速に接近していきます。しかし長州の一般藩士にとっては、薩摩は「8・18クーデター」や「禁門の変」で二度も苦杯を飲まされた宿敵です。それでも両藩の間での亀山社中を使っての交易をつづけるうちに、長州藩士の敵愾《てきがい》心も徐々に和らいでいったと思われます。

そうした中、タイミングをはかってこの年（六五年）晩秋、京都にいた西郷の使者、黒田清隆が長州を訪れて木戸の上洛を求めます。薩長の提携について話し合いたいというのです。しかし木戸は、藩士たちの反薩摩の心情を思って逡巡します。その木戸を、黒田に竜馬も加わって説得、高杉も熱心に上洛をすすめます。

そして年が明けた六六年1月8日、木戸はついに決心して上洛、京都の薩摩藩邸で西郷や大久保、小松らに迎えられます。木戸はそこで歓待されるのですが、ところが肝心の提携問題については双方の主張が正面からぶつかり、容易に折り合いがつきません。議論は平行線のまま一〇日余りが過ぎてしまいました。

では、何が問題だったのでしょうか。以下、高橋秀直氏の『幕末維新の政治と天皇』（二〇〇四年、吉川弘文館）によると、問題は先の征長戦の後、幕府の内部で論議されている「長州処分」を受け入れるかどうか、ということでした。

先に述べたように征長戦は、幕府軍が提示した停戦の条件――禁門の変での長州軍の責任者だった三人の家老と四人の参謀の切腹・斬首および藩主父子の書面による謝罪などを長州側が受け入れて終わりました。しかし幕府首脳部は、これは出先の征長軍による降伏条件に従ったというだけであって、幕府による終戦の正式決定ではない。正式には幕府の処罰令を受け入れてこそ終戦は完結するというわけです。

そこでこの処罰令ですが、幕閣には二つの意見がありました。

一つは、長州側の直接の責任者の処罰はすでに実行済みという前提の上で、藩主の父・敬親《たかちか》は退隠させるが子の定広の相続は認め、領地の削減も一〇万石とするという意見です。

もう一つの意見はこれよりずっと重く、敬親父子はともに蟄居、領地も三七万石の長州藩の半ばを没収するというものでした。

この後者の意見の中心が、一橋慶喜だったのです。慶喜はもともと、征長軍参謀の西郷の提案による終戦の降伏条件は軽すぎると不満であり、ある手紙にも、西郷の提案を認めた総督（尾張の徳川慶勝）は「芋《いも》に酔ったせいだろう、芋の酔いは酒よりも強いというから」と書いています。「芋」は薩摩特産の芋焼酎のことで、西郷を指します。幕府を背負う慶喜にとって薩長はすでに最大の対抗勢力であり、それに勝つためには薩長の一方、長州藩の力を削減しておく必要があったのです。

この二つの意見のうち、どちらが公式の処罰令として発令されるか、この時点ではまだわかりません。しかし西郷は幕府内外の情勢から見て、前者の軽い方の意見が採用されるだろうと踏んでいました。処罰令そのものについては、幕府による正式の終戦処理として避けられないと考えており、長州が位置する西国の有力藩――安芸《あき》（広島）、備前《びぜん》（岡山）、因幡《いなば》（鳥取）、阿波《あわ》（徳島）などの藩も同様の考えだろうと見ていました。それに、一〇万石の削減といっても他の藩に預けて管理をゆだねる「預け地」とするとされており、まったく長州藩の手を離れるわけではありません。長州藩に大きな損失はないはずです。

幕府はすでに明確な理由もないまま長州再征を決め、先鋒総督を紀州藩主とすることまで決定しています。もしここで、処罰令を拒否すれば、その幕府の長州再征に長州側からすすんで「名分」を与えてしまうことになります。それで西郷は、ここはいったん処罰令を受けるのが得策だと主張したのです。

しかし木戸はそれに真っ向から反対しました。長州側としては、征長戦の結末は、三家老と四参謀の処刑、藩主父子の正式の謝罪と朝廷による官位称号の剥奪、五卿の藩内からの追放などで決済されており、これ以上の処罰を受ける筋合いはない、というのです。

こうして西郷と木戸の主張は正面からぶつかり、議論は平行線をたどりました。そして結論を得ないまま一〇日間が過ぎて木戸は京都を離れることになり、その別れの宴を開こうとしたその当日、六六年1月20日、坂本竜馬が薩摩藩邸に現われたのです。

一〇日もかけて話し合いながら合意を得られなかったと聞いて、竜馬はきっと、「あなたがた、いったい何やってんですか！」と言ったにちがいありません。この国の将来を切りひらくために、いま薩長が手を結ぶことがいかに重要か、竜馬は大所《たいしょ》高所から力説したでしょう。その結果、西郷も木戸も正気に戻り（?）翌21日、薩摩側は西郷と小松、長州側は木戸が出席、それに竜馬が立ち会って、両者の合意事項がまとまるのです。世にいう「薩長同盟」です。取り決められた密約六カ条は次の通りです（芝原氏前掲書から引用、傍線は引用者）。

一、幕・長の戦いとなったときは、薩摩藩はただちに兵二千を東上させ、在京の兵ともども京阪両所を固める。

一、戦いが長州藩の勝利になる気配があるときは、薩摩藩が朝廷に奏上して、長州藩のために尽力する。

一、万一、長州藩に敗色がきざしても、一年や半年で壊滅することは決してないから、その間に薩摩藩は必ずいろいろと尽力する。

一、このまま幕兵が東帰（江戸に戻る）のときは、薩摩藩はきっと朝廷に奏上して、長州藩の冤《えん》罪《ざい》がとけるよう尽力する。

一、薩摩藩が京阪に派兵したのちも、一橋・会津・桑名がいまのように朝廷を擁して正義をこばみ、周旋尽力の道をさえぎるときは、ついに決戦に及ぶほかない。

一、長州藩の冤罪がとけたうえは、両藩が誠心をもって和合し、皇国のために砕身尽力のことは言うに及ばず。いずれにせよ、今日より両藩は皇国のため皇威がかがやき回復することを目途に誠心をつくし、きっと尽力する。

幕府はすでに再度の長州征討を決定しています。いずれそう遠くないうちに戦闘に突入するだろうから、その時は薩摩藩は兵二千名を派兵して京都・大阪を抑える、と約束しています。場合によっては、一橋慶喜の指揮する幕府軍、京都を守る会津藩、桑名藩、いわゆる「一会桑」の軍と決戦に入るのも辞さない、とも言っています（この後の第二次征長戦では薩摩は幕府からの出兵の要請を拒否しただけでしたが、二年後には薩摩軍は実際にこれらの軍と鳥羽・伏見で戦うことになります）。

なおこれらの条項中、「朝廷に奏上」という語がくり返され、また「皇国のために砕身尽力」とか「皇国のため皇威がかがやき」といった字句が使われています。西郷だけでなく木戸や竜馬も、横井小楠《しょうなん》が提唱した、天皇を頂点にすえての「共和政治」という構想を、この段階から共有していたことがわかります。

こうして薩長による「倒幕」の路線が確定されました。以後の政局は、「幕府」対「薩長」の対立を軸として展開してゆくことになります。

V

揺れる幕府と民衆反乱

——第二次長州征討と将軍・慶喜の登場

第二次長州征討さなかの将軍・家茂の死

一八六六年に入り、幕府の長州処分をめぐっての論争――比較的ゆるい老中らの案と、長州藩の存続にもかかわる慶喜らの厳罰案との間の論争は、老中らの案に決定しました。その結果を朝廷に奏聞《そうもん》し、長州征討の勅許を得た幕府は、長州代表を広島に呼んで処分を伝えますが、すでに決済ずみと考える長州側はもちろん拒否したので、4月、幕府は長州再征に踏み切ります。

先遣総督として、今回は紀州藩主の徳川茂承《もちつぐ》、副総督として老中の本荘《ほんじょう》宗秀（宮津藩主）を任命し、諸藩に出兵を命じるとともに大阪の大商人たちに軍資金二五〇万両の献納を命じます。

そして5月半ば、将軍・家茂が江戸城を出て西へ向かい、進発するのです。歩兵・騎兵・砲兵を前後にしたがえ、老中以下の幕臣、幕府軍兵、諸藩主、諸藩兵も随行して、威風堂々たる行列だったといいます。翌閏《うるう》5月（旧暦では一年が三五四日だったため適当な割合で閏《うるう》月を加え、一年を一三カ月とした）家茂は京都に入り朝廷に参内したあと、同月25日、大阪城に入って、ここを大本営とします。

こうして将軍みずから出陣してきたのだから、長州を圧倒できるだろう、と幕府側は考えていたのでしょう。しかしその見方は甘すぎました。長州側は、着々と態勢をととのえ、軍備を拡充して、むしろ開戦を待ち構えていたのです。「長州」というのは長門《ながと》と周防《すおう》をあわせての通称ですが、「長防《ちょうぼう》臣民合議書」を四〇万部近くもつくって藩内にくばり、民衆にも郷土防衛を呼びかけ、戦意を高揚させていたのです。それに、先に見たように、薩摩藩の助力を得てアメリカ南北戦争後に放出された小

第2次長州征討におもむく幕府軍。依然として甲冑に槍の装備である（『イラストレイテッド・ロンドン・ニュース』1867年2月2日号の挿絵、横浜開港資料館蔵）

銃を大量に購入し、万全の軍備を整えていました。

こうして幕府と長州の対峙がつづくなか5月、勝海舟は突然、江戸城へ呼び出されます。六四年11月に軍艦奉行を罷免され、江戸の自宅に戻ってから一年半ぶりの呼び出しです。用件は、ふたたび軍艦奉行となって大阪へ行くように、というのです。

なぜ、大阪か？　目的は薩摩藩対策でした。幕府の出兵の要請に、薩摩藩が応じなかったのです。薩摩は「8・18クーデター」や「禁門の変」で、会津藩とともに長州撃退の主力だった藩です。ところが、今回は兵を出さないというのです。会津藩の説得にも耳をかそうとはせず、京都にいる大久保利通らは「出兵辞退」の届け出を提出してそれを引き下げようとしません。

すでに見たように、この年の1月、薩摩は長州と薩長同盟を結んでおり、薩摩は長州の言い分——幕府による長州征討の結末は三家老の処刑や藩主父子の謝罪、官位剥奪などで決済されているのに、今回またも長州を討つというのは結論のついていることを再び問題にする「蒸し返し」である、という長州側の意見に賛同し、したがってそういう「名分」のない長州再征には兵は出さない、と主張して譲らなかったのです。このとき征長の勅命に対して大久保が西郷に書き送った「非義の勅命は勅命にあらず」という言葉が有名です。

しかしこのまま薩摩の主張を黙認すれば、幕府の面目が立ちません。そこで弱りぬいた幕府側は、薩摩藩に信頼があり、話が通じるらしい海舟に、同藩の説得を依頼したのです。

6月22日、大阪に来た海舟は、それぞれの主張を聞いたあと、結局、薩摩藩の提出していた問題の「出兵辞退」の届け出は自分があずかる、幕府はそれを受けつけなかったことにする、という玉虫色の形式をとって事態を収めました。そのときはすでに瀬戸内で戦端が開かれ、幕府軍と長州軍とは交戦の最中だったからです。

幕府の軍艦による周防大島一帯に向けての砲撃が開始されたのは六六年6月7日でした。次いで幕兵と伊予松山藩兵が上陸を開始し、全島を制圧しました。しかし三日後には長州軍艦が幕府艦隊を夜襲し、高杉晋作の指揮のもと奇兵隊はじめ長州軍が上陸、全島を奪還します。

どうしてこう容易に奪還できたかというと、戦い方に前近代と近代の差があったからです。ある松山藩兵の回想によると、わが方は源家古法と甲州流を折衷した旧式編制で、足軽による銃隊は火縄銃、士分以上は甲冑をつけて手には槍、背には旗指物を差しているのに対し、敵兵は身軽で、不意を衝いて小銃を乱射してきたというのでした。

芸州（広島）との国境でも、幕兵ほか彦根、大垣、宮津藩兵などからなる幕府軍を、諸隊と岩国藩兵からなる長州軍が撃退、さらに芸州内にまで踏み込んで追撃します。ここでも長州兵は小隊に分かれて軽装で、小銃も二百メートルくらいまで匍匐《ほふく》して接近し、地面に伏せたまま撃つのに対し、こちらは体を起こして撃つので、敵の命中率は高く、味方の弾丸は敵の頭上を飛び越していった、と彦根藩兵が伝えています。

この二方面での戦闘で、長州軍は優位に立ちました。悲観した幕府軍副総督の老中・本荘宗秀が6月25日、早くも和議をはかろうとします。本荘の見解では「諸大名は幕府軍に人数を差し出さず、差し出しても少数で、少し多いかと思うと農兵が多数で、米、金に不自由し、鉄砲も火縄銃、それに比べて長州は農兵まで新鋭の銃をもち、英気鋭く…」（大阪の老中への報告）というのが実態だったからです。しかしそれを聞いて総督の紀州藩主・徳川茂承《もちつぐ》は怒り心頭、辞表を提出すると言い出す始末です。司令部がこんな有様では、もはや幕府軍に勝ち目はありません。

山陰の石州《せきしゅう》（石見《いわみ》＝島根）との国境でも、幕兵と紀州、福山、浜田、津和野藩からなる幕府軍は、大村益次郎を参謀とする長州軍にさんざん打ち破られます。ここでも長州軍は越境して津和野藩から浜田藩にまで攻め込む勢いです。

関門海峡の対岸・小倉の戦線でも、山県有朋の率いる長州軍が、老中・小笠原長行《ながみち》の指揮する幕兵ほか小倉、肥後、久留米、柳川藩兵などからなる幕府軍と対戦、一進一退をつづけましたが7月末、もともと征長戦反対だった肥後藩の家老らが小笠原と衝突、自藩兵の撤収を決めます。次いで、久留米藩や柳川藩も兵を引き揚げはじめました。そこへ、大阪城での将軍・家茂の訃報がとどきます。それを聞くと小笠原老中は、それを待っていたように大阪へと立ち去るのです。指揮官を失った幕府軍はもはやこれまでです。残された小倉藩は、城を焼いて藩主以下、豊前《ぶぜん》方面へと撤退していったのでした。

こうした戦闘がつづく中、将軍・家茂に突然、死が訪れました。7月20日のことです。病因は脚気《かっけ》衝心《しょうしん》（脚気にともなう急性の心臓障害）と言われます。まだ満二〇歳でした。一二歳で将軍の座について以来、政治に翻弄され、大役を引き受けさせられて短期間に三度も上洛させられるなど、心労が絶えまなく重なったからでしょう。芝原氏の前掲書には「ある意味では開港いらいの政争の人柱であり、犠牲者でもあったといえよう」とありますが、その通りだと思います。

家茂の訃報を聞いた当時の大阪城内の様子を、海舟は日誌にこう記しています。

「医官松本良順より隠密の報あり、将軍危篤、終《つい》に薨去《こうきょ》ありと。余、この報を得て、心腸寸断、ほとんど人事を弁ぜず。忽《たちま》ち思う所あり、払暁《ふつぎょう》（夜明け）登城す。城内寂《せき》として人無きがごとし。余、最も疑う。奥に入れば諸官充満、一言も発せず、皆目《みな》を以て送る。惨憺《さんたん》悲風《ひふう》の景況、ほとんど気息を絶えんとす。余、大いに勇を鼓し、後事《こうじ》（今後のこと）を談ずれども答うる人なし。ついになお奥に進み入り、閣老板倉、稲葉両氏に面談す。両閣老とも痛心、余、涙さんさんたるのみ。」（小西氏前掲書より引用）

海舟としてはめずらしく沈痛な記述です。海舟にとって家茂は神戸の海軍操練所の設立を支持してくれるなど、恩義のある将軍でした。しかし、海舟だけではありません。大阪城全体が沈み込んでいたのです。何十人もの幕臣がそこにいたのに、だれひとり声を発する者はなく、「目を以て」心情を伝えあうという状態だったのです。幕臣とは幕府の臣下ということですが、主従関係からすれば徳川家の家臣であり、したがって将軍の死は主君の死だったわけです。場内が「惨憺悲風」につつまれたのは自然なことでした。

将軍が亡くなれば、だれかがその地位と職を引き継ぐことになります。候補者は一橋慶喜に決まっていました。六年前の将軍継嗣問題のさいに家茂と並んで将軍候補に挙がっていたのが慶喜であり、そのあと年若い将軍の後見職についたのも慶喜だったからです。

しかし慶喜は、7月27日、徳川宗家の相続は承諾したものの、将軍職の方はすぐには引き受けようとしませんでした。服喪中でもあったからですが、それとは別に私には、慶喜としては内心、自力で一旗あげ、その功績により衆目一致の推挙を受けて将軍の職に就こうという思いがあったのではないかという気がします。

というのも、8月1日、慶喜は旗本一同を召集し、自ら出馬して陣頭指揮をとることを表明、これは弔い合戦だと述べ、「たとえ千騎が一騎になろうとも、山口城（長州藩の藩庁）まで進入して戦いを決する」と宣言したからです。そして4日、自ら参内《さんだい》して天皇から将軍の「名代《みょうだい》出陣」の勅許を得、さらに追討の勅語と節刀《せっとう》をもらい受けます。節刀は天皇の権限を代行するための刀ですが、三年前、天皇の石清水八幡宮《いわしみずはちまんぐう》への行幸に随行したさいは参拝の直前に〝発病〟して節刀を拝受するのを回避したのに、今回は自分からすすんでもらい受けたのです。

こうして次期将軍みずから陣頭指揮に立つことを内外に表明、いよいよ12日に出陣することを発表する、その直前でした。先述した老中・小笠原長行《ながみち》の戦線離脱と小倉城の落城の知らせが飛び込んできたのです。今や敗戦は決定的でした。

これにより、慶喜の出陣の意欲と計画は真正面から出鼻をくじかれ、挫折してしまったのです。このことを見ても、慶喜には武将としての識見と力量が欠けていたことがわかります。そのことは一年四カ月後、鳥羽・伏見の戦いにおいても再認されます。

勝海舟による停戦交渉

慶喜の出陣中止から四日後のことです。8月16日、海舟は慶喜からこんどは長州との停戦交渉に行ってほしいと頼まれます。全戦線での幕府側の惨敗が明らかになった今、幕府に問われていたのは、いかに穏便に、かつ体面を傷つけることなく停戦に持ち込むか、ということだけでした。

海舟は幕府の軍艦奉行としてこの役目を引き受け、まず広島へと向かいます。そして9月2日、長州との停戦協定にこぎつけることになるのですが、その間のいきさつを松浦玲氏の前掲書『勝海舟』によって見ていきます。

さる5月、軍艦奉行に再任されて大阪行きを命じられたさいに、海舟は江戸城で、勘定奉行の小栗忠順《ただまさ》に会います。小栗（西郷と同年、海舟より四歳下）は、海舟が軍艦奉行を罷免された後、後任の軍艦奉行となった幕政の実力者です。その小栗が幕府の機密の方針をこう海舟に伝えるのです。

――幕府はいまフランスに七隻の軍艦を発注している。それが到着し次第、まず長州を征伐、次に薩摩を討つ。次いで、すべての藩を廃止して郡県制度を採り入れる。これがいま決定している幕府の最高方針である。貴君もさだめし同意するであろう。

慶喜を抜きに最高方針が決められるはずはありませんから、これは慶喜―小栗ラインで決められた方針だったでしょう。

これに対し、海舟は黙ってそれを聞いただけで何も言わなかったそうですが、大阪に行って慶喜からの信任あつい老中の板倉勝静《かつきよ》から同じ幕府の最高方針を聞き、意見を求められたときはこう答えたといいます。

――郡県制にすることは統一国家への道として当然だろう。しかし徳川氏が自分だけは残って他の大名はつぶしてしまい、権力を独占しようなどと考えてはならない。「真に日本のことを考えるなら、まず、徳川氏がみずから倒れ、みずから領地を削って、国政を担当する能力のあるものが政権を担当するように力をつくすべきである。薩長を憎み、これを倒すなどとはとんでもないことである。」

幕府方針の独善を衝き、「公の政治」のための持論「共和政治」を語っています。しかしこれは征長戦が火ぶたを切ったころの話です。まだリアリティーに欠けていました。

ところが、それから二カ月、海舟が停戦交渉をゆだねられた8月中旬には状況は大転回を遂げていました。薩長をつぶすどころか、幕府がつぶされかねない状況になっていたのです。そういう状況の中での停戦交渉でした。

8月21日、海舟は広島に着き、芸州藩に長州藩との仲介を依頼し、25日、会談の場所に決まった宮島（厳島《いつくしま》）に渡ります。そこで海舟は芸州藩や長州の支藩である岩国藩と連絡を取りながら長州藩の使者が来るのを待ちます。しかし長州側の使者はなかなか現われません。9月1日になってようやく到着しました。翌2日、会見が始まります。

そのときの模様について海舟が晩年に語ったところによると、会談場所となった大広間に海舟が端座して待っていると、長州藩の使者、広沢真臣《さねおみ》や井上馨らの使節団が姿を見せますが、一同は縁側に正座して広間に入ってきません。広沢は木戸と並ぶ長州の指導者で、主に対外関係を担当した人物ですが、海舟が海軍の大先達で軍艦奉行であることに敬意をはらってのことと思われます。

「いや、こんなに離れていては話ができない、どうぞこちらへ」と何度促しても入ってこないので、海舟は「それなら拙者がそちらへ参りましょう」と立ち上がって近づいたため、さすがに恐れ入って、「それではご免をこうむります」と一同広間に入ってきて、やっと会談を始めたとのことです。いかにも海舟らしい話です。

こうして始まった会談ですが、ごく短時間で終わりました。その日の海舟の日記には、「一新の御趣旨演達、皆承伏」とあります。「一新の趣旨を話して伝えたら、皆は承知して従った」という意味です。ではこの「一新」とは何なのか。松浦氏の解釈では次のようになります。

海舟は小栗から幕府の方針を伝えられたときは黙って聞いただけでしたが、老中の板倉から同じ方針について意見を求められた際には、自分の「共和政治」の構想を話しました。それはしかし6月のことで、海舟もその実現に至るまでにはまだまだ時日を要するだろうと見ていました。ところがこの二カ月で状況は一変し、幕府は一挙に追いつめられました。この切迫した状況の中なら、あるいは自分の構想が実現できるかも、と海舟は思ったのです。

同様の判断をしたのが、開明派大名の筆頭格である越前藩主の松平慶永《よしなが》でした。慶喜《よしのぶ》が出陣を予定しながら挫折した、その8月12日、慶永は慶喜に重要提言を行ないます。慶永は、慶喜の一橋家と同じ御三卿の一つである田安家の出身です。また島津久光の提議で慶喜が将軍後見職、慶永が政事総裁職となって、参勤交代制の緩和など共同で幕政改革にとりくんだ間柄でもあります。その慶永が、幕府の敗戦が決定的となったときに、次のような事項を含む提言を行なったのです。

――従来の制度を改め、徳川将軍家が全国の大名に命令することは一切やめて、尾張や紀州の徳川家のようになること。

――兵庫（神戸）開港、外国交際、諸侯の統括その他「天下の大政一切、朝廷へ御返上相成り候こと」。

徳川将軍家も御三家のように一大名家となり、天下の大政（この国の政権）を朝廷に返上してはどうか、というのです。つまり「大政奉還」です。そしてさらに慶永は、長州藩との停戦交渉には海舟を起用すればよい、と提案したのでした。その結果の海舟派遣となったのです。

そうしたいきさつを、海舟はもちろん慶永から聞いていたでしょう。だから、8月16日、慶喜からその任を与えられた日の翌17日、海舟は家来の青山小三郎に向かって、今回、慶喜公は大政奉還論をはっきりと了解された、さすがだと大喜びした（「今度は橋公判然御了解在《あ》らせられ、流石之御事《さすがのおんこと》にて大悦せり」）と語ったのでした。

また海舟は念のため「奉使心得」（大役をお引き受けするに当たっての心得）という長文の文書を提出、慶喜のサインをもらっているのですが、その中にもこうはっきりと書かれていたのでした。

――「此後の御趣旨は天下の公論ご採用、且《かつ》、右に反し候《そうら》わば、天下の目するところ曲直判然」

今後の幕府の方針として大政奉還を行ない、国の政治は「天下の公論」、すなわち朝廷の前での公《おおやけ》の論議によって決めてゆく、もしそれに反したときの理非曲直は天下に明らかとなる、ということです。こうした文書に慶喜はサインしたのですから、海舟はこれで幕府の方針は変わった、と確信したはずです。

その幕府の方針転換を、海舟は「一新」と言ったのでした。のちに明治維新をさして「御一新」というようになりますが、その用語を、海舟は早くもここで使っていたのです。

広沢ら長州の使者の側も、この年1月に薩摩と結んだ薩長同盟が、朝廷を上にたてまつっての提携だったことを知っています。海舟の語った「一新」の方針を、暗雲がいっきょに晴れてゆく思いで聞いたことでしょう。停戦交渉は、だからすぐに成立したのです。

こうして第二次征長戦はそれ以上激化することなく停戦にいたりました。第一次征長戦は西郷隆盛が終戦交渉の幕府側の使者となり、実際に戦端を開くことなく停戦へと導いたのですが、今回の第二次征長戦は勝海舟によって停戦となったのでした。第一次と第二次、どちらも「共和政治」への見通しが伏線となっています。

さて、このように海舟はみごとに停戦交渉の大役を果たして、大阪に帰るのですが、ところがそこには思いもしない事態が待っていました。

慶喜が、海舟を停戦交渉に派遣しておきながら、一方では朝廷を動かして「将軍の死」を理由とする休戦命令の勅書を出させていたのです。すなわち、将軍が亡くなったからしばらく休戦せよ、長州は侵略の地から引き払え、という長州に対する高圧的な勅書でした。そして幕府は、芸州藩を通してこの勅書を長州藩に渡そうとしたのです。

もちろん、長州藩としてはこんな一方的な勅書は受け取れないと突っぱねます。この戦いは幕府が攻め込んできたから応戦したまでで、こちらから仕掛けたのではない。それに、将軍の死によってしばらく休戦というのなら、喪が明けたらまた攻めてくるつもりか、こんな勝手な申し入れは聞けない、というわけです。

こうして海舟のせっかくの停戦協定は慶喜によってケチを付けられたのですが、しかし幕府側から出兵した各藩もすでに戦意は衰え、あるいは消失しています。9月に入ると、諸藩の兵は各方面から引き揚げていきました。

慶喜や小栗による〝長州征伐〟は、こうして実質的に失敗に終わりました。しかし両者の対立はこれで終わりません。幕府と長州との戦いは、一年余の後、こんどは幕府と長州・薩摩連合軍との戦いとして火ぶたが切られることになります（鳥羽・伏見の戦い）。

フランスは幕府と、イギリスは薩長と

ところで先に、軍艦奉行に再任された海舟が大阪行きを指示されたさい、勘定奉行の小栗忠順《ただまさ》がこう語ったことを述べました。

――幕府はいまフランスに七隻の軍艦を発注している。それが到着し次第、まず長州を征伐、次に薩摩を討つ……と。

幕府がいかにフランスに接近し、フランスからの援助を心強く思っていたかがわかります。実際、一八六四年3月下旬、四カ国連合艦隊による長州攻撃の四カ月前、フランスの新任公使レオン・ロッシュが着任して以来、幕府はフランスとの関係を急速に深めてきたのでした。今回の再度の征長戦決定の背後にも、このロッシュの大きな影がありました。

ロッシュの前任地は、フランスにとって最も重要な植民地であるアルジェリアです。その地の総督の地位にあったロッシュが、駐日公使として赴任してきた大きな理由の一つは、対日貿易の拡大でした。当時、フランスは最大の絹織物工業国でしたが、その原料である生糸《きいと》や蚕種《さんしゅ》（蚕《かいこ》の卵）の産出国である日本を、その勢力下に確保する必要があったのです。

このロッシュと、幕府権力の維持・拡大を至上命題としていた幕府の有能かつ実力者の官吏が手を結びます。その代表が、勘定奉行の小栗忠順《ただまさ》と目付から外国奉行となる栗本鋤雲《じょうん》でした。幕府はもともと陸軍の近代化のために以前からフランス式の歩兵・騎兵・砲兵からなる陸軍構成を採り入れて

いましたが、小栗らは海軍についてもフランスの支援による近代化をはかります。その手始めとして、フランス軍艦にすえつけられた最新鋭の銅製施条《しじょう》カノン砲一六門をフランスに発注します（施条とは弾道を安定させるため砲身の内側にらせん状の溝をつけることで、小銃の場合はライフル銃となります）。このうち一一門は、将軍が征長のため江戸城を出発する前に送られてきますが、おそまつなことにこのカノン砲は艦載砲としてしか使えないことがわかり、あわてて陸上用の施条榴弾《りゅうだん》砲を発注したといいます。

このようにまずは兵器の輸入から始めたのですが、より本格的な軍備拡充のためには国内で重要兵器――大砲や軍艦を製造できるようにすることが必要です。そこで小栗らはフランスの指導と援助による海軍工廠《こうしょう》の建設を計画します（工廠とは兵器製造工場のことです）。

六四年11月、幕府はロッシュに対して、製鉄所建設のための技術者の派遣を依頼します（海舟が軍艦奉行を罷免されたころです）。ロッシュはフランス海軍の提督とも相談し、当時中国で造船所の建設に当たっていた若い技術者ベルニューを紹介しました。

ベルニューは江戸周辺を探索したあと、横須賀の地勢がフランス本国のツーロン軍港に類似していたので、ここを建設地に決めます。ツーロンはマルセイユの南東に位置する天然の良港で、大規模な海軍工廠をもつフランス随一の軍港でした。

翌六五年1月、幕府老中とロッシュは製鉄所建設の契約書を交わします。完成まで四カ年、建設費は二四〇万ドルという内容でしたが、その二四〇万ドルはフランスからの借款でまかなうことになっていました。そしてその借款のための抵当が、フランスによる生糸貿易の独占だったのです。

この生糸取引独占の計画はその後、イギリスなどからの強い反対にあうことになりますが、製鉄所建設の方はベルニュー以下五〇名を超えるフランス人技師が来日して着工されます。以後、幕府はその完成を見ることなく消滅しますが、工事は明治政府に引き継がれ、製鉄所、造船所をもつ日本帝国海軍最大の横須賀軍港がつくられるのです（現在はアメリカ第七艦隊のアジア最大の海軍基地、海上自衛隊の司令部基地となっている）。

この後も、幕府はフランスへの依存度をさらに高めます。第二次征長戦で幕府が事実上敗れた六六年8月、幕府は小栗の主導でさらに六〇〇万ドルという巨額の借款契約をフランスと結びます。今回の抵当は、蝦夷《えぞ》地（北海道）の鉱山を主とする産業開発権だったといわれますが、その資金の大部分はフランスからの軍艦や銃砲の購入に当てられました。当時パリに滞在中の薩摩藩士・岩下佐次右衛門の報告によると、その規模は、

⑴ 大砲――四種類、計九〇門とその弾薬三万六〇〇〇発
⑵ 小銃――二万五〇〇〇挺
⑶ 装束（夏冬衣服・馬具・靴など一式）――砲兵一一五〇人分、騎兵五〇〇人分、歩兵二万五〇〇〇人分

となっています（芝原氏前掲書による）。幕府執行部としては第二次征長戦での敗北がよほど痛かったのでしょう。もはや諸藩の兵力には頼れない、幕府直属の軍の拡充強化をはかるしかない、と痛切に思ったのではないでしょうか。

軍の強化は、軍備をそろえるだけでは達成できません。新鋭の兵器、装備を使いこなす将兵が必要です。そこで幕府は、そうした将兵を養成するため、ロッシュのすすめで六七年初めにフランス軍の士官一八名を招いて洋式軍隊の編制・訓練を開始するのです。

新しい幕府陸軍は、旗本・御家人で編制する歩兵銃隊、砲兵隊、騎兵隊と、農民・町人からなる傭兵の歩兵銃隊で構成されていました。六七年9月時点で、旗本・御家人隊は一万七千人余り、傭兵隊は六千人余りで、計約二万三千人となります。

こうして六七年秋には、フランス式の幕府陸軍部隊が編制されていたのですが、年が明けるやいなや鳥羽・伏見の戦いに突入したため、短かった訓練の成果を見せる間もなく役割を終えてしまったのでした。

一方、フランスが幕府と蜜月状態に入ったのに対して、イギリスは薩長に接近します。第一次征長戦のあと、木戸や高杉らの長州の新政権は薩摩の仲介でイギリス人の武器商人グラバーから大量の小銃を購入していました。それに先に述べたように、どちらもイギリスに留学生を送っています。

イギリス公使オールコックは六四年末に帰国していましたが、在任中に薩摩と長州が薩英戦争と下関戦争のあと攘夷論を捨て、「学夷＝学欧」すなわち開国路線に転換したことを報告していました。六五年5月、そうしたことを知ったうえで前任地の上海から長崎に着いた新公使ハリー・パークスは、まず長崎で諸藩の代表たちと会って情報を収集したあと下関に行き、そこで木戸や井上馨、伊藤博文らの歓待を受けます（井上、伊藤はかつてのイギリス留学生です）。パークスが長崎と下関で得た情報は、幕府とフランスが結託しての生糸貿易の独占に対する諸藩の不満でした。日本で対抗すべき国はどこか、パークスははっきり認識したはずです。

翌六六年6月、パークスはこんどは薩摩を訪問します。二年前は嵐のなか砲火をまじえた薩英の両者でしたが、パークスは島津久光・忠義の藩主父子をはじめ西郷や寺島宗則に歓待され、幾度も会談を重ねました。もともと蘭学者だった寺島は、五代友厚とともに一六人の留学生を率いてイギリスに渡ってから同国の政治や経済について貪欲に学び、彼なりの議会制による統一政府の形成の方途を藩庁に提議していました。それは西郷の「共和政治」論とも共鳴したでしょうし、また寺島はイギリス滞在中に同国政府にも同様の意見を伝えていたようですから、パークスもそれを好意的に受け止めていたはずです。

こうして、フランスとイギリス、二大強国の日本との関係は、従来どおりの幕府による専制国家の維持強化を支持するのか、それとも幕府独裁を廃止しての諸勢力による合議制国家への転換を支持するのか、という対立の構図となったのでした。

第二次長州征討が招いた打ちこわしの激発

以上みたように、日本の政治情勢が英仏二大強国をも加わって、幕府と薩長、両勢力の対立を主軸に、分裂と動乱の気配を深めている背後では、日本社会の地殻変動ともいうべき事態が生じていまし

江戸時代から明治初期（1600～1877年）までの百姓一揆、村方騒動、都市騒擾の発生件数を10年ごとの平均件数で見たグラフ

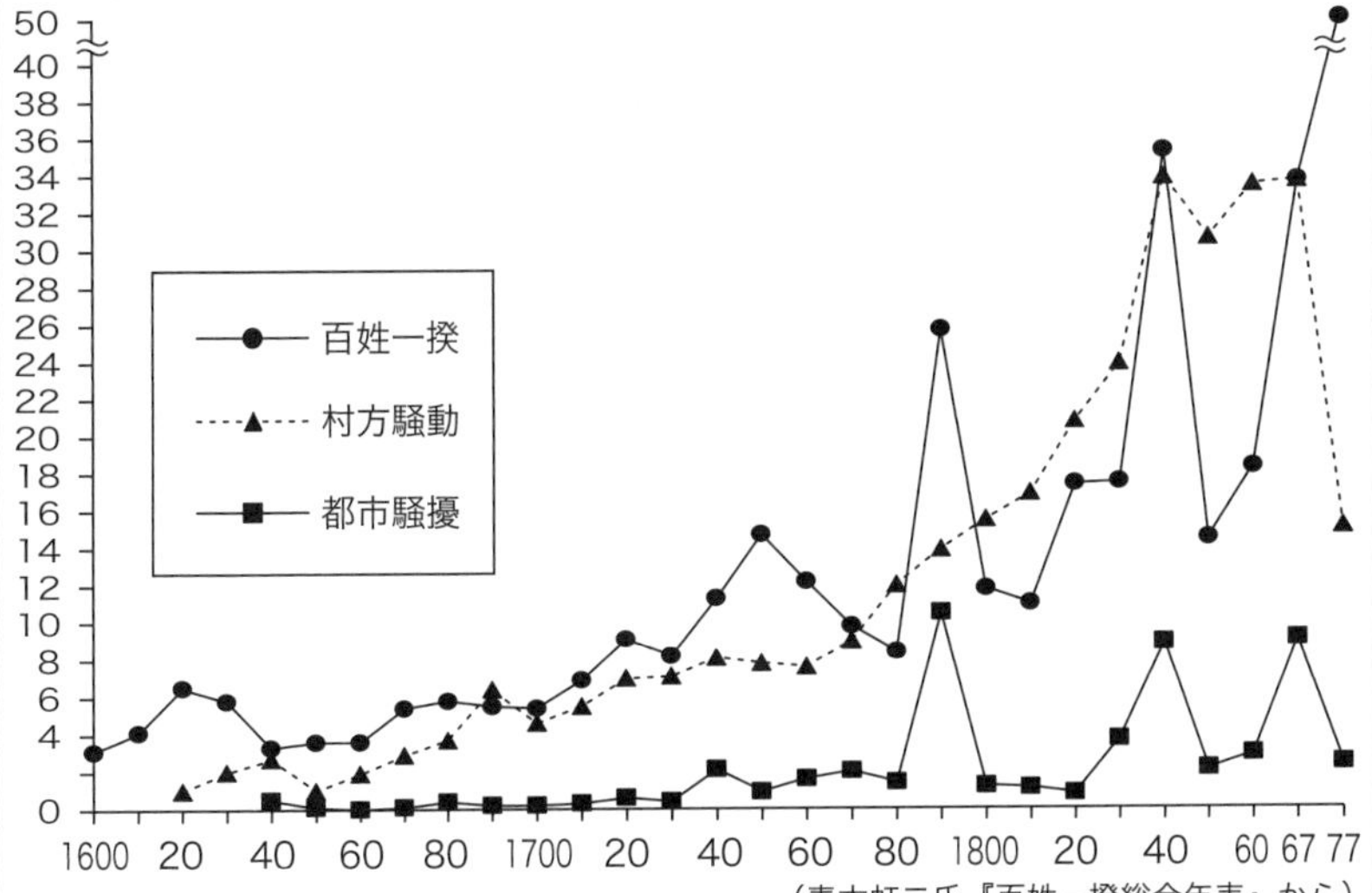

（青木虹二氏『百姓一揆総合年表』から）

た。村での百姓一揆、都市での打ちこわしという民衆反乱の激発です。

上に掲げた線グラフは、青木虹二氏の『百姓一揆総合年表』（一九七一年、三一書房）掲載のグラフを参考に作成したものです。この本は江戸時代に発生した百姓一揆や都市騒擾の件数を、全国の各地に残された膨大な資史料を渉猟して地域別・年次別に記録した大変な労作ですが、このグラフはその全国の総数を江戸時代の初めから明治の初めまで、10年ごとに区切ってその間の平均件数をグラフ化したものです。百姓一揆と村方騒動、都市の打ちこわしの三つのグラフです（村方騒動というのは、名主《なぬし》〈庄屋〉を中心とする村役人の村政に対する一般農民の抗議行動）。

一見してわかるように、グラフが一段とハネ上がった年があります。最初が一七九〇年です。年表を見ると、一七八二年から冷害や洪水がつづき、八三年には浅間山の大噴火があり、飢饉が相次ぎま

1860～67年、年別の百姓一揆、村方騒動、都市騒擾の発生件数

西　暦	元　号	百姓一揆	村方騒動	都市騒擾
1860	万延1	43	45	2
61	文久1	15	33	7
62	〃 2	13	23	4
63	〃 3	18	27	3
64	元治1	24	26	－
65	慶応1	22	39	8
66	〃 2	106	44	35
67	〃 3	34	39	7

（青木虹二氏『百姓一揆総合年表』から）

した。いわゆる「天明の飢饉」の時期です。
次にハネ上がっているのが、一八四〇年です。本書の前章で述べた大塩平八郎の乱が起こった一八三七年前後の時期です。「天保の飢饉」と呼ばれました。飢饉で餓死者が続出するなか、為政者の不正と不作為に対して民衆の抗議と反乱が激発したのです。
この「天保の飢饉」を上回るのが、一八六七年です。この前年、六六年が第二次征長戦のあった年、この六七年が王政復古から鳥羽・伏見戦争へと向かう年です。そうした政治的激動の背後では、百姓一揆、打ちこわしによる激震が列島を揺るがしていたのです。

このグラフは、先に述べたように10年ごとに区切って、その10年間の平均件数を示したものです。ところが六七年のところだけは六〇年から六七年までの7年間になっています。そこでこの7年間を、

青木氏の前掲書にある「年次別一揆件数」から取り出してみると、前ページの表のようになります。

一見して、飛びぬけて件数の多い年があります。六六年です。百姓一揆は一〇六件、都市騒擾は三五件です。

では、この六六年はどういう年だったでしょうか。そうです。第二次征長戦争のあった年です。戦争が庶民にとってどれほどの災厄をもたらすかが、これでわかります。その災難の重みに耐えかねて民衆は決起したのです。

先に、六六年閏《うるう》5月、将軍・家茂がみずから軍をひきいて大阪城に入ったことを述べました。軍が駐留すれば、当然、大量の米が必要となります。それも当座の食糧だけでなく、戦争に突入したときのために兵糧米《ひょうろうまい》の蓄えが必要です。幕府の直轄軍だけでなく各藩でもこぞって米を購入しはじめると、市場の論理として米の値段がハネ上がります。それをねらってコメの買い占めも横行します。

こうして米価が高騰しました。大阪では、六六年2月を一〇〇とすると、5月には約一七〇％、8月には二九〇％、10月には三二〇％とすさまじい勢いで米の値段が急上昇したのです。米だけでなく、諸物価もそれにつれて値上がりします。貧しい庶民にとっては死の宣告も同然です。

これで暴動が起こらない方が不思議です。六六年2月、まず大阪に近い西宮で貧しい主婦たちが米屋に押しかけて米の安売りを迫り、それを拒否されたことから打ちこわしが起こります。次いでそれが神戸、灘、池田、伊丹へと飛び火し、ついに大阪の中心部での打ちこわしの続発となるのです。大塩の乱を上まわる規模の拡大です。幕閣からの命令で大阪に来ていた勝海舟も、5月下旬の日記にこう記しています。

「聞く、当月八日兵庫民商集合する事、一万四、五千人、忽《たちま》ち四方に乱入して、富豪を潰《こぼ》ち（打ちこわし）、灘、西宮辺に及べり。鎮撫《ちんぶ》人数、押《おさ》うること能《あた》わず、鉄砲を以《もっ》て打殺《うちころ》す。……また当十二日、大阪西横堀に、商民集まり、忽《たちま》ち多人数に及び、五手に分かれて富商を潰《つぶ》し、頗《すこぶ》る乱妨《らんぼう》なりと。……」（小西氏前掲書より）

大阪市中では大塩の乱のときと同じように富商の集中した船場をはじめ中心地がまず襲撃され、やがて市内全域へと広がっていきました。手に手に、袋、箱、桶などを持った貧民の群れに襲われた商家や高利貸の家は一千戸近くに及んだのです。

江戸の打ちこわしは同じ六六年5月下旬、多摩川をへだてた川崎から起こり、品川へ飛び火し、それから市中全域へと燃え広がっていきました。吉野真保編による『嘉永明治年間録・下巻』（一九六八年、巖南堂書店）には騒動の広がってゆく有様が、エピソードも交えて次のように記録されています。

「五月二八日夜、品川宿にて大勢が集り、物持《ものもち》居宅多く打ちこわし、同二九日夜、芝、田町辺の数十軒を打ち破り、六月二、三、四日頃、或いは四ツ谷辺、或いは下町本所辺、所々白昼に横行いたし、横浜商《あきな》いいたし候者、又は米店そのほか富有の町家を打ちこわし、希《け》有《う》なる哉《かな》、格別大勢にてもなく、とかく子供の多く集まり来たり、中に頭《かしら》分とも相見え十五、六歳の男子、屋根の上を飛ぶがごとく縦横自在に奔走、しきりに下知《げち》を伝え、打ちこわし、又は先へ行って同様の所業、日々夜々流行すと云えども、手をつかねて傍観するのみにて、制する者はなし。この頃江戸尹《いん》（町奉行所）の門外に張札《はりふだ》あり、其《その》文に云う、御政事売切《ごせいじうりきれ》申し候と落書《らくしょ》これ有りと云う。この頃の米相場は、壱《いち》両に付、壱斗《いっと》四、五升《しょう》位なり、その余もこれに準ず。」

奉行所の門に張り紙があり、そこに「御政事売切申し候」と書かれていたとあります。政治は売り切れてしまった、というのです。政治不在、政府不在のアナーキーな状況をひと言で表現した痛烈な風刺です。つまり政府も打つ手を失ってしまうほどに打ちこわしは激しかったということでしょう。こうした江戸の「窮民騒動」（『嘉永明治年間録』）はこの年6月から9月まで続発したのでした。

外国貿易の光と影――絹糸と木綿糸

先の引用の文中、「横浜商《あきな》い」という言葉がありました。これは横浜で商売をやっていた貿易商のことです。当時の開港地は横浜のほか函館、長崎の二港がありましたが、輸出入のほとんどは横浜で取引きされました。日本からの二大輸出品は茶と生糸ですが、茶は一割程度で大部分は生糸が占めていました。ヨーロッパで使われる生糸の多くは中国からの輸入でしたが、生糸の原料となる繭《まゆ》をつくる蚕《かいこ》はフランスやイタリアでも飼われていました。ところが、ちょうどこのころ蚕の病がはやって、繭の生産量が急減しました。そこへ、日本の生糸が輸入できるようになったのです。中国産よりも品質のいい日本産の生糸は、とくに最大の絹織物工業国であるフランスで大歓迎されました。生糸だけでなく蚕《さん》種《しゅ》（蚕の卵。蚕の成虫である蛾が卵を産み付けた蚕卵《さんらん》台紙の形で輸出された）の輸出も大幅に拡大しました。

日本との貿易が開始された一八五九年、ロンドン市場に日本産生糸が現われると、たちまち中国産生糸を圧倒し、商人たちは争って日本産生糸を買い入れることになります。当然、生糸の値段はうなぎ上りに高騰しました。そうなると当然、日本国内の農民の関心は養蚕にひきつけられます。年貢であるコメの生産よりも、桑畑をつくり、拡大し、蚕をたくさん飼って繭を増産して生糸をつむぐ方が、はるかに実入りがいいからです。もともと養蚕を副業としていた地域で、農民の関心が桑畑の拡大に向けられ、コメは二の次となっていきます。

しかし反面、この国産生糸の高騰と輸出量の拡大は、国内の絹織物業に対し致命的な打撃を与えました。京都の西陣や北関東の桐生では、生糸の仲買商人たちは買い入れた生糸を横浜に持ち去ったため、半ば休業状態へと追い込まれました。桐生の織工《おりこう》など千五百人が自分たちの死活問題にかかわるとして幕府に対し何度も生糸輸出の禁止を嘆願したと伝えられます。

同じく繊維の世界ですが、木綿《もめん》に関しては生糸と逆の現象が生じました。綿《わた》の栽培が農民のつくる重要な商品作物の一つとなり、副業となったことは先に述べました（一一四ページ参照）。ところが、開国によって、その木綿が大量に、かつ安価に輸入されることになったのです。この当時、イギリスを中心に綿《めん》織物は工業化され、綿糸《めんし》、綿布《めんぷ》は大量生産態勢に移っていました。その機械生産による安い綿糸、綿布がどっと国内市場に入ってきたのです。（当時、外国からの輸入の約半分は綿布や綿糸などの綿製品で、次いで多かったのが毛織物でした。）

一方、日本では紡績はまだ手工業・家内工業の段階にあり、その多くは農家の不可欠の副業として、木綿《きわた》の種子《たね》を取り除く綿繰《わたぐ》り、それを柔らかくする綿打ち、そして篠《しの》巻きから手紡《つむ》ぎ、賃機《ちんばた》など紡績の各工程に何百万人もの農民がたずさわり、わずかの収入を得ていたのでした。その賃収入が、ヨーロッパからの安価な綿布の流入によって急速に消失していったのです。

百姓一揆の実像を見る

対外貿易の開始によってもたらされたこのような生糸と綿糸・綿布をめぐる経済構造のドラスティックな変動が、当然、人々の暮らしに影響を及ぼさぬはずはありません。それは米価をはじめ諸物価の値上がりという形で現われました。そこへさらに、六六年、第二次征長戦争のための幕府、諸藩による兵糧米の買い占めが加わったのです。米価は一挙にハネ上がり、とくに貧しい庶民の暮らしを直撃、その結果、大阪や江戸で打ちこわしが激発したことは先に見たとおりです。

追いつめられた民衆の決起は、都市だけではありませんでした。先に示した表にあったように、青木虹二氏の調査でも六六年には全国で一〇六件もの百姓一揆が発生しています。とくに関東、東北では、この年6月、武蔵国秩父《むさしのくにちちぶ》から始まり、現在の埼玉県西北部から東京都の多摩地方、さらに群馬県の西南部へと燃え広がった「武州一揆」と、福島県北部の阿武隈《あぶくま》川流域の一帯を席巻した「信夫《しのぶ》・伊達《だて》郡一揆」が起こりました。このうちここでは後者について見てゆきます。本書II章に登場した菅野八郎は、その指導者だったと見られています。

この信夫・伊達地方には一九四カ村がありましたが、武州一揆が巻き起こった地域と同様に養蚕がさかんで、蚕種、生糸、絹織物、真綿《まわた》（繭を引き伸ばして作った綿）の生産地でした。したがって蚕種や生糸の急騰でうるおったはずなのに、どうして一揆が起こったかというと、幕府が新税を設けるとともに代官と結託した村役人（名主ら）がその徴税請負人となって、一般農家による生糸などの生産を管理したうえに自由取引を禁止して手数料をとり、さらに売上げの多くを代官所の役人と自分たちのふところに入れたのです。こうした不正を押し通すために、名主の中には大勢の博徒《ばくと》をかかえている者もいて人々を威圧していました。

加えて、この地方は水田が少ないうえに収穫したコメを江戸や大阪に納めなければならなかったため、よそからコメを買い求めたのですが、そのコメを米商人は買い占めて値上がりをうながし、また質屋は一方的に利息を引き上げるとともに、預かった質物を勝手に流したりしたのでした。

こうして生糸の急騰ブームのなか、村は特権を持つ豪農商と一般の農民とに急速に分離し、とくに下層の農民は死活の分岐点へと追いつめられていったのでした。こうした幕府による圧政を背景とした、代官所の役人と結託した村役人や豪農商の不正と蓄財に対する憤懣と怒りが、大一揆となって爆発したのです。

一揆は6月15日から22日まで七日八晩に及びました。四九カ村の豪農商一六四戸が打ちこわされました。蜂起に当たっては村から村へ呼びかけの廻状が回されましたが、この廻状には二種類あって、

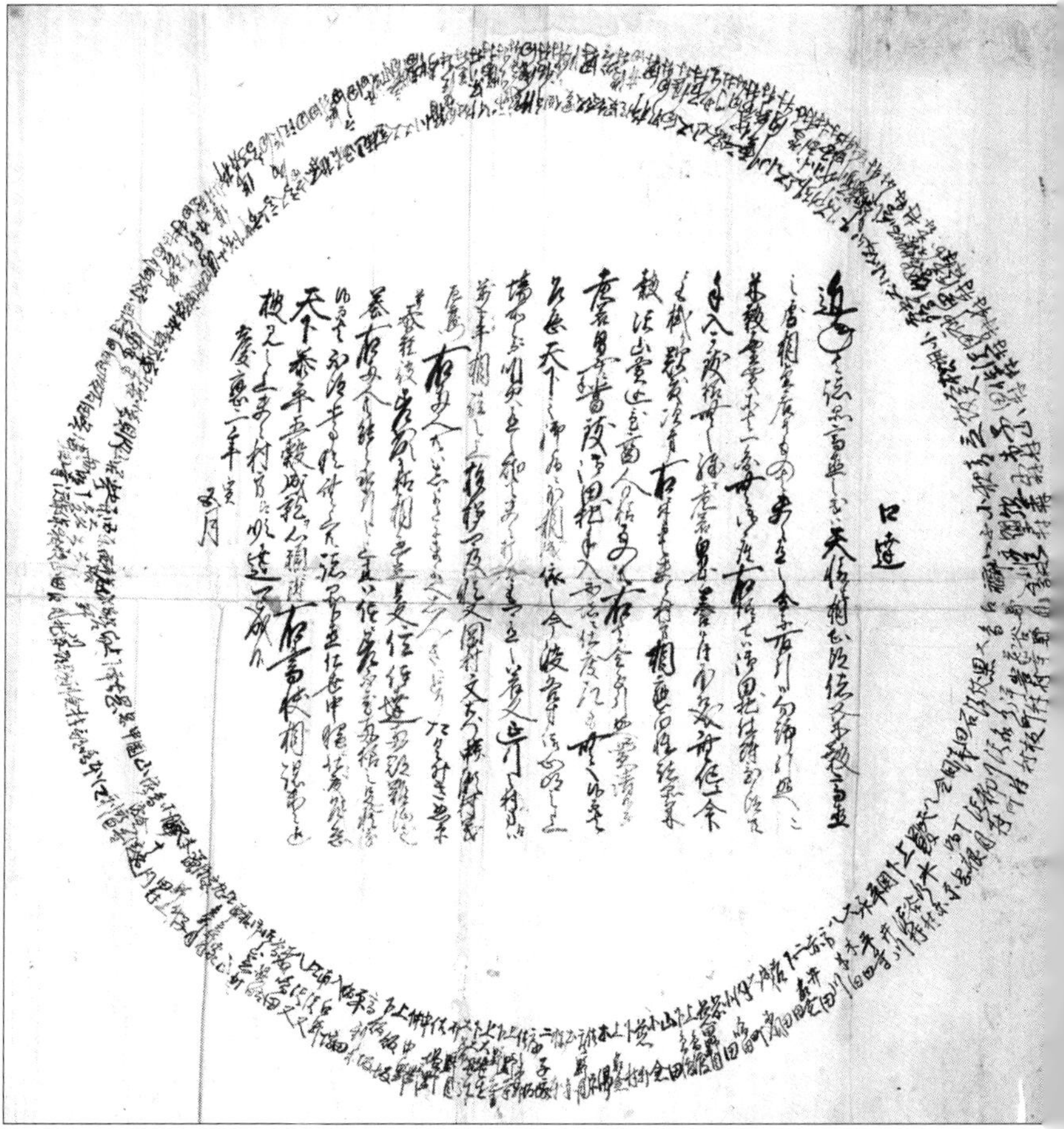
口達

信夫・伊達郡一揆で使われた「わらだ廻状」（福島県歴史資料館蔵）

一つは差出人不明で「非道の金持ち打破り候あいだ、早々に出会いたし。もし不参加の村々は焼払い申すべし」と書かれていました。もう一つは二百近い村名をびっしりと円形に書きつらね、見た村はその村名の上に針で穴をあけ、次の村に回すという形になっていました。「わらだ廻状」と呼ばれます（前ページに実物写真）。

では、一揆の実態はどのようなものだったのでしょうか。

「奥州《おうしゅう》信夫伊達郡之《の》御百姓衆一揆之《の》次第」と題された記録があります。筆者は不明ですが、その記述から一揆研究者の庄司吉之助氏は「一揆側に立って見聞し、事実を述べ、その正当性を認めている」と評されています。以下、『民衆運動の思想―日本思想大系58』（一九七〇年、岩波書店）から一部を引用、紹介します（ルビと注は引用者）。

「村々のめ印《じるし》には、筵幡《むしろはた》に村名を書付《かきつけ》、或は緋《ひ》ごろふくの幡《はた》、うこんの絹幡《はた》、茜《あか》ね木綿のはた、白木綿のはた、浅黄《あさぎ》木綿のはた、又は菅笠《すげがさ》・あみ笠いろいろさまざまの村印《じるし》を建て、一揆共《ども》その出立《いでだち》には、白鉢巻に白手襷《たすき》、うこんの鉢巻うこんの手襷《たすき》、赤鉢巻に赤たすき、浅黄《あさぎ》の鉢巻あさぎのたすき、又蓑笠《みのかさ》にて鎌を差したる者も多分に相見え、又打こわす道具には、なた・大斧《おの》・小斧《おの》、大鋸《のこ》に小鋸《のこ》、或は熊手《くまで》・鉄《かな》でこ・つるはし・鳶口《とびぐち》・半棒・天秤《てんびん》棒、又は手槍を持ちし者も有《あり》。鉄砲組の者も沢山之有《たくさんこれあり》。」

「打こわすべき家の前に行かば、かの赤旗をさっと翻《ひる》がせば、組下の面々、銅盥《だらい》・太鼓をならし、螺《ほら》の貝を吹立て吹立て、鯨波《とき》の声をあげて、ここかしこより寄り集り、てんでに打物を持ち、右往左往に駆け廻り、ゑ《え》ひ《い》ゑ《え》ひ《い》声にて打こわす。時に頭取《とうどり》、宰配《さいはい》をふり立て、ふり立て、大音に呼《よば》はり、『やあやあ者共《ども》、火の用心を第一にせよ。米穀は打ちちらすな。質《しち》物には決して手を懸《か》けまじ。質は諸人《もろびと》の物なるぞ。又金銭品物は身につけるな。此《この》働きは私欲にあらず。是《これ》は万人のためなるぞ。此家の道具は皆 悉《ことごと》く打こわせ。猫のわんでも残すな』と下知《げち》を聞くより、此奴原《こやつばら》打こわす、打ちくだく、その物音のすさまじさ、百雷のおちるかの類《たぐい》の如くなり。又此奴原《こやつばら》の顔付、働く悪魔・悪鬼の如くにて、おそろしかりける次第也。」

「此時《このとき》、町中《じゅう》の物持《ものもち》共より、一揆へ握り飯・酒・さかなを振る舞う事おびただし。又、手《て》拭《ぬぐい》・足袋《たび》・わらじ差出す事山の如し。

皆我々が居《きょ》へ積重ね、酒は大半切《おおはんぎり》（底の浅いたらい状の桶《おけ》）へ入《いれ》、さかなはいか・鰊《にしん》の煮付、塩引の焼物などを出し、其《その》家々の当主は上下《かみしも》（裃）を着《ちゃく》し、又は羽織・袴《はかま》を着《ちゃく》し、給仕の男女を随《したが》へ、『一揆様、一揆様、さあさあ御酒をおあがりなされ、握り飯をおあがりなされ、さあさあ御酒をおあがりなされ、御さかなをおあがりなされ、足袋・わらじをお持なされ、御足が痛みますからわらじをお持なされ、又何成《なんなり》共御用の品はお持なされて下さりまし、さあさあお持なされお持なされ』といふて、それはそれは一揆共《ども》へ追従《ついしょう》致す事也。

以上、一揆へ酒食を進めの言葉、可笑《おかしい》ようなれ共《ども》、実正《じっしょう》の事也。虚言《そらごと》にてはなし。仍《よっ》て後世へ書残す者なり。」

「先にも云ふ如く、十五日の夜始まりて、岡村の馬次と申す者の家をこわす時は一揆五十人と申す也。其次《そのつぎ》、同村忠左衛門という人の家をこわす時は三百人と申す也。其次に長岡村伴六の家をこわす節は千人斗《ばかり》と申す也。右三軒の内は小勢《こぜい》也。明《あく》れば十六日、一揆の頭取、村々の到着帳（わらだ廻状）を繰返しみて、不参の村へは書状を持たせ、使者を遣《つか》はし催促致し、狼煙《のろし》を合図に早速集るように申遣《もうしつかわす》事也。依《よっ》て所々にて狼煙をどんどん揚《あげ》るや否や、村々の一揆共《どもうん》雲霞《か》の如く寄集り、十八日、十九日には一揆の真盛《まさかり》也。此時の惣勢《そうぜい》十五万人程と申す事也。一組千人、二千人づつ何十組も知れず。此両日に打こわされたる家数百件余もこれ有也。惣《そう》じて百八十三軒也。」

以上、だいぶ長い引用になりましたが、一揆、打ちこわしの実態をリアルにつかむために、史料をそのまま引用しました。

このあと徳川慶喜を中心とする幕府勢力と、薩長を中心とする対抗勢力との政治的駆け引きやせめぎ合いを見ていきますが、その背後では日本社会の地殻変動ともいうべき土台からの激震が続いており、時にそれが溶岩となって地上に噴出していたのです。

そうした中、権力と結託して下層農民の労働を搾《しぼ》り取っていた豪農商たちが、一揆に見舞われるや一転してへりくだり、「一揆様、一揆様、さあさあ御酒をおあがりなされ、御さかなをおあがりなされ」と追従《ついしょう》するという上下関係の逆転現象が起こったのでした。後に述べる有力大名たちをはじめとする版籍奉還や、それにつづく廃藩置県も、こうした日本社会の地殻変動を背景に実行されていったのです。そのことをしっかりと認識しておくことが、これ以降の維新の変革過程を見ていくさいに必要かつ重要だと思います。

将軍・慶喜が主導した幕府政治の改革

さて、叙述は六六年8月の第二次征長戦の停戦時に戻ります。

この戦争のさなか、将軍・家茂を突然の死が襲いました。慶喜は、その「弔い合戦」だと称して華々しく出陣しようとします。しかしその矢先、小倉城の落城の知らせを受け、出鼻をくじかれてしまいました。以後、慶喜は幕府の権威失墜を挽回するため幕政の改革に全力でとりくみます。

第15代将軍・徳川慶喜（茨城県立歴史館蔵）

六六年9月2日、慶喜は老中たちに幕政改革の八カ条にわたる方針を示します。その中心はやはりフランスを頼りにしての軍備の拡充と軍の近代化でした。その内容はすでに先ほど見たとおりです。

軍の近代化とあわせて行政の近代化についても、慶喜はフランス公使ロッシュに助言を求めました。11月には外国奉行をロッシュのもとに派遣して「郡県制」について学ばせていますし、また老中制度を近代的な内閣制度に転換するについてもその意見に従いました。すなわち、これまでは責任分担のない合議制だった老中を、首相、外相、内相、蔵相、陸相、海相と、それぞれの分担領域を明確にした、のちの内閣制に近い制度に変えたのです。

同時に、人材登用についても改革のメスを入れました。これまでは老中（年寄）に次ぐ重職である若年寄には一万石以上の大名しかなれなかったのを、万石以下の旗本も就任できるようにしたのです。先に名前を挙げた小栗忠順《ただまさ》や栗本鋤雲《じょうん》、永井尚志《なおゆき》など、慶喜のブレーンとなった人材はこの家格を超えた抜擢によって幕政改革の先端に立ったのでした。

このように慶喜は自ら先頭に立って幕政改革を進めていったのですが、そこには重大な問題がひそんでいました。フランスへの全面的な依存です。その点を芝原氏は前掲書で次のように指摘しています。

(1) 改革の財政的基礎を、フランスに対する二四〇〇万ドル、さらには六〇〇〇万ドル、の借款に依存していたこと。

(2) 新軍隊の編制が武器・装束ともにフランス製であり、訓練もフランス人将校の指揮下で行なわれたこと。

(3) 生糸をはじめとする貿易が、フランス輸出入会社によって独占されようとしていたこと。

(4) 行財政の機構や制度が、ロッシュの指導と操縦のもとに行なわれたこと。

以上のような問題点を挙げたうえで芝原氏は、慶喜は「強大な常備軍と官僚制を主軸とした絶対主義的な統一国家」をめざしていたのだろうが、それは結局「幕府の、幕府による、幕府のための改革」にすぎず、このまま行けば半植民地化の道をたどる結果になっただろうと述べています。

先に見たように、日本の社会にはドラスティックな地殻変動が生じていました。慶喜はしかし、その動きを正面から受けとめるのでなく、ロッシュのすすめに従って土地税や営業税、酒税、煙草税などの新税を設けて民衆の負担を加重することさえ考え、目的はひたすら幕府の権威挽回、権力強化だけをめざして、しかもそれを外国に依存し、外国の力を借りて推し進めたのです。そんな幕政改革が、新たな時代を切り開けるはずはなかったと言わざるを得ません。

六六年12月、この国の二人の指導者に重大な変化が生じます。まず12月5日、慶喜がついに将軍の地位に就きます。今回も老中や諸侯に懇望されてやむなくという体裁をとっての就任でしたが、すでに幕政改革に突き進んでいる最中のことでした。

その一週間後の12日、孝明天皇が痘瘡《とうそう》（天然痘）を発病します。強力なウイルスによる病状は急速に進行し、二週間後の25日、「御体の御九穴より御脱血」（明治天皇の生母・慶子）して息を引き取ったのでした。まだ三五歳の若さです。（急死の状況から、死去の当時より毒殺説がささやかれてきましたが、現在では原口清氏の史料検証に加え医学的見地からの考察により出血性痘瘡による急死だったとされています〈「孝明天皇の死因について」『原口清著作集　2』二〇〇七年、岩田書院〉。）

年が明けて翌六七年3月、将軍・慶喜は自らがこの国の主権者であることを列国に誇示する行為をとります。大阪城内において、英・仏・米・蘭の公使たちと公式に会見したのです。国内の諸勢力に向けては、自分こそが国家の最高為政者の地位にあることを確認させるねらいがあったのでしょう。

この会見において、慶喜は兵庫（神戸）開港を約束するのですが、この「兵庫開港」については過去に次のような経緯がありました。

ほぼ二年前の六五年5月、新イギリス公使として着任したパークスに対し、本国から強硬な訓令が届きます。長州藩との下関戦争に対して幕府が支払うべき賠償金の残り半額（百五十万ドル）の支払いについて、その延期は認めない、ただし、幕府が翌六六年1月に兵庫を開港し、あわせて朝廷から通商条約の「勅許」を得るならば、延期を認めてもよい、というのです。

この要求案をパークスはロッシュはじめ米、蘭の公使にはかり、同意を得ます。四カ国が条約の「勅許」についてこだわったのは、「夷人斬り」を含む志士たちの攘夷行動の言い分が、「勅許」を得ないまま通商条約に調印したこと、つまり「違勅調印」にあることを認識していたからです。と同時に公使たちは、強烈な攘夷論者である天皇による「勅許」がきわめて困難であることも知っていました。

そこで目的達成のためには武力で圧力をかけるほかないと考え、六五年9月、英・仏・米・蘭の四カ国代表は軍艦計九隻からなる連合艦隊を組んで大阪湾に向かうのです。なぜ大阪だったかといえば、先に述べたように、このとき将軍・家茂は第二次長州征討のため大阪城に入っていたからです。四カ国代表は七日間の期限を切って回答を迫ります。

この要求に対し、京都にあった幕府首脳部の意見は真二つに割れました。老中の二人（阿部正外《まさとう》、松前崇広《たかひろ》）が幕府の権威で「兵庫開港」を許可すべしと主張したのに対し、慶喜と京都守護職の松平容保《かたもり》らは勅許を得ないで開港を認めては攘夷派からどんな非難攻撃を受けるかわからないと主張して、正面から対立したのです。

ここで慶喜は非常手段をとります。朝廷に働きかけて、二人の老中に対し「辞職命令」を発してもらったのです。朝廷が幕府首脳の人事に介入することなど前代未聞です。当然、この命令を受けて大阪城内は騒然となりました。将軍・家茂もさすがに我慢できず、もはやこれまでと、将軍職を慶喜にゆずり、自分は江戸に帰ると宣言して、10月1日、大阪城を出て京都の伏見に入ります。

これには慶喜も驚き、伏見まで行って必死に説得、「勅許」はきっと自分がとりますから、と約束して家茂に辞職を思いとどまらせます。

次いで慶喜は御所に参内して朝議を開くことを要求、何とかそれが通って10月4日、夕方から小御所《こごしょ》会議が開かれます。ここで慶喜は大弁舌をふるい、通商条約の「勅許」はもはや避けられないと主張します。新たな「兵庫開港」の「勅許」の方は今は無理だと考えて、既存の通商条約の「勅許」だけを優先させたのです（ただし結果として、条約の文書には兵庫開港の期日は翌六七年12月と書き込まれました）。

それでも「勅許」の獲得は困難でした。しかし、大阪湾には四カ国の連合艦隊が砲列をしいて待機しています。その破壊力がどれほど強大であるかは、下関戦争ですでに証明ずみです。慶喜は天皇に対し「勅許」を拒否しつづければきっと戦争となり、そうなると敗戦は免れず、その結果、わが国は外国の属国となって、朝廷の安泰も保障されなくなる、と力説します。論旨は明らかですが、天皇は根っからの攘夷論者であり、公卿の中にも頑強な攘夷論者がいて結論はなかなか得られず、会議は日を超えまる一昼夜にわたって続き、5日の夜、ようやく「勅許」が下されたのでした。

こうして、一八五八年いらい七年にわたって幕府政治ののど元に突き刺さっていた「違勅調印」のトゲが取れたのですが、しかし「兵庫開港」の問題は宿題として先延ばしされて残ったのでした。

その宿題「兵庫開港」を、将軍となった慶喜は条約勅許から一年半がたった今回、自分が片付ける、と列国の公使たちとの会見で約束したのです。自己の権力を誇示すると同時に、フランスに加えほかの各国の支持をも得ようとの思惑もあったでしょう。

将軍・慶喜に敗北した雄藩「四侯会議」

慶喜が四カ国の公使たちと会見したのは六七年3月末ですが、実は慶喜は同月初めに「兵庫開港」の「勅許」を朝廷に奏請していました。それに対し朝廷は、同月19日、不許可を回答していたのですが、それなのに慶喜は四カ国の公使たちと会見し、懸案の「兵庫開港」を約束したのです。一年半前の前回、慶喜は大阪湾上の四カ国連合艦隊の集結をバックにして朝廷の説得に成功しました。今回も四カ国代表との約束という既成事実をつくり、それを外交的圧力として朝廷側を説得しようと考えたのでしょう。

生粋の攘夷論者だった孝明天皇は前年の暮れに亡くなっていました。年が明けてすぐ明治天皇が践《せん》祚《そ》（皇位を継承）したのですが、まだ十五歳の若さです。しかし朝廷側は摂政・二条斉敬《なりゆき》以下、なお頑強に「兵庫開港」に反対でした。同じ開港でも横浜とは違い、兵庫はすぐ近くの港です。あわせて大阪が「開市」されると、もはや足元です。そんな近くの街を「夷人」たちが闊歩することを思うと、公卿たちにとっては「開港」が「神国」に対する現実の脅威として実感されたのでしょう（一三〇ページで慶喜が孝明天皇とあわせ公卿たちの攘夷論について語っていたことを思い出してください）。

そこで今回も朝廷側は「兵庫開港」の「勅許」は認められないと拒絶したのですが、その理由として挙げたのは、正面切っての攘夷論（開港反対論）ではなく、諸藩の意見も聞かなくてはこういう重大な問題についてそう容易に判断は下せない、ということでした。兵庫開港それ自体は、前年の通商条約でこの年12月と期限を切って認めていたからです。

諸藩の意見を聞く――この点に、京都にいた薩摩藩の西郷や大久保ら、慶喜の権威挽回への独走を苛立たしい思いで見ていた反幕府の勢力は目をつけました。そこで、かねて通じていた雄藩の最高実力者たち――薩摩藩の島津久光はじめ越前藩の松平慶永《よしなが》、土佐藩の山内豊信《やまのうちとよしげ》、宇和島藩の伊達宗城《むねなり》にはたらきかけたのです（越前へは大久保が、宇和島へは同じ薩摩の吉井友実《ともざね》が向かっています）。

慶喜の専横を苦々しく思っていた四人の実力者は、すぐに求めに応じて上洛してきます。この四人は、三年前に幕府と朝廷の協同による「公武合体」路線を推し進めようとしてつくられた「参与会議」のメンバーでした。その参与会議は、開明派だったはずの慶喜の突然の裏切りともいえる「横浜鎖港」論のごり押しで機能不全におちいり分解してしまった記憶があります。四人には、今度こそは、の思いもあったはずです。「四侯会議」と称されます。

この四侯会議は5月の初旬から始められます。島津久光は、西郷や大久保から、慶喜に対して各国公使への「勅許」なしでの兵庫開港約束の責任問題に加え、将軍は大政を奉還して一大名となり、朝廷を中心とする「共和政治」を補佐する役にまわる、という将来構想についての説得を進言されていました。しかし、当の将軍・慶喜を前にしては、そんな主張を正面切って述べたてることはできませんでした。政治的力量の点でも慶喜には及ばなかったのです。

他のメンバーにしても、越前の松平慶永はもともと徳川の御三卿の一つである田安家に生まれたあとで越前藩を相続したのであり、土佐の山内豊信も日ごろから「徳川の恩顧」を口にしており、幕府の独断専行をたしなめる気はあっても、敵対的に対立するつもりはありません。宇和島の伊達宗城も雄藩会議の設置や幕府権力の削減については賛同していましたが、慶喜を前に論戦を挑むほどの自信はありませんでした。

慶喜と四侯との会談の具体的な議題は、兵庫開港勅許のほかに長州藩の復権問題がありました。長州の復権について四侯の主張は、先に幕府が決めた一〇万石の削減と藩主の毛利父子の蟄居・引退処分の撤回、実質的な全面復権です。しかしそれに対する慶喜の回答は、「いずれ寛大な処置を沙汰する」という実質ゼロの回答でした。そしてそれが、5月24日、一昼夜をかけての朝廷での会議で兵庫開港の勅許とあわせて決定されたのです。

こうして結局、四侯会議は今回もまた将軍・慶喜の強気と弁舌の前に敗退、何の成果をあげることもできずに終わりました。その結果、四侯のうちとくに島津久光は慶喜との対決意識をつのらせます。まだ慶喜と四侯がせめぎ合っていた5月16日のことですが、長州の山県有朋と品川弥二郎が京都の薩摩藩邸で久光に謁見したさい、久光は六連発の拳銃を手ずから山県に与えたといいます（井上勲氏『王政復古』一九九一年、中公新書）。

その後、山県と品川は西郷とともに薩摩の家老・小松帯刀《たてわき》の家に行き、そこで大久保も加わって薩長連合のうえ討幕へ向かう決意を確認、翌日、薩摩藩の船で長州に帰った二人は、近く討幕の戦略を協議するため、西郷が長州を訪れることを藩庁に伝えたのでした。

一方、5月24日の一昼夜の朝議で四侯のみならず公卿たちを屈服させて「兵庫開港」の「勅許」を得た慶喜は、翌25日、それをただちに外国公使たちに報告、次いで江戸・大阪の「開市」と兵庫（神戸）の「開港」を全国に告知したのでした。

Ⅵ

「大政奉還」から「王政復古」へ

――竜馬「船中八策」から「王政復古」クーデターまで

幕末の土佐藩と後藤象二郎

新将軍・徳川慶喜が幕政の主導権を固めてゆく一方で、幕末の政治情勢は薩摩藩と長州藩を中心に倒幕へと向かって急展開していきます。その最初のステップが六七年6月22日の薩摩藩と土佐藩との間で結ばれた「薩土盟約」で、そこから慶喜による「大政奉還」、そして薩長による「王政復古」クーデターへと突き進むのですが、その過程で土佐藩の後藤象二郎が重要な役割を果たすことになります。そこでまず土佐藩と象二郎の人物像について大橋昭夫氏の『後藤象二郎と近代日本』(一九九三年、三一書房)によって多少くわしく見ておくことにします。

土佐藩の藩主は公武合体派の山内豊信《やまのうちとよしげ》(号は容堂)でした。門閥をこえて有能な人材を登用して藩政改革をすすめた開明的な藩主ですが、その豊信が最も信頼した家臣が吉田東洋です。東洋は、軍備の近代化をすすめるとともに藩校「文武館」を開校し、農民に対して商品作物の栽培を奨励する一方、土佐特産の木材や和紙の生産・販売を統制して藩財政の再建を果たすなどの業績を挙げました。

東洋はまた学者としても知られ、象二郎の漢学の素養は義理の叔父(父の妹の夫)である東洋から学んだものです。土佐のジョン万次郎は、漁に出て遭難し米国捕鯨船に救助されて米国に行き、そこで知識・教養を身に着けて帰国したのですが、東洋がその万次郎を自宅に招いて米国の政治や文化について話を聞いたことがありました。そのさい東洋は十五歳の象二郎を同席させたのですが、少年は目を輝かせて話を聞き、その熱心さに感じ入った万次郎が一枚の世界地図をプレゼントしたところ、象二郎は終日部屋にこもってその地図を眺めていたとのことです。

中央政局の変動は僻遠の地の土佐藩をも巻き込んで荒れ狂います。五八年、藩主の豊信は前に見たように将軍継嗣《けいし》問題で慶喜を推す一橋派に属したため、大老となった井伊直弼によって隠居させられ、藩主の座を豊範《とよのり》に譲ります（ただし実権は豊信の手にあります）。

このあと井伊が暗殺され、公武合体の季節を迎えますが、それは同時にテロの季節であり、「夷人斬り」があいつぐ中、京都は尊王攘夷の過激派によって占拠されてしまいます。その熱波は土佐藩にも及び、六一年8月、土佐勤王党が結成されました。領袖は武市瑞山《たけちずいざん》（半平太）で、坂本竜馬や中岡慎太郎もそのメンバーです。勤王党の党員は一時二百名近くにも達し、その中の三名が六二年4月、公武合体派の豊信からの信頼あつかった吉田東洋を雨の夜道で襲って暗殺してしまうのです。

しかし翌六三年、「8・18クーデター」によって京都を占拠していた尊攘過激派が一掃されると、土佐勤王党の勢威も急速にかたむき、ほどなく藩権力によって主要メンバーが逮捕され、裁判に付されて壊滅します。

この間、六二年に竜馬は脱藩、江戸へ出て勝海舟に出会い、海舟に師事して海軍操練所に入って塾頭となり、その解散後は六五年に薩摩藩の支援を得て長崎に船舶運用の「亀山社中」をつくり、まもなく薩摩とそして長州からも深い信頼を得て、六六年、薩長同盟を仲立ちしたことは先に見たとおりです。

また中岡慎太郎は、京都で尊攘運動に励みますが、六三年のクーデターでそれが弾圧されると脱藩して公家の三条実美《さねとみ》らとともに長州に入り、長州尊攘派の有力メンバーとして活動します。第一次征長のあと西郷の終戦処理によって三条らが九州の太宰府に移動すると、慎太郎は長州と太宰府の間を幾度も往復したといいます。

ではこの間、後藤象二郎はどうしていたでしょうか。江戸に遊学していました。六三年、土佐藩は海軍の創設や貿易のため中古の蒸気船を買い入れました。しかし肝心の乗組員がいません。そこで藩内から航海見習生を募集します。それに応募したのです。

江戸では幕府の開成所に入りました。かつての蕃書調所《ばんしょしらべしょ》が発展したもので、洋学の研究・教育機関です。ここで象二郎は航海術を学び、幕府軍艦による品川沖での航海訓練も受けました。あわせて、蘭学の私塾にも通い、さらに英語の塾にも通いました。

翌六四年3月、江戸に幽居させられていた前藩主・豊信は土佐に帰ります。そして東洋の敷いた富国強兵・殖産興業の路線をすすめるのですが、その要員として4月、象二郎に帰国を命じ、大監察（大目付）の要職に抜擢します。

当時、象二郎が藩政についてどう考えていたか、のちに盟友となる竹内綱《たけのうちつな》（二次大戦後、首相となる吉田茂の実父）に対して象二郎が語った言葉が大橋氏の前掲書にこう引用されています（出典は『竹内綱自叙伝』から）。

――「自分の意見は第一に朝廷と幕府を融和させて、公議輿論をもって政権を統一することである。第二には、殖産興業をすすめて、外国との貿易を盛んにすることである。第三には、南洋の未開地に日本国内に有り余る人民を植民させ、これを開拓して国勢を発展せしむることである。」

これに対し竹内が「南洋の未開地とはいかなるところでありますか」と尋ねると、象二郎はそくざに「南北ボルネオ、スマトラ、セレベス」と答えたそうです。万次郎からもらった世界地図で見ていたのでしょう。

このような展望をいだく象二郎は土佐特産の樟脳《しょうのう》、茶、和紙、鰹節《かつおぶし》などを専売制にして藩外との交易を活発にするなど、殖産興業の先頭に立ちます。その働きが豊信に認められ、六六年には叔父の東洋と同じ実質的な藩の指導者である「参政」となります。そしてこの年2月には豊信の使者となって薩摩の島津久光のもとへ行き、公武合体による国政改革への協同の呼びかけを伝えるのです。

辺地である土佐藩が藩外との交易を拡大するためには何隻もの蒸気船が必要です。その蒸気船を買い付けるため、象二郎はこの年、六六年7月、藩士数名と、それに通訳としてジョン万次郎をともない、長崎に出張します。そこで外国商人との会談を重ねますが、清国の上海《シャンハイ》には中古の蒸気船が何隻も係留されて売りに出されていると聞き、8月末、海を渡って上海へ行きます。そこでイギリス人やドイツ人の商人から数隻の汽船を買い求め、そのあと長崎に戻って、さらに商談を重ね、洋式帆船や砲艦を含め何隻もの船を購入しました。それにはもちろん莫大な資金を要したのですが、その大役を、参与とはいえまだ二十八歳の象二郎は果たしたのでした。

竜馬と象二郎の「船中八策」

象二郎の長崎出張は年をこえて六七年6月まで一年近くつづきます。その間、象二郎は商談で明け暮れるだけでなく、佐賀藩が長崎に設置した藩校・致遠館で教師をしていたアメリカ人宣教師フルベッキに師事して学びました。フルベッキは大隈重信、副島種臣ほか維新政府のリーダーたちの多くが教えを受けた恩師で、のちの岩倉遣欧使節団も彼の提言と指導で実現したものです。

しかし何といっても最大の出来事は、坂本竜馬との出会いでした。六七年2月、象二郎は竜馬を長崎市内の料亭・清風亭に招き、互いに腹をわって語り合ったのです。

普通に考えれば奇妙な取り合わせでした。一方は藩政の指導者、もう一方は脱藩した浪人です。脱藩は犯罪ですから、象二郎の側からすれば捕縛すべき相手です。逆に、竜馬から見れば、象二郎はかつて自分が所属した土佐勤王党を弾圧した敵側の人物です。しかし、別の視点から見れば、両者は双方が互いに最も必要とする存在だったのでした。

まず象二郎の方から見れば、蒸気船は何隻も買い入れたものの、それを活用するには操船できる乗組員が必要です。その船員養成の困難さは、象二郎自身、江戸の開成所で経験済みだからよくわかっています。ところが目の前に、「亀山社中」を率いて現に海運業を展開している竜馬がいるのです。その協力を得られたなら、富国強兵をめざす土佐藩にとってどんなに心強いかわかりません。

一方、竜馬の方も、薩長同盟を軸とする幕府の対抗勢力の有力メンバーとして、自分の出身藩である土佐藩が加わってくれれば、と願っていました。この会談の後に、竜馬が姉の乙女《おとめ》に送った有名な手紙があります。その中で竜馬は「私一人で五百人や七百人を率いて天下のために尽くすより、二十四万石を率いて天下国家のために尽くす方がはなはだよろしく」と書いていました。

象二郎と竜馬は出会うべくして出会い、手を結ぶべくして結んだのです。それに二人は、思想の波長もぴったり合ったはずです。象二郎は上海での見聞などのほか、主君・豊信の使者としてその公武合体をめざしての協同の呼びかけを薩摩の久光に伝えたことも話したでしょうし、竜馬は西郷や大久保、木戸らとの関係を話し、師の海舟ゆずりの「共和政治」への思いを熱く語ったでしょう。これも会談後、竜馬が象二郎を評してこう述べたと大橋氏の前掲書にあります。

――「土佐に一人物を現出せり。かれとは元来仇敵《きゅうてき》なるも、更に片語《へんご》の既往《きおう》に及ぶなし（過去のことについては一言も触れなかった）。その識量の非凡なることを知るべし。又、かれが座上の談柄《だんぺい》（その場での話題）を常に己れの方に移らしむる才弁は侮《あなど》るべからず。とにかく一人物なり。」

年齢は竜馬の方が三歳ほど上ですが、象二郎の人柄、識見、弁舌のすべてにおいて竜馬は高く評価したのです。土佐に頼れる有能かつ有力な一人物が現われた！　この一夜の肝胆相照らした会談で、二人は〝同志〟として認め合ったのです。

二人の会談が行なわれた六七年2月の翌3月、土佐から大監察の福岡孝弟《たかちか》（のちに五箇条の誓文の起草に関わる）がやってきて象二郎とはかって竜馬と中岡慎太郎の脱藩の罪を赦免し、新たに竜馬の「海援隊」、慎太郎の「陸援隊」を土佐藩の「遊軍」として藩の管轄下に組み入れることを決定します。ただし海援隊は、「隊」とは言っても軍隊ではなく、運輸はじめ商業、開拓、投機など経済活動を主任務とし、土佐藩の長崎貿易出張所である「出崎官」の管理を受けることになります。

ここまではうまくいったのですが、翌4月、思いもかけなかったことが起こります。海援隊が伊予《いよ》大洲《おおず》藩からチャーターして使っていた機帆船「いろは丸」四五〇トンが瀬戸内海で紀州藩の藩船「明光丸」八九〇トンと衝突し、沈没するという大事故が発生したのです。海援隊はすでに土佐藩に所属しています。事故はしたがって土佐藩と紀州藩とが対立する問題となります。

衝突の原因は両者とも言い分があり、容易に折り合いがつかなかったため、5月、幕府の長崎奉行のもとで両藩代表による談判で決着をつけることになります。土佐藩側からは象二郎が竜馬をともなって談判にのぞみました。そのときの象二郎の強気の弁論はすさまじく、結局、薩摩の五代友厚《ごだいともあつ》の仲裁にゆだねることに両者合意し、紀州藩側が八万三千両の賠償金を払うことで決着したのでした。ここでも竜馬は象二郎の政治的手腕をまのあたりに見たはずです。


こうしてやっと「いろは丸」事件が片づいた6月初旬、象二郎は土佐藩の藩船で長崎を発って京都へ向かいます。竜馬と海援隊の書記・長岡謙吉が同乗していました。京都では、中岡慎太郎や板垣退助らが西郷や大久保と会うなど、土佐の有志も加わって新たな動きが生じており、象二郎はその政治的動向を見ておきたかったからです。竜馬の意図も同じでした。

この船旅の途中、竜馬は胸中にあたためていた新たな国家体制についての構想をコンパクトにまとめます。有名な「船中八策」です。以下のような内容でした（この文章は6月15日、長岡謙吉が起草したものとのことですが、多少読みやすくしました。引用は『憲法構想—日本近代思想大系 9』一九八九年、岩波書店から)。

一、天下の政権を朝廷に奉還せしめ、政令よろしく朝廷より出ずべき事。

一、上下議政局を設け、議員を置きて万機（政治上の重要な事項）を参賛（討議）せしめ、万機よろしく公議に決すべき事。
一、有材の公卿、諸侯および天下の人材を顧問に備えて官爵を賜い、従来（朝廷に置かれていた）有名無実の官（職）を除くべき事。
一、外国との交際は広く公議を採り、新たに至当の規約を立つべき事。
一、古来の律令（法令）を折衷し、新たに無窮（永遠）の大典（憲法）を選定すべき事。
一、海軍よろしく拡張すべき事。
一、御親兵を置き、帝都を守衛せしむべき事。
一、金銀物貨よろしく外国と平均の法を設くべき事。

この八カ条の中へすでに、この九カ月後に発表される「広く会議を興し、万機公論に決すべし」以下、明治新政府の綱領である「五箇条の誓文」でうたわれた基本方針が明瞭に盛り込まれていることに、改めて驚きます。

また文中には「上下議政局」、つまり上院、下院による議会制の提案があり、「公議」という用語が二度も使われています。この議会制については、一年以上も前に大久保一翁《いちおう》が説いた「公議会論」が越前の家臣・中根雪江によって記録されていますし、またこの「八策」の少し前ですが、上田藩の赤松小三郎が越前藩主の松平慶永に当てた意見書でも、「上下二局の議政局」が提言されています。ちなみに大久保一翁は開明派の幕臣として勝海舟の盟友でしたし、赤松も海舟に師事しています。

このように、横井小楠《しょうなん》から勝海舟が受け継ぎ、海舟から竜馬や西郷に伝えられた「共和政治」論は、数年のうちに議会制による公議にもとづく政治体制論へと発展をとげていたのです。以後、「公議」「公議政体」が政局のキイワードとなります。

なおこの「船中八策」は竜馬の名とともに記憶されましたが、しかし前に見たように、竜馬と象二郎の思想的波長はぴったり合っていたわけですから、この「八策」も二人の思考が共鳴しあう対話《ダイアローグ》の中で練り上げられていったのではないかと思います。だからこそその基調は、京都に着いてまもなく象二郎が西郷らとの間で結んだ「薩土《さつど》盟約」の中に、より具体化されて生かされたのです。

「薩土盟約」の成立

6月13日、象二郎は京都に入り、続いて翌14日、竜馬が入京します。その約一週間後、竜馬の仲介で、薩摩と土佐の会談が行なわれました。薩摩側の出席者は、西郷隆盛、大久保利通、小松帯刀《たてわき》の三名、土佐側は後藤象二郎、福岡孝弟《たかちか》、寺村左膳、真辺栄三郎の四名です。これに坂本竜馬と中岡慎太郎が立ち会いました。この会談で結ばれたのが「薩土盟約」です。前文は略して、めざす政体構想を具体的に述べた七カ条を紹介します（『幕末政治論集　日本思想大系 56』一九七六年、岩波書店から。これも多少読みやすくしました）。

一、天下の大政を議定《ぎじょう》する全権は朝廷に在り。我が皇国の制度法則、一切の万機、京師《けいし》（京都）

の議事堂より出ずるを要す。

一、議事院（前記、議事堂と同じ）を建立するは、よろしく諸藩よりその入費を貢献すべし。

一、議事院は上下を分かち、議事官は、上は公卿より下は陪臣・庶民に至るまで、正義純粋の者を撰挙し、なおかつ、諸侯も自からその職掌によりて上院の任に充《あ》つ。

一、将軍、職を以って天下の万機を掌握するの理《ことわり》なし。自今《じこん》（以後）よろしくその職を辞して、諸侯の列に帰順し、政権を朝廷に帰すべきは勿論なり。

一、各港外国の条約は、兵庫港（神戸）に於いて、新たに朝廷の大臣・諸侯の士大夫《したいふ》（重臣）と衆合し、道理明白に新約定《やくじょう》を立て、誠実の商法を行うべし。

一、朝廷の制度法則は、往昔《おうせき》よりの律例（律令）ありといえども、当今の時務に参し、あるいは当らざるものあり。よろしくその弊風（悪いところ）を一新改革して、地球上に愧《は》じざるの国《こく》本《ほん》（国の基礎）を建てん。

一、此の皇国興復の議事に関係する士大夫は、私意を去り、公平に基づき、術策を設けず、正実を貴《と》うとび、既往の是非曲直を問わず、人心一和を主として、この議論を定むべし。

この文書は土佐藩側が作成したものとのことですが、一読して「船中八策」をベースにしたものであることがわかります。それをより丁寧かつ具体的に述べたものですが、「八策」にはなく新たに付け加わった条項で注目すべきなのは、将軍職を廃止し、徳川将軍も諸大名の一員となるとした第四条です。以後、これが「大政奉還」から「王政復古」の中心的な論点となっていくのですが、それはこの七カ条のあとに付された「主旨」と題した四カ条に、より直截《ちょくせつ》に述べられています。

一、国体を協正し、万世万国にわたりて恥じず、これ第一義。
一、王政復古は論なし。よろしく宇内《うだい》（天下）の形勢を察し、参酌《さんしゃく》（斟酌《しんしゃく》）協正すべし。
一、国に二帝なし、家に二主なし。政刑ただ一君に帰すべし。
一、将軍、職に居て政柄《せいへい》（政権）を執《と》る、これ天地の間に有るべからざるの理《ことわり》なり。よろしく侯列（諸侯の列）に帰し、翼戴《よくたい》（天皇を戴いて援けること）を主とすべし。

この「薩土盟約」は先に見たように竜馬の「船中八策」をベースにしたものですが、竜馬と西郷を含む薩摩のリーダーたちとは一致協力して動いてきたわけですし、その薩摩は長州と同盟関係にあったのですから、この「薩土盟約」は実質的に薩摩・長州・土佐の三者がスクラムを組んだ政治同盟だったといえます。

土佐・山内豊信を感激させた「大政奉還」論

京都で「薩土盟約」が成立して、後藤象二郎は土佐へ帰ることになります。その内容を前藩主の山内豊信に伝え、豊信の了承を得てそれを土佐藩の「藩論」とするためです。その象二郎の送別会が、7月2日、京都で開かれます。薩摩からは大久保と小松が、土佐からは福岡と寺村、それに佐々木高行が出席しました。

その席で象二郎は、一〇日後には盟約にもとづいた「藩論」をたずさえて京都に戻ってくることを約束します。さらに、武力討幕をめざす薩摩に対し、二大隊ほどの兵力を引き連れてくるとも約しました。薩摩、土佐、ともどもに祝杯を挙げたはずです。

7月4日、象二郎は京都を出発、8日に土佐に着きます。ただちに登城して豊信に謁見し、将軍による朝廷への「大政奉還」を軸とする盟約の内容を報告します。すると豊信（西郷と同年）は、膝をたたいてこう言ったというのです。

「汝、よくぞ心づきたり！　今日《こんにち》天下の事、まことにこの一策こそあるなれ」

将軍・慶喜は兵庫開港問題にも見るように一途《いちず》に幕権の強化をめざしています。しかし第二次征長戦での敗北にも見るとおり、幕府の威令、幕権の衰退はおおうべくもありません。また今のこの国は外国の目には幕府と朝廷の二重権力に見えていることも否定できません。この矛盾、窮境を突破するためには、なまなかの改革ではなく、二重権力の解消、つまり将軍が「大政」を朝廷に返上して、徳川は幕府開幕以前の信長・秀吉の時代のように一大名、ただし群を抜く有力大名に戻る――それが徳川家にとっても最良の道ではないか、と「徳川の恩顧」を深く感じている豊信は直感したのです。

それに、これからの国政は、徳川の譜代大名だけが就任できる老中（幕閣）による統治ではなく、全国の雄藩有志からなる「公議政体」へと転換すべきだというのが、土佐・薩摩・越前・宇和島からなる四侯会議の共通した主張でもありました。「盟約」はそれをさらに発展させ、「議事院」を設立して、より公明な「公議政体」の創出をうたっています。豊信にしてみれば、まさに我が意を得たり、の思いだったのでしょう。

こうして「盟約」の方針は藩主の賛同を得て土佐藩の「藩論」となったのですが、象二郎が薩摩の大久保らに約束した「二大隊の派兵」については豊信は許可しませんでした。「盟約」に示された方針は今日の天下の情勢にかなない、かつ道理にもかなった公明正大なものであり、それを将軍に建白するのに兵力などはまったく無用である、との理由からでした。


象二郎は京都を発つにあたって、大久保らに一〇日で戻ると約束しました。ところがここで不測の事態が突発します。7月8日、長崎の遊郭街で、イギリスの軍艦イカルス号の水兵が殺害されるという事件が起こり、その犯人の嫌疑が海援隊にかけられたのです。海援隊はいまや土佐藩の管轄下にあります。イギリス公使パークスは土佐藩に犯人の逮捕を要求、自ら軍艦に乗って土佐までやってきます。その船は浦戸湾に停泊しました。幕府からも外国奉行が出張してきます。土佐藩にとっては一大事件となりました。

海援隊を土佐藩に組み入れたのは、象二郎です。しかも彼は藩の行政の実質的な指導者です。土佐を離れることなどできるわけがありません。事件処理と、大久保らとの約束の板挟みで、彼がどんなに困惑し懊悩したか、容易に思いやられます。

この交渉の中で、これも象二郎の面目躍如のエピソードが、大橋氏の前掲書に紹介されています。パークスは8月7日の第一次会談にのぞんで植民地帝国主義者の「常套手段のごとく、全権代表の象二郎をにらみつけて机をたたき、床を踏みならして怒声を浴びせ」ました。これで相手がすくみあがるのを期待したのでしょうが、象二郎はこう冷静に応じたのです。

――「閣下は交渉のために当地に来られたのか、それとも戦争をしに来られたのか。いやしくも一国の使臣を前にしてこのような凶暴な態度を詫びないならば、私はむしろ談判の中止を望む。」

さすがにパークスは、これはまずいと直感し、謝罪して態度を改めたとのことです。(余談ですが翌年2月、パークスが天皇謁見のため京都市内を通行中、暗殺者二人に襲われたさい、接待係として同行していた象二郎は抜刀してパークスを守ります。その謝礼としてビクトリア女王から剣を贈られました。)

以後、象二郎、パークス、幕府外国奉行の三者による交渉が重ねられましたが、土佐藩内では犯人を見つけ出すことはできず、長崎で捜査を続けることで終わりました。(のちに犯人は筑前福岡藩の藩士だったことがわかります。それも翌年の10月に。)


後藤が京都に戻ってきたのは、9月に入ってからです。土佐での約二カ月の間に、後藤の考えには変化が生じていました。主君・山内豊信の強い信念に引き込まれて、将軍・慶喜への「建白」による大政奉還、つまり武力をともなわずに誠心誠意の建言によって、幕府から朝廷への政権の移譲は可能だという考えに変わっていたのです。

9月7日、後藤は西郷と大久保に会います。そこで後藤は、土佐藩としては「建白」による大政奉還へと藩論が定まったこと、したがって兵は率いないで戻ったことを伝えます。

それに対し西郷は、たんなる建白などで大政奉還ができようはずはないこと、したがって薩摩藩としてはあくまで兵力をもってのぞむ決意であることを言明します。

「薩土盟約」には、将軍職の廃止と、幕府から朝廷への政権の返還、そして議事院の新設による政体（政治体制）の根底からの変革などの政治構想は述べられていますが、それを実現する手段と方法、すなわち非軍事による大政奉還か、それとも武力をも行使しての変革、つまり武力倒幕かについては述べられていません。

そのため以後は、大政奉還による政体変革という目的は共有しながらも、その実行の手段・方法については、非軍事を主張する土佐と、軍事力の行使を準備する薩摩・長州とに分かれます。

後藤はまたこの間、芸州（安芸＝広島）藩の指導者、辻将曹《しょうそう》に会い、非軍事による大政奉還への同意を求めます。辻はそれまで薩長と提携して武力討幕へと藩論をみちびいてきましたが、後藤の主張にも共感を示します。そのため芸州藩は、以後、薩長の軍事路線と土佐の非軍事路線の間で揺れうごくことになります。

「大政奉還」を決断した徳川慶喜

武力倒幕をめざす薩長の計画には、朝廷工作も含まれていました。「薩土盟約」にも明記されていたとおり、幕府の手中にあった政権（大政）は朝廷にあてて返還されるのです。朝廷の頂点に立つのは天皇です。したがって、天皇（倒幕勢力はそれを玉《ぎょく》と称した）を確保するとともに、その下で新たな朝廷（政府）を構成するための同志の公卿たちと手を組む必要があります。その公卿メンバーとして西郷や大久保が手を結んだのが、現天皇（明治天皇）の実母（慶子）の父、つまり天皇にとっては外祖父に当たる中山忠能《ただやす》のほかに正親町《おおぎまち》三条実愛《さねなる》（この二人はかつて朝廷と幕府を結ぶ重職「議奏」をつとめ「両議奏」と呼ばれた）、それに中御門経之《なかみかどつねゆき》、そして以前から大久保たちと秘密裏に手を組んで策を練ってきた岩倉具視《ともみ》の四人でした。

後藤象二郎から土佐藩の非軍事「建白」方針を聞いた後、大久保利通は同じ薩摩の大山綱良《つなよし》とともに長州へ行きます。倒幕挙兵の確認とその計画策定のためです。会談の後、長州藩主・毛利敬親《たかちか》は大久保に一振りの短刀を与えました。先に四侯会議が不成功に終わった後、薩摩の島津久光が長州の山県有朋に六連発の拳銃を与えたのを聞いていたのでしょう。ここに、藩主が直接に承認した「薩長出兵同盟」が成立します。

この後、長州の広沢真臣《さねおみ》が広島へ行って交渉、芸州藩も薩長出兵同盟に加わります。

こうして、薩・長・芸の挙兵同盟が固められていた10月3日、象二郎は幕府へ土佐藩「建白書」を提出します。三日後、安芸藩の辻将曹が同じ趣旨の「建白書」を提出しました。

この土佐藩と安芸藩の建白書提出を、西郷と大久保は黙認しました。なぜでしょうか。このところ幕権の強化にひたすら邁進《まいしん》してきた慶喜が、大政奉還、すなわち〝幕府主権の放棄〟を受け入れるはずはない、と見ていたからです。そして、慶喜のその大政奉還拒絶こそが、倒幕挙兵の大義名分となる、と考えていたのでした。

ところが――10月12日、慶喜は土佐藩と安芸藩からの「建白」を受け入れて「大政奉還」を決意しました。3日の土佐藩の建白から九日間がたっています。この間、慶喜は苦悩、懊悩し、考えに考え抜いたはずです。一六〇三年に徳川家康が幕府を開いてから二百六十余年、将軍十五代にわたって徳川家が行使しつづけてきた国家の統治権を、自分の代で手放してしまうのです。苦悩しなかったはずはありません。

12日、徳川家の京都での居城である二条城に滞在していた慶喜は、そこに在京の幕府の幹部たちを集めて、「大政奉還」の決意を表明します。続いて翌13日には、十万石以上の在京の諸藩の重臣たちを招いて自己の決意を伝え、意見を求めました。

次いで14日、朝廷に使者をやって「大政奉還」の正式文書を提出、翌15日には慶喜みずから参内《さんだい》して改めて「奉還」の意思を伝え、朝廷はそれを承認しました。

そのうえで16日、慶喜は再度、先日の十万石以上の諸藩の重臣たちを召集、「大政奉還」が成立したことを伝え、翌17日には在京の一万石以上の諸藩の重臣たちを二条城に集めて、「大政奉還」を報告したのでした。

このように、大政奉還は10月12日から17日までの六日間にわたる儀式をもって行なわれ、この一連の儀式を、慶喜は一貫して自ら取り仕切ったのです。このあと慶喜は24日、将軍職の辞表を朝廷に提出するのですが、この一連の経過から、慶喜は、統治権の返還というこの歴史的な転換の儀式を手ずから演出し、仕切ることによって、改めて自らの存在の大きさを天下に印象付けようとしたのではないか、と私は推測します（以上の経過は井上勲氏の前掲『王政復古』による）。

二条城の広間で幕府の幹部たちに「大政奉還」を告げる将軍・慶喜（「大政奉還」邨田丹陵画、聖徳絵画記念館蔵）

この慶喜の独断実行ともいえる大政奉還に対しては、当然、徳川譜代の大名や旗本、親藩の諸侯やその家臣たちの多くは納得できませんでした。幕府とは統治権をもつ武家の政府のことです。大政奉還はその統治権を失うことです。統治権を失った政府は、もはや政府ではありません。大政奉還はすなわち自分たちの政府の消滅を意味したからです。

しかし聡明な慶喜には、これまで幕権の強化に邁進してはきたものの、国内外の状況が大きく変動する中で、もはや従来どおりの幕藩体制ではやっていけないことがわかっていたと思います。第二次征長戦での惨敗はすでに経験済みでした。四侯会議は自分がねじ伏せたものの、その四侯の一人、「徳川の恩顧」を強調してやまない山内豊信《とよしげ》さえもが、今回「大政奉還」を建白してきたのです。徳川の御三卿の一つ、田安家出身の越前の松平慶永《よしなが》も、豊信と同じ意見であることがわかっています。そして、彼らが抱いている政治構想、すなわち今回の豊信の建白書に書かれている「公議政体」については、慶喜も彼なりに以前から理解していました。

なぜなら、「公議政体」構想については、幕府の内部でも研究が進められており、慶喜もその成果を聞き知っていたはずだからです。

大政奉還より六年前、一八六一年に幕府の蕃書調所《ばんしょしらべしょ》のスタッフの一人だった加藤弘之（のちに東大の初代綜理＝総長となる）の著作「最新論」が、前掲『憲法構想』の巻頭に収められています。日本で最初の立憲制度の紹介書である『鄰草《となりぐさ》』の初稿論文ですが、その中で加藤は、欧米諸国の政治体制は四つに分類されるとして、専制君主制、立憲君主制、貴族共和制、民主共和制（万民同権）を紹介した中で、万民同権についてはこう述べています。

「万民同権の政体というは、すなわち北アメリカの花旗国（米国）、ヨーロッパではスイス、ゲルマン国内のフランクフルト、ブレーメン、ハンブルク、リューベックその他二、三州の政体、これなり。この政体の国にては、もとより人君は立てず、また貴賤尊卑の別をなさず、万民みな権を同じうするを本意となす。ゆえに、万民の中にて有徳にして才識万人に優れ、人望もっとも多き者一人を推して、年期をもって大統領となし、もって牧民（人民統治）の責に任じ、また上下分権の政体のごとく公会（議会）の二房（上下院）を設けて、毎年一、二度この公会を召集して国事を議せしめ、もってもっぱら寛仁（公平）の政治をなすを本意とす。」

同論文の解説によると、この論文には同じ蕃書調所の加藤の先輩同僚である西周《あまね》と津田真道《まみち》による朱筆のコメントが縦横に加えられて、その指摘は改稿に際しておおむね採用されており、題名の「最新論」が「鄰草《となりぐさ》」と変更されたのも二人の意見によるものでした。したがって、欧米の議会政治を紹介したこの論文は三人の合作だとも言えそうです。

蕃書調所の任務は、ひと言でいえば、洋書を通しての外国の研究ですが、幕府開明派の川路聖謨《としあきら》や岩瀬忠震《ただなり》なども一時期ここのスタッフでしたし、蘭学者だった勝海舟も咸臨丸で渡米した六〇年、蕃書調所頭取助を経験しました。その海舟の盟友となる大久保一翁《いちおう》も六一年にここの頭取に再任されましたが、そのさい加藤、西、津田の三人と親しく意見を交わしていたことを、後年、越前藩主の松平慶永あての書簡で書いています。
この一翁は六二年7月、島津久光の提言から慶喜が「将軍後見職」となり、慶永が「政事総裁職」に就任したさい、慶永の推薦で大目付から「御側御用取次《おそばごようとりつぎ》」に昇進しました。その職務は老中と将軍の間の公文書を取り次ぐことで、将軍に直接会ってその決定を受け取るという重要な役職です。そういう要職に就いた一翁は以後、慶永やその政治顧問である横井小楠《しょうなん》と深く接することになりますが、同じ越前の藩士・中根雪江が、一翁の抱いていた政治構想「公議会論」について後年の回想録『続再夢紀事』の中でこう書いています。

「大久保の公議会は、大公議会、小公議会の二種に分かち、大公議会は全国に関する事件を議し、小公議会は一地方に止まる事件を議する所とすべし。議場は大公議所を京都或いは大阪に設け、小公議所を江戸その他各都会の地に設くべし。また大公議会の議員は諸侯を以てこれに宛《あて》、このうち五名を撰《えらび》て常議員とし、その他の議員は、諸侯自ら議場に出るも、管内の臣民を撰《えらび》て出場せしむるも妨《さまた》げなき事とすべし」「天下とともに天下を治むべし」(前掲『憲法構想』所収「大久保忠寛の公議会論」より。傍線、引用者)

このように、ごく少数ではありますが、幕府内にもかなり以前から議会制による政治を説く意見はあったのです(勝海舟の「共和政治」論もその一つ)。一翁は実は、わずか三カ月余りでほかならぬ慶喜によって御側御用取次の要職から追われるのですが、その理由のひとつが一翁のこうした〝思想傾向〟だったのかも知れません。ともあれ、知的に鋭敏な慶喜は、幕府内にこうした政治的意見があることは当然知っていたはずです（慶喜が「大政奉還」を決断したこの時期、西周《あまね》は慶喜のブレーンとなっています）。

土佐藩の建白書には、議事院は上下院からなり、諸侯が上院の議事官となる、とありました。一翁の公議会論でも、大公議会の議員は諸侯によって構成される、となっていました。

また加藤弘之の「最新論」には、「有徳にして才識万人に優れ、人望もっとも多き者一人を推して、年期をもって大統領となし」とありました。天皇が存在しますから大統領は無理でしょうが、諸侯からなる上院（大公議会）には議事をさばく議長が必要となります。その議長には当然「有徳にして才識万人に優れ、人望もっとも多き者」が選ばれるでしょう。では、数ある諸侯のうち、「才識」から見て、また「家格」からして、その条件をそなえているのは誰か――。

時代の趨勢から、もはや幕府体制は維持できず、将軍の地位は保てなくなったけれども、上院議長となれば徳川の威信は維持できるのではないか、いやそれ以外に徳川家の名誉と存続を守る道はないのではないか――。「大政奉還」に踏み切った慶喜の心理、思惑を、私はそのように想像するのですが、どうでしょうか。

なお維新史研究者の原口清氏は、この慶喜の大政奉還についての論考で、西周が大政奉還の翌月に慶喜に提示した「議題草案」の構想で、上下両院からなる議政院のうち万石以上の大名で構成される上院において慶喜が「上院列座の総頭」つまり議長となるのを想定していることなどから、これは「徳川氏の諸侯に対する優越性を規定しながらも、公議政体の基本的特徴をそなえた権力構想」であり、「封建民主主義の一形態」と見なされるとして、それを「徳川的公議政体構想」と呼べるのではないか、と述べています（「近代天皇制成立の政治的背景」『近代天皇制の成立』一九八七年、岩波書店、所収)。「徳川的公議政体構想」、言い得て妙だと思います。

討幕の「密勅」とその目的

ところがここで、奇妙なことが起こります。

慶喜が「大政奉還」を決意し、その決断を在京の十万石以上の諸藩の重臣たちを二条城に呼んで伝えた10月13日、薩摩藩の島津久光・忠義父子に対し、「討幕」の密勅（天皇による秘密の命令）が下されたのです。次いで長州藩の毛利敬親《たかちか》・定広父子に対しても「官位復旧」（赦免）が知らされ、続いて翌14日、「討幕」の密勅が下されました。

密勅の内容は、晦渋《かいじゅう》な言葉がことごとしく羅列されてはいますが、要するに、慶喜はさんざん悪政を重ねてきたから、朕《ちん》に代わって「賊臣、慶喜を殄戮《てんりく》（殺しつくす）せよ」というものです。

つまり、大政奉還という形で天皇に最大の恭順の意を示した慶喜を、それは許せぬ、討伐せよ、と言っているのです。先に述べたように、慶喜は13日にはすでに幕臣や十万石以上の諸侯に対して「奉還」の決意を表明しています。朝廷に大政奉還の正式文書を提出したのは14日、自から参内《さんだい》して奉還の意思を伝えたのは15日のことですが、すでに慶喜が恭順の意を示して大政奉還の意思を表明し、そのための「儀式」をすすめているさなかに、突如として慶喜「討伐」の天皇の命令が、大政奉還を受ける側の天皇から薩長の藩主たちに下されたのです。どう見ても、不可解です。

実は、この密勅は偽の勅命、「偽勅《ぎちょく》」でした。その存在が知られたのは明治もだいぶたってからで、公開されたのは昭和に入ってからのことだそうですが、そこには、かんじんの天皇の署名はなく、薩摩と手を組んだ三人の公卿、中山忠能、正親町三条実愛、中御門経之の署名があるだけで、また正規の手続きをへた形跡もありませんでした。つまりこれは、薩長の大久保利通や広沢真臣らが正親町三条や中御門らに依頼して作った偽勅だったのです。

では、彼ら討幕派は、いかなる必要があってこの偽勅をつくったのでしょうか。

先に述べたように、西郷や大久保は慶喜が大政奉還を受け入れるはずはないと信じ、その慶喜の拒絶を理由に討幕を決行しようと考えていました。しかし「密勅」には、それに関するようなことは何も書かれていません。しかもその日付は、慶喜が十万石以上の諸侯に対して大政奉還の意志を表明する、その前でなく、後（翌日）になっているのです。

それでも――この密勅はあくまで武力で幕府を倒そうとする薩長が、天皇による命令という討幕の「名分」を得るため、慶喜に一歩先んじて作成したのだ、という意見が今もあります。しかしそれは誤りだと、井上勲氏は前掲書で否定し、こう自説を詳述します。

井上氏によれば、この密勅は薩長それぞれの藩の内部に向けてのもの、つまり藩内工作のためだったというのです。その証拠に、西郷や大久保、小松帯刀らは、慶喜の大政奉還を見届けると三日後の17日、早々に京都を発って薩摩に帰っています。

藩主の父である久光が長州の山県有朋に六連発の拳銃を与えたように、藩主の意図は武力討幕に向かっています。しかし、実際に討幕となれば、七十三万石の薩摩藩が七百万石の徳川幕府と戦うことになるのです。それがどんなに危うく重大なことか、子供にもわかります。藩内に強力な反対意見があったのは当然でした。

藩主が幕府軍と戦うため数千の兵を率いて上京するには、藩内の絶対的な結束が必要です。ではそのために、何が必要か。その切り札が、天皇による薩摩藩と長州藩に対する秘密の討幕命令、密勅だったのです。その切り札をふところにして西郷らはいったん薩摩に戻ったのでした。

長州の場合は、薩摩にくらべ、討幕への藩内世論ははるかに固まっていたことと思います。なにしろ長州は二度にわたって幕府と対決し、二度目は勝利しているのです。密勅は、討幕戦に向かっての長州〝国民軍〟の戦意をいっそう高めたことでしょう。

前述のように10月15日、朝廷が慶喜の大政奉還を受理した二日後の17日、西郷、大久保、小松の三人は京都を発って鹿児島に向かいました。慶喜による大政奉還拒絶を理由に討幕の軍を起こすという当初の計画が不発に終わったので、改めて策を練りなおす、そのためにも藩内の一致団結を強めるための帰郷だったのです。

薩・長・芸「出兵同盟」の結成と宮廷クーデター計画

「密勅」の効果は大きく、薩摩藩の藩論が改めて統一された11月13日、藩主・島津忠義は兵三千をしたがえて京都に向け鹿児島を進発します。それより先、10月末には、長州藩の世子（世継ぎ）毛利定広は、隣接する芸州藩の世子・浅野長勲《ながこと》と会談、安芸藩と出兵同盟を再確認していました。

11月17日、薩摩の忠義は長州に到着、翌18日、忠義と長州の定広が会見、出兵同盟を再確認しました。こうして、薩・長・芸三藩の出兵同盟が藩主・世子みずからの手で結ばれ、あわせて京都・大阪での作戦計画に基づくそれぞれの役割が決められたのでした。

前回の討幕計画は、大政奉還の拒否という慶喜の出方を待ってのものでした。いわば、受け身の計画です。そのため慶喜の予想に反した対応によって肩すかしをくってしまったのでしたが、今回の計画は討幕側が宮廷を舞台にシナリオを仕組んで、一挙に幕府側勢力を追い落とすというものです。

そのシナリオの下敷きとなったのが、四年前の夏、御所の九つの門を封鎖して行なった「8・18クーデター」でした。ただしそのときは敵対した薩摩と長州が、今回は同盟を組み、前回は薩摩と組んだ会津藩が今回は薩摩の敵となります。

今回の宮廷クーデターの直接の仕掛け人となったのは、西郷隆盛、大久保利通、そして岩倉具視の三人でした。岩倉は公武合体派の公家として和宮降嫁を実現した一人ですが、朝廷が攘夷派で占められると宮廷を追われて京都郊外の岩倉村に閉居させられます。しかし密かに訪ねてくる竜馬や大久保はじめ諸藩の志士たちから情報を仕入れ、討幕の機会をねらっていたのでした。

この三名と組んだ宮廷側は、先の密勅にかかわった中山、正親町三条、中御門の三人です。そのほか、薩摩藩の国元では小松帯刀が、長州藩では木戸孝允と広沢真臣が、安芸藩では植田乙次郎らが討幕準備の指揮をとりました。

今回のクーデターのシナリオは次の三段階からなっていました。

(1) まず、従来どおり摂政以下の重臣たちによる朝廷会議を開き、そこに雄藩の大名らも加わって、長州藩主父子や岩倉具視、三条実美らの赦免・復権について審議し、それを承認する。

(2) 次いで、薩摩藩ほか討幕派諸藩の兵が御所の九つの門を封鎖するなか、前もって指定されていた廷臣（クーデター賛成派）と大名たち（公議政体派）だけで会議を開き、「王政復古の大号令」を宣言、摂政・関白職と将軍職を廃絶したほか、朝廷・幕府の重要な役職の廃止を決め、さらに現在の摂政はじめ重臣たちを参内停止、つまり解職する。

(3) そして最後に、同じメンバーによって新たに設ける役職——総裁（皇族）、議定《ぎじょう》（公卿、大名）、参与《さんよ》（廷臣、藩士）の三つの役職のメンバーを任命、これにより「新政府」を発足させる。

この三つの会議を、間をおかずに連続して断行し、新たな政治の仕組みをつくるというのです。クーデター以外の何ものでもありません。

「王政復古」クーデターの計画はこのようにできたのですが、しかしそれが確実に実行できるかどうか、見通しはまだ霧の中です。

まず幕府の側ですが、慶喜は「大政奉還」に踏み切ったものの、譜代大名や旗本のほとんどは先に述べたように反対でした。実際、11月に入ると、譜代大名たちの中に「官位返上」の動きが急速に広がっていきます。官位というのは朝廷から授けられる地位のことで（大名の場合は五位が多かった）、江戸時代になってからは大名の「官位」の決定権は幕府がもっていたのですが、官位を授ける「叙任」の行為そのものは朝廷によって行なわれました。形の上では朝廷による「叙任」です。したがって「官位返上」は朝廷からもらった「官位」を朝廷に返す、つまり朝廷との絶縁を意味したのです。

慶喜が大政奉還を決断した背景には、今の時代の趨勢においては、幕府専制の政治は早晩いきづまる、いずれは諸侯の政治参画を認め、合議によって万機を決める「公議政体」に移行せざるを得ず、その中で徳川の威信と名誉を保つ地位を確保していくほかに道はない、という状況認識があったのですが、おおかたの大名や旗本はそこまでは考えが及ばなかったのです。

一方、朝廷の側も、まったくお手上げの状態でした。慶喜（幕府）から国家の統治権を返還されはしたものの、朝廷にはそれを行使する手段もなければ、能力もないのです。遠い昔には朝廷は国家統治の機関でしたが、今の江戸時代の朝廷は五摂家出身の摂政を中心に、狭く小さな公家社会を管理するだけの存在です。「大政奉還」はむしろ大迷惑だったでしょう。その証拠に、摂政の二条斉敬《なりゆき》などは徳川への大政再委任を望んでいました。また、左大臣の近衛忠房や右大臣の一条実良もその職から去りました（いずれも五摂家です）。

クーデターへの始動

こうした中、朝廷からの呼びかけに応じて、10月27日、尾張の徳川慶勝《よしかつ》が上京、11月8日には越前の松平慶永《よしなが》が上京しました。慶永は「公議政体」派の中核、慶勝もそれに近い立場です。15日には大久保利通が鹿児島から京都に戻り、23日には薩摩の藩主・島津忠義が三千の兵と西郷らをしたがえて入京しました。次いで28日には安芸の浅野長勲《ながこと》が京都着、翌29日には長州藩兵八百人が大阪に上陸、打ち合わせどおり西宮《にしのみや》（兵庫県）に進駐しました。

かくて薩・長・芸「出兵同盟」の計画どおり、クーデターの準備はととのいました。あとは日取りを決め、タイミングをはかるだけです。

12月に入りました。以後、8日の決行まで、井上勲氏の前掲『王政復古』では、討幕派の動きが日を追って詳述されています。以下、それを参考に述べていきます。

1日、それまでともすれば動揺を見せていた中山、正親町《おおぎまち》三条、中御門《なかみかど》の三廷臣が、ついに決行の決意を表明します。同日夜、大久保は長州の山田顕義《あきよし》、品川弥二郎と会談、決行の日の近いことを告げました。西宮で出動を待つ長州軍陣営に伝えてもらうためです。

翌2日、西郷と大久保は、前月18日に上京していた土佐藩の後藤象二郎と会い、クーデターの決意と計画を伝えました。ここで、西郷、大久保がどうして象二郎に極秘の計画を打ち明けたのか、これまでの経緯から見れば不思議です。

というのも、象二郎はたしかに大久保らと「薩土盟約」を結び、慶喜による大政奉還とそのあと実現すべき議会制による公議政治については完全に一致したのですが、後藤が土佐に戻る送別会の席では十日後に二大隊の兵を率いて戻ってくると確約したのに、出兵については山内豊信の兵戈《へいか》（武力）無用の建白説に圧倒されて撤回し、さらに帰京の日についてもイカルス号事件という不測の事態はあったにせよ二カ月も遅延してしまったのでした。つまり、大久保との約束を二つも破っていたのです。しかも以後は、主君である豊信の意を体して、非軍事の大政奉還、すなわち「公議政体派」として動いていました。

そういう象二郎に対して、西郷、大久保は、自分たち二人と岩倉、および中山、正親町三条、中御門の三人の廷臣だけしか知らない極秘の計画を伝えたのです。

その理由を、井上勲氏は、西郷らは土佐藩には自分たちと同じ武力討幕派の板垣退助とその同志がおり、京都で自分たちが行動を起こせば、それに呼応して「藩論を武力討幕にみちびくか、さもなければ大挙脱藩して薩長軍に合流するか、いずれかの可能性が高い」と見ていた、つまり「西郷と大久保は、後藤の背後には乾（板垣）とその同志の姿を見すえていた」からだと述べています。

たしかに土佐藩には板垣ら武力討幕派が一大勢力として存在していました。そのことも井上氏の前掲書に述べられています。しかし一方、同藩には「藩祖 山内一豊《やまのうちかずとよ》いらいの、幕府尊崇の藩是《はんぜ》」（井上氏前掲書）を守るべきだと主張する多数の佐幕派も存在していました。彼らは豊信による大政奉還の「建白」そのものにも反対していたのです。

そうした藩を二分する対立に、豪胆で知られる豊信も苦慮していました。京都の情勢が切迫しており、かつての四侯会議の同志である越前の慶永らは上京しているのに、豊信がなかなか上京できないでいたのも、そういう藩内の事情があったからです。

そうした土佐藩内の政治状況を、情報戦にたけていたはずの西郷や大久保は知らなかったのでしょうか。武力行使については、藩を率いる豊信自身が反対なのです。その主君の意思にそむいて、土佐の武力討幕派が大挙して自分たちの陣営に加わってくることに、二人がはたしてどれほどの可能性を見ていたのか、疑問がぬぐえません。

井上氏はまた、半月前に暗殺された「坂本龍馬と中岡慎太郎への哀惜があっただろう」とも述べています。二人とも土佐藩士です。前月の15日、竜馬が下宿していた近江屋で、旗本の子弟で構成された「京都見廻り組」に襲われ、竜馬、慎太郎とも落命したのでした。薩・長・土を結びつけるかすがいの役割を果たしたのは竜馬であり、西郷らはその死を深く哀惜したに違いありません。しかし、そのことと象二郎への秘密計画の打ち明けとを関連させて考えるのにはちょっと無理があるように思います。

井上氏の前掲書には、象二郎は西郷と大久保から極秘の計画を聞いて「即座に賛成した」とあります。そしてその理由を、大久保は、象二郎が「将来の展望を失って」「困窮」していたため「雷同」(大久保の言葉)したのだと推測した、とも書かれています。

「雷同」は「付和雷同」の「雷同」です。広辞苑には「自分に一定の見識がなく、ただ他の説にわけもなく賛成すること」とあります。大久保にはそのときの象二郎の様子がそのように見えたのです。であれば、そんな象二郎の様子から、自分たち薩長が行動を起こせば、土佐の板垣ら武力討幕派も呼応して決起してくれるだろう、などという事態が予測されたはずはありません。

象二郎は、さる10月3日、主君・豊信の意を受けて慶喜に大政奉還の建白書を提出しました。その九日後、慶喜は大政奉還を決意、10月14日、その公式文書を朝廷に提出しました。しかし以後、事態は混沌とした停滞状況に陥ります。先に見たように、慶喜の決断に対して、譜代大名や旗本のほとんどは反対であり、慶喜自身も大政奉還はしたものの続いて打つ手はなく、一方、朝廷側もまったくお手上げの状態で、幕府への大政再返還の意見さえ出る始末です。

原因は、「大政奉還」にはその後に創出すべき新たな政治機構が示されておらず、そのための手立ても提起されていなかったことにあるのですが、その結果現出したのは責任主体不在の無政府状態《アナーキー》で、豊信とともに象二郎が期待していた新たな時代の夜明けはどこにも見えなかったのです。だからこそ、象二郎は「困窮」し、進退きわまっていたのでした。

クーデター計画の最後の仕上げ

西郷と大久保が象二郎に極秘の計画を打ち明けた理由の一つは、二人が、二度の「違約」のあとも、象二郎をやはり〝同志〟として信頼していたからだと思います。初めの率兵の取り消しについては、主君と家臣の絶対的な上下関係から従わざるを得なかっただろうし、帰京の大幅な遅れもイカルス号問題が海援隊がらみであれば象二郎が担当せざるを得なかったことが理解できたからです。

と同時に、二人はまた象二郎に対し、信頼とあわせてその人間性、明敏で快活な人柄を愛していたということもあったのではないか、と私には思われます。大橋氏の前掲書からの最後の引用ですが、陸奥《むつ》宗光——若いころには海援隊の幹部として活動し、のちに外務大臣となって日清戦争を主導した陸奥、その鋭利な頭脳により「カミソリ陸奥」と称された陸奥が、象二郎の死後、彼自身も結核で死期が迫っていた病床にあって口述筆記させ、雑誌『世界之日本』に寄稿した追悼文「後藤伯」の中でこう述べているそうです。

「……その談論の壮快なる、その不諱《ふき》無頓着なる、その放胆にして事を難《かた》しとせざる、その気宇の開朗にして沈鬱の色なき、何人《なんぴと》もこれがために魅せらるるを避くる能《あた》わざるべし。」

象二郎の人柄がいかに人を惹きつける要素をそなえていたかがわかります。

以上が、西郷、大久保が象二郎に極秘の計画を伝えた理由の一つではなかったか、と私は推測するのですが、もう一つ、西郷らにはより決定的な理由があったのだと思います。

先に述べたクーデター計画は、三つの連続した会議からなりたっています。そしてその三つの会議にはすべて、山内豊信や松平慶永ら「公議政体派」の雄藩大名の出席が予定されています。なぜ、雄藩大名の出席が必要なのか。理由は、従来の朝廷の会議のように公卿だけの出席では国全体を代表する公議（公的論議・決議）にならないからです。最初の朝廷会議での議題である長州藩主父子の赦免・復権問題にしても、名だたる大藩（長州藩）の命運にかかわる問題を公卿だけの会議で処理するには無理があります。武家世界で名の通った雄藩の大名たちが会議に加わってこそ、その決議に「公議」としての重みと効力が保証されるのです。

二つ目の会議での「王政復古の大号令」も同じです。これを公卿たちだけの会議で発したのなら、たんなる有名無実の〝空手形〟としか受けとられないでしょう。実力を有する武家の代表たちが加わってこそ実行力をともなった「公的決議」となるのです。

最後の「新政府」発足のための会議では、いわば〝閣僚〟として雄藩大名たちを予定しているのですから、彼らの出席なしには成立しません。

このように「王政復古」クーデターにおいては三連続会議への雄藩大名たちの参加が、不可欠の条件として組み込まれていました。そしてそのクーデター参加の雄藩大名として、西郷、大久保、岩倉が予定していたのが、土佐の山内豊信《やまのうちとよしげ》、越前の松平慶永《よしなが》、尾張の徳川慶勝《よしかつ》、薩摩の島津忠義、安芸の浅野長勲《ながこと》の五名だったのです。

ところがこのうち、クーデターを実行する側の薩摩と安芸は別として、残る土佐、越前、尾張の三人の大名が問題でした。クーデターを成功させるためには、この三大名にもどうしても出席してもらう必要があります。しかし、事前に出席を要請して、そこから極秘計画が漏れてはなりません。では、誰が、いつ、伝えるのか――。これが、西郷らにとって最も頭の痛い問題の一つでした。

そうしたなか、西郷、大久保らが見出した〝伝達役〟が象二郎だったのではないか、と私は推測するのです。象二郎は主君の山内豊信に従って武力討幕から「公議政体派」へと立場を移しています。しかし、その目的は完全に一致しています。〝同志〟としての信頼にも変わりはありません。極秘計画を打ち明けられた象二郎は、主君・豊信と西郷、大久保との間で引き裂かれ、悩みに悩むでしょう。しかしその悩みの中から、彼なりのやり方で方途を見つけ出し、何とかこの大役を果たしてくれるのではないか……。西郷らもずいぶん迷ったはずです。しかし、他に打つ手もないまま、彼らは象二郎に賭けたのではないでしょうか。

こうして極秘計画を知らされた象二郎は、同じ「公議政体派」の三大名に計画を伝えないわけにはいかない、しかしそこから事前に計画が漏れてしまっては西郷らを裏切ることになる。そのジレンマとともに、象二郎には別の大きな悩みもありました。

計画決行の日は、西郷らによって12月5日と決められていました。象二郎が計画を聞いたのは、2日です。そのとき豊信はまだ土佐にいます。土佐から京都に来るには三日はかかります。5日にはとうてい間に合いそうにありません。間に合わなければ、象二郎が敬愛してやまない主君の豊信は会議に出席できず、政体変革という大事業から置き去りにもなりかねません。

象二郎は、決行の日を8日に延期してほしい、と西郷と大久保に頼み込みます。二人は了承しました。しかしそれから三日たち、5日になっても、豊信は到着しません。焦った象二郎は、この日の朝、中山忠能《ただやす》を訪ねます。中山が計画のメンバーであることを聞いていたからです。象二郎は中山に、8日の予定の再度の延期を依頼しました。中山を訪ねたのは、西郷、大久保に重ねて頼むのは気が引けたからでしょう。

あわせて象二郎は、中山に、計画の成功のためには徳川慶勝と松平慶永に前もって通知し、さらに大政を奉還した慶喜にも加わってもらった方がよいのではないだろうか、と進言しました。象二郎は主君の豊信が、大政奉還から新たな政体に移行するに当たっては慶喜が中心的メンバーとして加わるべきだと考えていることを知っており、自身もそう思っていたからです。

同じ5日の夕刻です。象二郎は意を決して直接、慶永を訪ね、薩摩藩による政変の密計を伝えるとともに、薩摩からその通告があったならば、そのときは豊信が上洛するまで決行を待つよう図ってほしいと頼み、さらに慶勝と慶喜にも計画のあることを知らせてほしいということを暗に伝えたとのことです。それを聞いて「松平慶永は、眠れぬままに夜を明かした」と井上氏の前掲書にあります。

この5日、豊信は土佐の浦戸湾から京都へ向け出航します。しかし電話も電報もない当時、象二郎はそれを知りません。

6日、象二郎は、今度は岩倉具視を訪ね、決行日の延期を依頼します。岩倉は拒絶しました。同じ6日の夕刻、慶永はついに側近の中根雪江を、慶喜のいる二条城にやります。密計を知らせるためです。こうして、西郷と大久保がひそかに象二郎に託した〃伝令〃の役目は果たされたばかりでなく、想定外の慶喜にまで達したのです。

しかし、クーデターの密計は知ったものの、慶喜にはもはや打つ手はありません。「大政奉還」で国政の権限を放棄した自分がここで動きだせば、前言をひるがえして策動を開始したと受け取られ、自ら騒乱を巻き起こすことになりかねないからです。

翌7日、象二郎が再度、岩倉を訪ね、面会します。大久保が同席しました。象二郎は決行予定を、慶勝、慶永に対してできるだけ早く、遅くともこの日の夜までに通告することを主張しました。明8日の午後、クーデター第一段の朝廷会議が予定されているからです。

これに対し大久保は、できるだけ遅く、直前に通告することを主張、岩倉も賛同し、通告は8日の午前にすることになりました。

この日の夜、後藤が待ちかねた主君・豊信が、京都と大阪との中ほどにある枚方《ひらかた》にまで到着しました。

「王政復古」クーデターのてんまつ

12月8日正午から、朝廷会議に出席する摂政、左大臣、右大臣、それに次ぐ役職で朝廷と幕府をつなど役である武家伝奏《てんそう》、それを補佐する議奏、また尊攘派全盛時に設けられた国事御用掛などの重臣たちが参内《さんだい》を始めます。中山や正親町《おおぎまち》三条らも出席を命じられて参内、次いで密計を知らされた尾張の慶勝、越前の慶永と安芸の浅野長勲が参内、あわせて在京の諸藩の重臣たち二百名が藩主の代理として参内しました。つまり形式上は〝列侯会議〟に似た形になったわけです。

この日の朝廷会議の重要な議題は、長州藩主父子に対して下されていた官位剥奪と蟄居《ちっきょ》という処分、岩倉具視に対する閉居《へいきょ》処分、また三条実美《さねとみ》ら七卿（実際は一人が行方不明、一人は病没）に対する追放処分などをどうするかということでした。審議はえんえんと続きましたが、近く予定されている新天皇の即位式にともなっての大赦ということで、全員の復権が認められました。

このうち長州については廷臣（天皇家の家臣）ではなく藩主の問題だということから、諸藩の代表たちに諮問し、その答申を得て、官位を復旧しての上京が許可されました。こうして西郷らの計画の第一段階はクリアされたのでした。

朝議は夜が明けきるまで続いてやっと終わり、疲れ果てた摂政以下の重臣たちは御所をあとにします。ただし、朝議出席者のうち中山と正親町三条、それに慶勝、慶永と浅野長勲らはそのまま御所に残りました。次の会議のためです。

この徹夜の会議中に、二つの重要事項が遂行されました。一つは、次の会議に味方として出席すべきメンバーへの伝達です。朝廷関係では計画当事者の四名（岩倉・中山・正親町三条・中御門）のほか同調する七名の廷臣が予定されており、これは中山と中御門および大久保が手分けして連絡、承諾を得ます。武家側の出席予定者、薩・長・芸と尾張・越前の各藩の藩士、各二名については大久保が出席の承諾を取りました。

もう一つは、御所の九つの門や通路を封鎖するための五藩（薩・土・芸・越・尾）の藩士への出動命令と、その配備です。主力となったのは薩摩藩であり、西郷が全体の指揮をとりました。こうして万全の準備がととのえられた9日の朝、10時ごろ、前夜の朝議で復権を得た岩倉具視が「王政復古の大号令」等の文書を収めた函《はこ》をかかえて参内《さんだい》します。そして待っていた中山、正親町とともに天皇の前に行き、本日の会議で王政復古を宣言することを奏上し、「聖断」を得て、会議場である小御所《こごしょ》に入りました。

小御所にはすでに皇族の有栖川宮熾仁親王《ありすがわのみやたるひと》はじめ予定の廷臣七名と、前夜から残っていた越前の松平慶永、尾張の徳川慶勝、安芸の浅野長勲に加え、新たに加わった土佐の山内豊信、薩摩の島津忠義が待っていました。

この席で、「王政復古の大号令」が発せられます。「大号令」は原文漢文ですが、ポイントの部分をひろって要約するとこういう内容です。

――徳川内大臣（慶喜）から「大政返上」「将軍職辞退」の申し出があった。「未曽有の国難」の折、これを受け入れ、「王政復古」「国威挽回」の基礎をきずくために「摂関（摂政、関白）」「幕府」等を廃絶し、代わって「総裁」「議定《ぎじょう》」「参与《さんよ》」の「三職」を置き、万機（政務）をとりおこなう。すべて「神武創業の始《はじめ》に原《もと》づき」位階の上下、職務の別なく、公議をつくし、一国全体で喜びも悲しみも共にし、「尽忠報国」の誠をもって奉公するべし。

このように、のちに宣布する「五箇条の誓文」を連想させることが述べられた後、摂関以下の官職の廃止と京都守護職、所司代の廃止が言明され、代わって「三職」の人事が発表されます。

「総裁」には有栖川宮熾仁親王《ありすがわのみやたるひと》が就き、「議定」には中山、正親町三条、中御門プラス廷臣二名、それと尾張の慶勝のほか越前、薩摩、土佐、安芸の五人の藩主が就任し（計一〇名）、「参与」には岩倉と廷臣四名のほか五藩から各三名（名前は未定）が当てられていました。

これを見てわかるのは、廃絶された役職は、武家については将軍職と幕府（あわせて朝廷に関する職務として京都守護職と所司代）だけですが、朝廷に関しては摂政・関白以下重要な官職がすべて廃絶されていることです。つまり既成の「朝廷」の機構をすべて取り壊して〝神武天皇の即位当時〟の、いわば更地《さらち》状態に引き戻されたのです。

以上が、西郷らの計画の第二段階までです。すべて予定通りに終わりました。そしてこの夜、三回目の会議が召集されます。計画の最終段階です。新たに任命された「総裁」と「議定」の全員、「参与」の廷臣五名のほか五藩の藩士のうち任命が決まった薩摩の大久保利通、越前の中根雪江、土佐の後藤象二郎、安芸の辻将曹、尾張の田中不二麿ら一〇名が出席しました。西郷は、御所の九つの門の五藩の藩兵による封鎖・警備の総指揮官として現場にいます。

議定の一人、山内豊信は京都に到着するのが遅れて象二郎をはらはらさせましたが、前日の8日夕方やっと京都に着きました。そこで象二郎から、西郷、大久保、岩倉らのクーデター計画を聞き、激怒したといいます。その怒りが、この会議で噴出し、岩倉らとの間に大激論を巻き起こすのです。その様子を、『明治天皇紀　第一』（宮内庁、一九六八年復刻、吉川弘文館）によって紹介します。（なおこの部分の叙述は「大久保利通日記」や「岩倉公実記」「丁卯日記」「維新土佐勤王史」等によると注記されています。）

この会議には、満十五歳になったばかりの天皇が出御《しゅつぎょ》し、室の奥まったところから御簾《みす》を隔てて会議を見守っています。同様の形式は孝明天皇のときにも行なわれましたが、一種の〝御前会議〟です。

議長の中山忠能《ただやす》が開会を宣すると、豊信がいきなり発言しました。

「徳川慶喜は祖先以来の覇業をなげうって大政を奉還した。その功績は大である。それなのに二、三の公卿が、幼冲《ようちゅう》の（幼い）天子を擁立して、陰険なやり方で慶喜の功績を無にしようとしている。いったい何ごとであるか！」

それを聞いて岩倉がただちに反論します。

「今回のことはすべて聖断によるもの、言葉を慎まれよ！」

天皇を目の前にしての「幼冲」の発言です。豊信は、しまった、と思ったでしょう。豊信の盟友、慶永が弁護します。

「徳川氏の二百年の功績は、今日の罪をあがなってなお余りあるほど大きいと思う。刑罰を重視して徳義を軽視するのは治国の道から外れている」

岩倉が再度、反論し、とがめます。

「それなら言うが、慶喜に反省の念があるならば、速やかに内大臣の官職を辞退し、土地・人民を

「王政復古」で激論が交わされた京都御所内の小御所（1949 年撮影。1954 年 8 月 16 日深夜、打ち上げ花火が落下して炎上、全焼した。写真提供／朝日新聞社）

返納して、王政維新を支えるべきであるのに、まだ何もやっていない。ただ政権の空名のみを奉還して、土地・人民については返還する様子も見えない。その心根は許しがたい」

大久保がそれに輪をかけます。

「官職辞退、土地人民の還納に応じないなら、討伐するしかない」

象二郎がこれに反駁して、豊信、慶永を弁護します。双方ゆずらず議論が膠着《こうちゃく》したため、休憩となりました。その休憩時間に薩摩藩の岩下方平がひそかに西郷に会ってその意見を聞きます。すると西郷は、腰にさした短刀の柄《つか》をたたいて「ただ、これ有るのみ」と言ったそうです（浅野長勲『維新前後』による）。

その言葉を岩下から聞いた岩倉は、西郷の不退転の決意に打たれ、安芸の家臣・辻将曹を説得、彼から象二郎に伝えさせました。象二郎も西郷の決意、岩倉の決心の硬さを知り、これ以上の口論はどんな不測の事態を招くかわからないと思い、豊信と慶永に本日のところは譲歩を、と進言します。両者も不本意ながら納得しました。

休憩が終わり、天皇も再び出御して、会議再開となります。休憩中の説得工作によって議論は沈静し、やがて会議は慶喜にたいして「(内大臣の)辞官」と「納地(土地・人民の返納)」を奏請(申し出る)させることを決議し、聖断を仰いで終了となります。時間はすでに夜中の一二時を過ぎていました。これを「小御所《こごしょ》会議」といいます。

小御所会議から開戦までの二〇日間

夜が明けて12月10日の午後遅く、議定となった尾張の徳川慶勝、越前の松平慶永の二人が二条城へ行き、慶喜に対して小御所会議での決議を伝え、その官職(内大臣)の辞退と土地・人民の返納について慶喜から奏請することをすすめます。慶喜はそれに対し、自分はそれに異議はないけれども、今それを発表すると、家臣たちの間にどんな憤懣・動揺が生じるかわからないから、奏請するのはしばらく待ってほしいと答えます。二人は了承して帰ります。

当時、二条城内外には、京都守護職だった会津藩主・松平容保《かたもり》の率いる会津藩兵と、所司代だった桑名藩主・松平定敬《さだあき》の桑名藩兵が駐留していました(偶然だったのか、容保と定敬は兄弟です)。小御所会議の結果を伝え聞いた会津・桑名の兵と幕府直轄の将兵の中には憤激の声が高まります。一方、京都市内には薩摩藩が陣を構え、それに長州軍が合流しつつあります。まさに一触即発の危機的状態となりました。『明治天皇紀』ではその状況を、「遂に討薩の論を生じ、殺気市中に漲《みなぎ》り、将《まさ》に戦乱勃発せんとするの勢《いきおい》あり」と書き、「慶喜頗《すこぶ》る其の制馭《せいぎょ》に困《なや》めり」と述べています。

そこで慶勝と慶永が相談して、慶喜に対し、事態を鎮静化するため、一時、二条城を去って大阪城に移ることをすすめます。それを慶喜も受け入れて、松平容保、定敬、及び老中の備中松山藩主・板倉勝静《かつきよ》らやその率いる兵とともに12日夜、大阪城に居を移したのでした。

以後、年をこえて1月3日、鳥羽・伏見で火ぶたを切るまでの二〇日間、新政府側と慶喜側は、京都と大阪とで対峙し続けることになります。

その二〇日間については、高橋秀直氏の前掲『幕末維新の政治と天皇』に史料に基づいての綿密な叙述がありますが、それによると両者の関係は対立の緊張度がしだいに高まっていってついに武力衝突にいたるという単線的な経過ではなく、互いのかけひきに加え、とくに新政府の内部で公家と武家、討幕派と和平派の力関係に複雑な動きがあったことが述べられています。

新政府と慶喜側との間の最大の問題はもちろん慶喜による「辞官（官職の辞退）」と「納地（土地・人民の返納）」問題でした。慶喜はしばらく考えさせてほしいと言って大阪にしりぞいたままです。そこで、16日、新政府の「議定」である山内豊信や松平慶永らの「公議政体派」は、「納地」を謝罪の意味としてではなく新政府の財政支援のため徳川家の「所領」の半分を提供するという意味に置き換えることを提案して承認を得、22日、大阪へ行って交渉するのですが、慶喜側の抵抗でその意味はさらに拡張され、なんと「納地」は徳川家だけでなく全国の大名も同様に石高に応じて「納地」をおこなうというように修正されたのでした。

一方、慶喜はこれより先18日に、天皇への提出文書をたずさえた使者を京都の豊信や慶永のもとに送っていました。その内容は、大政奉還後に予定されていたはずの全国の大名による「公議政体」が樹立されるまでは、従来どおり自分が政権をになうと述べるとともに、速《すみ》やかに「正を挙げ、奸を退《しりぞ》け」ることを朝廷に求めるという新政府を否定し敵視するものでした。驚いた豊信と慶永がこの文書の提出を止めたのは当然です。

つまりこの段階で、新政府の「公議政体派」は慶喜との交渉でずるずると後退し、一方、慶喜は逆に攻勢に出ていたのです。

大阪での慶喜との交渉のあと23、24日とつづけて新政府の会議が開かれ、激論が交わされますが、結局、慶喜の要求をも採り入れた豊信、慶永らの「公議政体派」の妥協案が、岩倉や中御門、正親町三条など公家の強硬派と大久保利通らの反対を押し切って採決されてしまいます。こうして事態は大久保らの妥協案の限界を超え「ここに薩摩倒幕派は、平和解決路線より武力対決路線へ転換せざるをえなくなった」（高橋氏前掲書）というのです。

このあと25、27日と薩摩討幕派は薩・長・土・芸四藩の藩兵による「天覧」調練をおこなうことを提案、決定されます。同時に西郷らは開戦にさいしての具体策について長州側と協議を始めました。

しかしそれでも、事態は開戦へと直線的に進んだのではない、と高橋氏は述べています。というのも、討幕派には「開戦」のための「名分」が必要だったからです（とくに長州の木戸孝允が開戦のための大義名分＝「やむを得ざる開戦」ということにこだわったとあります）。

ここで通説とされてきたのが、「西郷隆盛の大謀略、大挑発論」です。しかし高橋氏は史料によってそれに疑問を呈します。

前年に引きつづきこの六七年も、政局は朝廷のある京都を舞台に動いていました。しかし幕府の本拠地は江戸です。当然、挙兵にさいしては江戸の動静も深くかかわってきます。そこで薩摩の西郷らは、9月、江戸の攪乱工作のため益満《ますみつ》休之助ほか一名を江戸に派遣し、浪人たちによる浪士隊を結成させていました。その総裁となったのが（後に「赤報隊」を率いることになる）相楽《さがら》総三です。

しかし政局は、西郷らの予想に反した慶喜の大政奉還から王政復古へと進展し、挙兵の時機は見えてきません。そのため京都藩邸からは江戸の藩邸に向け、浪士隊に待機を続けるよう指示します。ところが、各地から集まった浪士隊の中には波乱を待ち受け、そこでの活躍の機会をねらっていた者も少なくありませんでした。

この年8月ごろから「ええじゃないか」の狂乱が東海道筋から名古屋、大阪にかけて広がりました。空から伊勢神宮の御札が降ってきたというのをきっかけに、派手な着物、奇抜な格好で男女入り乱れて踊りくるうアナーキーな熱狂です。加えて、江戸市中には前章で紹介したように、前年の征長戦争の当時ほどではありませんでしたが、打ちこわしも散発していました。その騒然とした世相の中、11月下旬には浪士隊の一部が関東各地で勝手に跳梁しはじめます。

それに対して幕府軍の側が反撃に出て、12月25日、江戸の薩摩藩邸を焼打ちします。そのときの様子が井上清氏の『日本の歴史20 明治維新』（一九六六年、中央公論社）にはこう書かれています。

薩摩藩邸焼き討ち事件を描いた錦絵「近世史略 薩州屋敷焼撃之図」
（作者・豊洲〈歌川〉国輝〈三代〉、神奈川県立歴史博物館蔵）

「……浪士らはさらに幕府を挑発して、三田の庄内藩巡邏《じゅんら》兵の屯所に発砲した。ここにいたって、幕府当局も、ついに薩摩藩邸および支藩佐土原藩邸の浪士を、一網打尽にすることにした。／二十五日の夜明け前、庄内藩兵約千人を主力とし、そのほか五藩の兵をあわせて総勢二千余人で両藩邸をとりかこみ、庄内藩兵屯所発砲人の引き渡しを要求した。薩摩がそれに応ずるはずもない。時を移すは敵を利するだけだとばかりに、庄内藩兵の発砲を合図に、幕府軍は四方から一時に砲撃を開始、たちまち両藩邸を焼き払った。」

「二十八日に江戸からの飛報をうけた大阪城中では、ただでさえ討薩論をとなえていた旗本および会津・桑名の藩士らが、ただちに薩摩を討っていっきょに幕府勢力を回復せよといきりたった。ことここにいたっては、慶喜も老中板倉勝静も、もはや主戦論をおさえることができなかった。」

「江戸の事変は京都の薩摩藩邸にも急報せられた。それをうけて西郷は、わがこと成れりと、にっこりした。」

こうして「西郷の大謀略」は見事に成功したとみるのが通説と

されているのですが、それに対し高橋氏は前掲書で、西郷は事件について12月30日夜、その知らせが京都に届くまでまったく知らなかった、焼打ち事件は西郷にとってはまさに寝耳に水だったということを、翌年1月1日の日付をもつ西郷の手紙で明らかにしています。

すなわちその手紙で西郷は知らせを聞いて「大いに驚愕いたし候」「いまだ訳《わけ》もあい分らず」と書き、江戸藩邸にはたしかに浪士が百五十人ばかりがいたが暴挙するようには見えず「乙名敷罷り在《おとなしくまかりあ》る」ように聞いていたと述べ、さらに徳川方から先に仕掛けたものだろうが「残念千万の次第にござ候」とまで言っているのです。

ここには、自分の謀略が図に当たったと快哉を叫んでいる西郷の姿は見えません。反対に浮かんでくるのは、現実に届いた知らせと、江戸の情勢に対する自分の認識とのズレに当惑している西郷の様子です。江戸藩邸に対する焼打ちが、彼の意図、思惑から大きくはずれていたことは間違いないでしょう。

しかし西郷が、江戸の撹乱工作のために益満らを派遣して浪士隊を結成させたことは事実です。そこに謀略の意図が働いていたことは否定できません。そして実際、その意図は薩摩藩邸の焼打ち、すなわち幕府による薩摩への先制攻撃を誘発することによって、西郷らの当初からのねらいである武力討幕への道筋をつけたのです。予想外の成果だったともいえるでしょう。再度、井上清氏の前掲書からの引用です。

「正月二日、幕府がわ一万五千の大軍は、老中格大河内正質を総督、若年寄塚原昌義を副総督として、午前中（時間不明）に京都に向けて大阪を発し、夕方、在江戸の老中稲葉正邦の本拠である淀に達した。……これより二手に分かれ、会津藩兵を先鋒とする本隊は伏見街道をめざし、別働隊は桑名藩兵を先鋒として鳥羽街道をめざし、三日中に全軍が両街道より京都になだれこむ作戦である。」

こうして、江戸での幕府側による薩摩藩邸の焼打ちは、薩摩側ではなく反対に幕府軍側の決起を誘発したのですが、この幕府軍側の京都進発が、こんどは逆に薩摩側の反撃に「大義名分」を与えることになったのです。

小御所会議のあと、会津・桑名軍と薩摩軍との一触触発の危険を避けるため、尾張の徳川慶勝、越前の松平慶永、土佐の山内豊信ら公議政体派の説得によって慶喜が大阪城にしりぞいたあと、公議政体派による慶喜との平和的解決をめぐる交渉のなかで、こんどは逆に慶喜が攻勢に出て、公議政体派がずるずると後退させられたことは、先に述べました。

そうした中、西郷や大久保とともに討幕をめざしてきた岩倉も、できれば戦乱を避け、慶喜と和解しての平和的な事態解決をめざす方針へと変わっていました。追放を解かれて新たに「議定」になった三条実美も戦乱回避の立場をとり、諸藩から選出された参与の多くもそれに賛同していました。年が明けた段階では、新政府の中で討幕派の大久保は孤立し、追いつめられていたのです。

原口清氏の『戊辰戦争』補論」に、そのとき大久保が岩倉に送った意見書が紹介されていますが、その中で大久保は、議定職や参与の中には「具眼《ぐがん》の士は一人も無く、みな平穏無事を好んで諛言《ゆげん》(へつらいの言葉）をもって雷同し、公論」をつくり出していると憤懣をぶちまけています（『原口清著作集1』岩田書院、所収）。「雷同」という表現を大久保は象二郎との会談のさいも使っていました。六八年1月1日の時点では、新政府内において、武力倒幕派は絶体少数派の立場にあったのです。

これを一挙に逆転させたのが、ほかならぬ慶喜の幕府軍にたいする2日の京都進撃の指令だったのでした。

前述のように、12月12日、京都における薩長軍と会津・桑名軍との一触即発の危険を避けるため、尾張の慶勝と越前の慶永が相談して慶喜に対し、京都の二条城を去って大阪城に移ることをすすめます。それを慶喜も受け入れて、会津の松平容保、桑名の松平定敬、そして老中の板倉勝静《かつきよ》らやその率いる兵とともに大阪城に居を移したのでした。慶勝、慶永はともに新政府の閣僚にあたる「議定」です。彼らがはたらきかけ、慶喜がそれを受け入れ京都を去って大阪に移ったのですから、これは双方の合意（実質的な協定）による行動だったと言えます。その結果として、京都の警備は会津・桑名に代わって薩摩と長州に委ねられることになったのでした。

それなのに、1月2日、慶喜の命によって、一万五千もの幕府軍が京都に攻め込んでくる、という事態が生じたのです。慶喜による〝協定破り〟です。京都を守備する薩長軍としては当然、これを迎え撃つために出動することになります。

こうして、事態は一転、正義（大義名分）は、絶対少数派だった薩長の手に移ります。幕府軍が朝命を無視して京都に攻め上ってくる以上、これを撃退するほかに道はないのです。和解による平和的解決などどこかに消し飛んでしまいました。

それにしても、いまや慶喜は、新政府内においては、自分に融和的で、武力対決を望まない「公議政体派」の諸侯や公卿たちが主導権をとっていたことを知らなかったはずはないのに、どうして政治的な解決を待たずに、性急に京都進撃の指令を下したのでしょうか。

あるいは、政治的に優位に立っているからこそ、戦力的に優勢の幕府軍が攻勢に出れば、容易に薩長軍を圧倒できる、と考えたのでしょうか。

いずれにせよ、政治的な才覚にすぐれ、自身の政治力を自負していたはずの慶喜が、この歴史的な岐路に立って、致命的な判断ミスを犯してしまったのでした。

1月2日、大阪の幕府軍の京都進発を知った新政府の側も、3日の午前中に薩長軍が迎撃態勢に入ります。伏見方面は、小御所会議で藩主父子が赦免されたあと西宮の駐屯地から入京した長州藩兵が主力となり、鳥羽方面は薩摩藩兵が主力となって陣を構えました。

鳥羽、伏見はいずれも現在の京都市の南部、その都心からわずか数キロしか離れていないところを戦場として、新政府軍と幕府軍が対峙したのです。

こうして新政府軍と幕府軍は、にらみあったまま互いに敵意と戦意を亢進《こうしん》させてゆき、3日の夕方、あたかも可燃物の自然発火のごとく、双方から砲撃を開始、鳥羽・伏見戦争へ突入していったのでした。

Ⅶ

「脱封建革命」の達成

――「戊辰戦争」から「西南戦争」まで

鳥羽・伏見の戦いで幕府軍はなぜ敗れたのか

一八六八年1月3日夕刻に火ぶたを切った鳥羽・伏見の戦いは、4日、5日と続きますが、兵員数からすれば幕府軍一万五千に対して新政府軍は薩長軍あわせて五千と、三分の一の少数兵力だったのですが、結果は新政府軍の大勝利に終わります。

理由として挙げられるのは、第一に武器の威力の差です。先に第二次征長戦でも見たように、長州藩は薩摩藩を介してアメリカ南北戦争の終結により放出されたライフル銃を大量に購入し、訓練していました。幕府側の会津、桑名軍の旧式の銃が一発撃つあいだに薩長軍の銃は何発も撃てたのです。この差は決定的だったでしょう（太平洋戦争で日本軍の明治38年制式のサンパチ銃に対して米軍は機銃式の自動小銃だったことが連想されます）。

幕府軍側もその五千人からなる直轄軍はフランスからの援助で装備は近代化されていましたが、まだいくらも訓練されていません。旗本・御家人部隊もそうですが、一般募集の傭兵部隊はなおさらです。それに訓練不足で指揮系統も十分ではなかったはずです。

第二の理由は、士気・戦意の差です。薩長軍の戦争目的は明確でした。「倒幕」の一点だからです。それに対して、会津藩と桑名藩の方は、藩主がたまたま京都守護職と所司代に任じられていたから戦うのであり、藩の命運に直接かかわっての戦いではないのですから、戦意が十分に高揚しなかったのも当然でしょう。傭兵部隊の戦意については言うまでもありません。

第三の理由は、実戦経験の有無です。長州藩の方は、第二次征長戦や内戦のほか四カ国艦隊との戦争など、場数を踏んでいます。薩摩藩も「禁門の変」のほか、薩英戦争での砲撃戦を経験しています。この実戦経験のあるなしが、戦場での戦闘行動に大きく影響したのではないか、というのが私の推測です。

第四に最後の、しかし最大の理由は、幕府側陣営の自壊です。鳥羽、伏見の戦いの〝本営〟として幕府軍は淀城を設定していました。淀城は現職の老中・稲葉正邦の淀藩の居城です。藩主の正邦は江戸で在勤中でしたが、その藩兵は会津、桑名に次ぐ戦力だったはずです。ところがその淀藩の軍が、5日の昼近く、退却してきた幕府軍が城内に入ろうとすると、なんと、それを拒否したのです。そして反対に、追撃してきた新政府軍を城中に迎え入れたのでした。

そしてさらに、しりぞいた幕府軍が淀川を背にして新政府軍を迎え撃つ陣をしいた6日朝、対岸の要衝の地・山崎を守っていた味方のはずの津藩の軍がやにわに砲撃してきたのです。津藩は二七万石の大藩ですが、藩主が老中である淀藩が新政府軍に寝返ったのを見て、バスに乗り遅れるのを恐れたのでしょう。

なお、開戦より以前に、新政府軍は東方から京都への玄関口にあたる大津に、六つの藩からなる守備軍を置いたのですが、その中には大老・井伊直弼を出した譜代では最大の彦根藩も入っていました。また先代の将軍・家茂を送り出した御三家の一つ、紀州藩でさえ、開戦時には新政府の側につきました。つまり、鳥羽・伏見戦に突入するころから、幕府に対する近畿地方の諸藩の支持は波に洗われる砂の城のように崩れつつあったのです。

鳥羽・伏見戦のさなか、淀藩につづく津藩の寝返りによって幕府軍の総崩れとなったのが決定打となり、近畿から西国の諸藩はあいついで新政府の側にまわります。したがって、このあと戊辰《ぼしん》戦争へとつづく幕府軍と新政府軍との戦いは、この鳥羽・伏見戦において早くも勝敗が決まっていたと言えます。

三日間の戦闘で敗北をきっした幕府軍は大阪城へとしりぞきます。ところがそこで総指揮をとっていたはずの将軍・慶喜は、6日夜、老中・板倉勝静《かつきよ》や京都守護職の松平容保《かたもり》、所司代の松平定敬《さだあき》らとともにひそかに大阪城を抜け出し、大阪湾に停泊中の幕府艦隊の旗艦・開陽丸に乗り込んで江戸への帰航を命じたのでした。

二年前の第二次征長戦でも見たように、慶喜はその政治的才能に比して武将としての適性には欠けていたのです。総司令官を失った大阪の幕府軍は7日には四散して消滅しました。

将軍・慶喜の「不戦」の決断

1月11日、慶喜一行が江戸に戻ります。早朝、勝海舟は知らせを受けて築地の海軍局まで出迎えに行きます。そのときの情景を海舟はこう日記に記しています（以下、松浦玲氏の前掲『勝海舟』から）。

「初めて伏見の顛末《てんまつ》を聞く、会津侯、桑名侯、ともに御供中にあり、その詳説を問わんとすれども、諸官ただ青色（蒼白）、互いに目を以てし、敢えて口を開く者無し」
同じような情景描写を前も海舟の日記に見ました。そう、先代の将軍・家茂の訃報を聞いたときの大阪城の城内です。あのときもみな青ざめて声をたてず、目で互いの思いを伝えあっていたのでした。
慶喜帰還の朝の自分のふるまいを、海舟は後年の『海舟座談』の中ではこう語っています。

「スルト、皆は、海軍局の所へ集まって、火を焚いていた。慶喜公は、洋服で、刀を肩からコウかけておられた。己《おれ》はお辞儀もしない。頭から皆に左様言うた。アナタ方、何んという事だ。此れだから私が言わない事じゃあない、もうこうなってからどうなさる積りだ、とひどく言った、上様の前だからと、人が注意したが、聞かぬ風をして十分言った。刀をコウ、ワキにかかえてたいそう罵《のの》しった、己《おれ》を切ってでも仕舞うかと思ったら、誰も誰も、青菜の様で、少しも勇気はない、かく迄も弱って居るかと、己《おれ》は涙のこぼれるほど嘆息したよ。」

将軍・慶喜とその周辺はこのように意気消沈していたのですが、しかし江戸にいた幕臣たちの多くはそうではありませんでした。慶喜が江戸城に戻ってまもないころのことだと思いますが、ある日の城内の様子を、海軍局の幹部だった幕臣はこう書き残しています（松岡英夫氏『大久保一翁』〈一九七九年、中公新書〉から。ルビと語釈は再引用者）。

「……夜十一時に至り芙蓉間役人一同御前に召し出され、この度《たび》はからずも大事変差し起こり、当家（徳川家）危急存亡の際なれば、いずれも隔意なく（遠慮なく）存じ寄り申し出ずべしとの上意（主君の命令）あり。この時にあたり、議者紛然、あるいは敵兵を半途に（途中で）扼《やく》し、決して函嶺《かんれい》（箱根山）を踰《こ》えしむべからず、あるいは軍艦を出して浪華《なにわ》を襲い、前後より突撃すべしなど、切歯扼腕《せっしやくわん》、案をたたいて怒る者あり、泣血悲咽《きゅうけつひいん》、狂するが如き者あり、又建議するところあらんとて謁見を願う者、陸続《りくぞく》として絶えず、大君には終日、諸吏および藩士を延見（引見＝呼んで意見を聞く）せられ、日の終わるまで食し玉う暇なく、ほとんど疲労し給えり。」

江戸城内が主戦論で沸いていたことがわかります。腰に二刀を差している武士は、もともと戦闘要員です。幕臣たちが幕府の危急存亡の時に直面して、だんぜん戦うべきだと主張したのは自然なことだったでしょう。そして将軍・慶喜は、そうした家臣たちの声を、食事をとるひまもないほどに耳を傾けて聞いたというのです。

三カ月前、「大政奉還」を決意したときも、慶喜は苦悩し考え抜いたすえ、実行に踏み切りました。いままた決断を迫られています。前回は山内豊信ら「公議政体派」の雄藩大名たちの支持もあって、一定の見通しがありました。しかし今回は、状況はあの時とは決定的に変わっています。鳥羽・伏見の戦いで完敗をきっしたという厳然たる事実があるからです。その大きな敗因として、淀藩や津藩、彦根藩などの背反があったことは、もちろん慶喜は知っていたはずです。

京阪の状況を知らない幕臣たちがいきり立つ理由は、慶喜にはわかりすぎるほどわかっていたでしょう。しかし、政治家であり、同時に幕府高官のだれにもまして知識人であった慶喜には、ここへきて自分のとるべき道が、自らに負わされた宿命、いわば〝歴史の必然〟として自覚されていたのではないでしょうか。

だからこそ慶喜は、これまで自分とともに幕政改革・幕権強化の先頭に立ち、いまは徹底抗戦を主張する小栗忠順《ただまさ》（上野介）ほかの高官たちを罷免して、これまで自分が疎んじてきた勝海舟（かつて軍艦奉行を罷免）や大久保一翁《いちおう》（かつて御側御用取次を罷免）を、江戸に戻ってからまだ一二日しかたたない1月23日、「陸軍総裁」と「会計総裁」に起用したのです。老中が罷免や辞任によって不在となった幕政において、陸軍総裁と会計総裁は、軍事と内政を取り仕切る最高責任者です（海軍総裁はかつて海舟が長崎海軍伝習生のリーダーに指名されたさいの相棒だった矢田堀鴻《こう》）。

「共和政治」論者である海舟と、「公議会」論者である一翁をここで起用したということは、慶喜が新政府側との軍事的衝突を回避し、何らかの妥協による収拾を決意したということにほかなりません。

海舟は、前出の彼の回顧によれば、敗北して帰還した慶喜一行に対して、「アナタ方、何んという事だ。此れだから私が言わない事じゃあない」とまくしたてました。家臣からこんな暴言をあびせられて、慶喜は蒼白になったでしょう。しかしまた、主君の面前でかくも激しい言葉を吐く海舟に、慶喜は逆に主家に対する忠誠心の深さと、そして抜群の政治的力量を見て取ったのだと思います。だから海舟を、新政府軍を迎え撃つ幕府軍の総指揮官にすえたのです（海舟は陸軍総裁からさらに「軍事取扱」となった）。なお慶喜には、第二次征長戦で薩摩の出兵拒否に手を焼いたさい、薩摩への説得役として、また長州との停戦の交渉役として海舟を起用したことも記憶にあったでしょう。

江戸城の無血開城と幕府の消滅

一方、新政府の側は、慶喜が大阪城を去った1月7日、慶喜追討令を発して「慶喜の大政返上は名のみの詐謀《さぼう》」であったと決めつけ、やむを得ず「賊徒」を討つ、と宣言、改めて政府内の体制を固めた上で、2月15日、有栖川宮熾仁親王《ありすがわのみやたるひと》（かつて幼少時に和宮の婚約者だった皇族の一人です）を東征大総督として、東海、東山、北陸の三道から江戸をめざして進発します。「錦の御旗」をひるがえした新政府軍、いわゆる「官軍」は、薩・長・土の三藩兵を主力に総数五万で構成されていました。

なおこのころまでに西日本の諸藩は新政府への支持を表明し、美濃（岐阜）より東、駿河（静岡）や信濃（長野）の諸藩も尾張の慶勝による工作で新政府側についていました。したがって、各進路の政府軍はほとんど抵抗を受けることなく進軍し、とくに東海道を進んだ東征軍はかつての大名行列と大差ない速さで進み、大総督と総参謀・西郷の本隊は3月5日、駿府《すんぷ》（静岡市）に到着します。そこで協議のすえ、江戸城への総攻撃の日を3月15日と決定、各軍に伝えました。それを受けてこのあと東海道の先鋒軍は12日に品川に到着、東山道先鋒軍は14日に板橋に到着の予定となります。

では、幕府側はこの間どうだったでしょうか。海舟、一翁の努力によって主戦派による暴発はおさえられます。2月11日、慶喜は幕臣たちを前にこう真情を吐露します。

――伏見の戦闘は、自分が指令を失したために起こり、はからずも朝敵の汚名をこうむるにいたった。いまはただ、ひとえに天を仰いでこれまでの落度《おちど》を謝すのみである。お前たちが憤激するのもわからぬではないが（以下、松浦氏前掲書から引用。カッコ内の説明は引用者）、「一戦結びて解けざる（内戦の長期化）に致らば、印度支那の覆轍《ふくてつ》（ひっくり返った車のわだち＝失敗の前例）に落入り、皇国瓦解し、万民塗炭《とたん》に陥らしむるハ忍びず、其罪を重ねて、益々天怒に触れんとす」——つまりいったん内戦に突入すれば、列強につけ込まれ、インドや中国のような半植民地状態となって日本国は崩壊、人民を塗炭の苦しみの中に突き落とすことになる、そうなってはますます天の怒りに触れることになるだろう、と言ったのです。

そして翌12日、慶喜は江戸城を出て、徳川将軍家の菩提所である上野の寛永寺に蟄居《ちっきょ》したのでした。それから数日後、海舟は、東征軍の総督府参謀として西郷が江戸に向かっているということを知ります。相手が西郷ならば、と海舟は深くうなずき、終戦工作への思いをめぐらしたことでしょう。

3月5日のことです。慶喜を警固する精鋭隊長の山岡鉄舟が海舟を訪ね、駿府に行って西郷に会い、主君の身を守るため誠意を尽くしたいと申し入れます。鉄舟は剣の達人であり禅の修行でも知られています。海舟も若いころ剣と禅に打ち込みました。そのこともあって、海舟はただちに鉄舟を信頼しうる人物と見抜き、鉄舟を使者として西郷へ書簡を届けることを決め、翌6日、実行に移します。

しかし駿府へ行くには、官軍の陣営の中を通り抜けなくてはなりません。そのため、前年の暮れ、薩摩藩邸の焼打ちのさいに捕らえていた薩摩藩士・益満《ますみつ》休之助をガイドに立て、道中ぶじ鉄舟は駿府に着いて西郷に面会、海舟の手紙を渡します。

海舟の手紙は、慶喜の恭順を伝え、列強が注視する中で、どうしても内戦は避けたい、避けなくてはならない、と述べたものです。それを読んで、西郷は鉄舟を待たせたまま参謀会議を開き、大総督の承認を得て、七カ条の降伏条件を決め、鉄舟に渡しました。

――一、慶喜を備前藩に預ける。二、江戸城を明け渡す。三、四、軍艦と兵器いっさいを引き渡す。五、城内に居住する幕臣は向島に移り、謹慎する。（六、七は略）以上が実行されたならば徳川家の存続は寛大に処置する。

鉄舟の持ち帰った降伏条件をめぐって、海舟は一翁らと協議しました。もちろん反対意見が出たでしょう。江戸城を明け渡し、幕府軍を完全に武装解除する、これではまるで無条件降伏ではないか、と多くが思ったに違いないからです。

しかし海舟や一翁らはそれらの意見をおさえ、慶喜のあずかり先を備前藩からその出身地である水戸藩にするとしたほか、軍備についてはそのまま幕府が保持し続け、このあと没収される徳川家の領地の割合に応じて新政府に引き渡す、などの修正を加えて幕府側の返答としたのでした。

西郷が品川に到着したのを知って、海舟は西郷に会見したいと申し入れます。それを受けて高輪《たかなわ》の薩摩藩邸で海舟と西郷が会見したのが、江戸城総攻撃の予定の二日前、3月13日でした。

同じその日、政府軍の参謀・木梨精一郎は西郷の指示で横浜に行き、英国公使パークスに会います。そこでパークスは、江戸が戦場となり市街が戦火に焼かれることに強硬に反対したと伝えられます。

さて、海舟と西郷、二人の再会は、六四年9月、第一次征長戦で参謀に任じられた西郷が、軍艦奉行だった海舟を訪ねたとき以来、三年半ぶりです。あのときはどちらも幕府の側で、西郷は海舟の見解を聞いて衝撃を受け、長州との「戦わずして勝つ」終戦交渉にのぞんだのでした。

今回は敵対する陣営を代表しての会見です。しかし二人にすれば、どちらも相手の偉才を認めていたのですから、半ば久闊《きゅうかつ》を叙《じょ》すという感じでもあったでしょう。この日はまだ幕府側の対案ができていなかったので、交渉に入ることなく終わります。

14日、二回目の会談で、海舟は幕府側の対案を示します。慶喜のあずかり先の方はいいとして、問題は武装解除です。新政府側は即時・完全な武装解除を求めているのに、幕府側は即時の武装解除には応じず、徳川家の処分が決まった後で応分の軍備を引き渡す、としているのです。まさか、こんな案を西郷が一存で受け入れることはできません。駿府に戻り、総督府で協議すると答えます。そして結論が出るまで、江戸城総攻撃は延期する、としたのでした。

駿府の総督府でも結論は出せませんでした。そこで西郷はさらに京都まで戻り、そこで政府首脳の協議によって結論を出します。軍備はすべて接収する、ただし徳川家の処分が決まった後、処分の程度に応じて返還するというものでした（結果として、徳川家は四〇〇万石の直轄地を七〇万石に削減して静岡に移っての存続を認められます）。これを最終回答として、西郷は江戸に持ち帰り、それを幕府側が受け入れ、江戸城攻撃は中止、当時世界最大の百万都市だった江戸は戦火を免れたのでした。

この後、4月11日、江戸城は明け渡され、同じ日、最後の将軍・徳川慶喜は寛永寺を出て、従者を連れ水戸へ向かいました。ここに、二百六十五年の歴史をもつ徳川幕府は幕を閉じたのです。

奥羽越列藩同盟との戦い

こうして江戸幕府の命脈は尽きたものの、これで事態が簡単に収まるはずはありません。これに承服できない幕臣たちは数千を数えました。そのほか関東各地の譜代大名の藩でも佐幕派の家臣たちが決起し、藩内で新政府派と抗争し、あるいは藩を出て浪士となり、旧幕軍と合流してゲリラ戦を展開したのです。関東各地の藩の中にはそのゲリラ軍をひそかに支援して、武器や戦費を提供した藩も少なくありませんでした。

それに加え、関東一帯では一揆や打ちこわしが激発しました。この当時の一揆・打ちこわしは前に見たとおり、もはや「むしろ旗」のレベルではありません。領主による支配が大きく揺らいだいま、それは農民戦争の様相を呈しはじめていました。

こうした騒然となった世相のなか、新政府にとっての危機は、江戸城の開城・幕府消滅の後に、むしろ深まっていたのです。その危機を、一挙に打開したのが、慶喜が謹慎していた上野の寛永寺の境内に屯所をおいた彰義隊との決戦でした。

この決戦の戦略を立て、指揮を執ったのが、長州に生まれた〝国民軍〟を近代的な軍制と装備・訓練によって近代的軍隊に仕上げた大村益次郎です。5月15日、上野に結集していた彰義隊一千人を、新政府軍は大村の指揮により二千人をもって包囲し、本郷の台地に大砲をすえて攻撃、わずか一日で殲滅したのです。（大村は翌年、木戸と図《はか》って靖国神社を創建、その騎馬像が今も境内に建っています。）

この上野戦争について原口清氏は、新政府軍にとってその意義は鳥羽・伏見戦争の勝利にも匹敵すると評価していますが、しかしこの彰義隊殲滅によって戊辰戦争が終わったわけではありません。このあと東北での戦闘がこの年秋まで続くのです。

鳥羽・伏見の戦いで会津藩は幕府軍の主力となって新政府軍に敵対しました。また、前年の暮れに江戸の薩摩藩邸が焼打ちされたさい、自藩の巡邏《じゅんら》兵屯所が銃撃を受けたことから、幕府側の主力となり、薩摩の浪士隊を蹴散らしたのは、鶴岡（現山形県）に藩庁をおく庄内藩でした。そこで新政府軍は会津、庄内の両藩に追討令を下し、その実行を奥羽鎮撫総督府に命じます。

それに対し、奥羽の大藩である仙台藩や米沢藩が会津、庄内藩に対する寛大な処分を願い出るのですが、総督府の参謀・世良修蔵（長州藩士）は冷たく却下しました。以前から世良の占領軍的傲慢さを許しがたく思っていた仙台と福島の藩士の一隊が4月20日、福島の娼楼に泊っていた世良を襲って暗殺します。そのさい、世良が持っていた、奥羽全体を敵視して制圧すると書かれた文書が見つかりました。それなのに新政府は、その奥羽の各藩を、会津、庄内の両藩を討つために利用しようとしていたのでした。

5月3日、奥羽の諸藩代表が仙台藩の白石に集合します。仙台、米沢、盛岡、山形、福島、秋田、弘前、八戸、天童など二五藩です。次いでこれに越後の長岡、新発田《しばた》、村上など六藩が加わり、「奥羽越列藩同盟」が結成されました。

同盟の盟主には仙台藩主の伊達慶邦《よしくに》が推され、その陣営には幕府の老中だった小笠原長行《ながみち》や板倉勝《かつ》静《きよ》が加わりました。小笠原は第二次征長戦での幕府軍の総指揮官であり、板倉は鳥羽・伏見戦のあと慶喜とともに江戸に戻った老中の筆頭でしたが、慶喜の決断を受け入れることができなかったのです。同様に、幕府の消滅という事態を否認する新選組を含む旧幕臣たちが、東北・越後の諸藩とともに戦ったのでした。

奥羽越列藩同盟の決起に対し、新政府も当初の予想とちがって、全力でこれを撃破しなくてはならなくなります。各地で凄惨な戦闘が展開されました。しかし客観的な力関係からいって、列藩同盟の敗戦は見えていました。5月から6月、7月と、新政府軍があいついで戦線に投入されます。8月から9月にかけ、米沢藩、仙台藩が降伏し、庄内藩もそれにつづきました。

この戦争で、その悲劇性により広く知られているのが会津若松城の攻防戦です。城内には藩兵三千、老幼婦女子二千人が立てこもりましたが、8月23日から一カ月にわたる包囲攻撃により、弾薬・糧食が尽き果て、城中の白木綿は残らず包帯に使われるという状況のなかで、9月22日、ついに開城となったのでした。

この東北戦争中の8月、旧幕府の海軍副総裁だった榎本武揚《たけあき》が旧幕府の軍艦を率いて江戸湾を抜け出し、列島沿岸を北上、仙台で反政府軍と合流、次いで函館に上陸してその地を占領、翌六九年春、五稜郭に拠《よ》って新政府軍を迎え撃ち、5月18日、壮絶な戦いのあと降伏したことは周知のとおりです。これにより、新政府成立をめぐる内戦は完全に終結したのでした。

なお、この東北戦争での死者は、反政府軍の五三六一名に対し、新政府軍が三六六七名（反政府軍の約七割）というデータがあります。両者、死力を尽くしての戦いだったのです。

「五箇条の誓文」から「政体書」へ

この年、一八六八（慶応4）年は9月8日に改元され明治元（1）年となりますが、干支《えと》でいうと戊辰《ぼしん》（つちのえ・たつ）の年です。それでこの年の鳥羽・伏見の戦い以後の内戦を戊辰戦争といいます。

この戊辰戦争を戦う一方、新政府にとって同時並行してすすめなくてはならない大きな課題がありました。幕府を倒した後、この国をどうするのか、という問題です。

この国は二百六十五年もの長きにわたって徳川幕府を中心とする封建制、すなわち幕藩体制によって統治されてきました。それを一挙に払拭《ふっしょく》して、新たな国づくりを始めるのです。その第一歩として、新政府が早急にやらねばならぬことは、自分たちがめざしている新しい「国のかたち」と、そこに込めた理想、スピリッツを示すことでした。いわば新たな「国づくり」の基本方針、「国是《こくぜ》」を国民にたいする誓約として表明し、報知することです。

そこで、江戸城総攻撃の予定日だった3月15日の前日、14日、新政府は「天皇の誓い」という形で「五箇条の誓文」を発表しました。

一、広く会議を興し、万機公論に決すべし。
一、上下心を一にして、盛《さかん》に経綸《けいりん》（国の政治）を行ふべし。
一、官武一途（一体）庶民に至る迄各《おのおの》其志《こころざし》を遂げ、人心をして倦《う》まざらしめんことを要す。

一、旧来の陋習《ろうしゅう》（悪い風習）を破り、天地の公道に基《もとづ》くべし。
一、智識を世界に求め、大《おおい》に皇基（天皇による国家統治の基礎）を振起《しんき》（ふるい起こ）すべし。

すでに見てきたように、竜馬と象二郎による「船中八策」をはじめ、「共和政治」論、「公議会」論など開明派による基本的な主張がここに集約されていることがわかります。それもそのはずで、原案を起草したのは越前藩士で同藩の政治顧問だった横井小楠《しょうなん》から教えを受け、竜馬の盟友でもあった新政府参与《さんよ》の由利公正《きみまさ》でした。その原案では「万機公論」は五番目に置かれていたのですが、由利がこれを同じ参与の福岡孝弟《たかちか》（土佐藩士）に見せたところ、福岡はこれをトップに掲げるべきだと主張し、「会議」にも「列侯」を加えて「列侯会議を興し万機公論に決すべし」と修正します。ところがこれをやはり参与の木戸孝允が見て、「列侯会議」はまずいとして列侯を削除し、代わりに「広く会議を興し」としたのでした。

木戸が「列侯」をはずした理由は容易に類推できます。これまで論じられてきた「公議政体」の主体は雄藩の大名たち、つまり「列侯」であり、王政復古で新設された参与の上級機関である「議定《ぎじょう》」の武家の成員も雄藩大名によって占められていました。しかしそんな列侯による会議では、幕府の老中政治と五十歩百歩で本質的に変わりません。本来の議会制による議会は、門閥による人選を排して広く門戸を開放された議会でなくてはならない、と木戸は考えていたのです。そうした思想が、次の「上下心を一にして」や「官武一途庶民に至る迄各《おのおの》其志《こころざし》を遂げ」にも明瞭に現われています。

これについては、田中彰氏の『日本の歴史 24 明治維新』（一九七六年、小学館）では、この「五箇条の誓文」が御所の紫宸殿《ししんでん》において公卿・諸侯ほか群臣を率いて天皇が神明に誓うという形式をとって表明されたことから見て、「天皇が権力の主体であることの表明であり、かつ、その神権的粉飾の第一歩であった」と述べられています。

たしかにその通りですが、しかしこの「誓文」そのものに即してみれば、その最重点は第一項の「万機公論」に置かれていたと私は思います。王政復古の段階までは、「公議」の実体は「列侯会議」でした。しかしそれは現存する〝幕府専制〟に対する対抗関係からそうなったので、幕府の消滅がほぼ明らかとなったこの段階では、木戸や由利たち中下級武士たちのめざす「公議」は列侯会議のレベルを突き抜けていたのではないでしょうか。これから六年後、板垣退助、由利公正ら八名による「民選議院設立建白書」が政府に提出されますが、そこには「天下の公議を張るは民選議院を立《たつ》るに在り」として、こう述べられています。

「夫《それ》人民、政府に対して租税を払うの義務ある者は、乃《すなわ》ち其《その》政府の事を与知可否する（関知して賛否を決める）の権理（権利）を有す。是《これ》天下の通論にして、復喋《またちょうちょう》々臣等の之《これ》を贅言《ぜいげん》するを待《また》ざる（多言を費やすまでもない）ものなり。」

つまり誓文の「広く会議を興し万機公論に決すべし」は納税者（年貢＝税を納める農民＝国民）による民選議院を遠望するものであり、したがって自由民権運動の種子を抱いたものだったのです。しかし同時に「五箇条の誓文」は田中氏の指摘のとおり、神権天皇の第一声でもありました。そのため以後、近代日本の歩みは、この民権思想と神権天皇制との確執、せめぎあいが一つの基調となります（自由民権運動から大正デモクラシー、そして昭和初期の社会主義思想の急速な広がりとそれへの容赦ない弾圧）。

ともあれ五箇条の誓文は3月14日、年若い天皇の「我が国未曽有の変革をなさんとし、朕《ちん》、身をもって衆に先んじ、天地神明に誓い」で始まる勅語によって布告され、当日式典に参列した公卿と諸侯四一一名（後日の署名を含め総計五四四名）が署名して、太政官日誌《だじょうかん》（官報）により全国に公布されたのでした。

五箇条の誓文から二カ月後、閏《うるう》4月21日、新政府は「政体書」を公布します。新たな政治体制、つまり新政府の組織・機構を定めたものです。それはまず誓文の実践を基準として制度を改めると述べて、「天下の権力すべてこれを太政官《だじょうかん》（＝政府）に帰す」と言明していました。すなわち、幕府に代わってここに単一の中央集権政府を樹立すると宣言したのです。

前年12月の王政復古のさいには、総裁・議定《ぎじょう》・参与の三職を決めただけでした。年が代わって1月、三職の下に七科を置き、翌月、それを八局にしたのでしたが、それを今回抜本的に変えて、立法＝議政官、行政＝行政官ほか会計・神祇《じんぎ》・軍務・外国・刑法・民部の各官、司法＝刑法官――と立法・行政・司法の三権分立のかたちをとりました。

しかし、議政官は上局と下局にわかれ、重要事項を審議する上局は議定と参与で構成され、その議定・参与が行政の各官を兼務したのですから、三権分立は形式だけにすぎませんでした。ただ、行政官として議定のうちから二人が輔相《ほしょう》となり「天皇を輔佐する」ことが官制として明文化されたことは重要です。最初の議定兼輔相には三条実美と岩倉具視が就任しましたが、二一年後の大日本帝国憲法で「天皇の統治権」を第一条で規定しながら実際には無答責とした五五条「国務各大臣は、天皇を輔弼《ほひつ》し、其の責に任ず」の原形がここに示されていると思うからです。

参考までにこの新政府の人事を見ると――議定兼輔相＝三条実美・岩倉具視、議定＝中山忠能《ただやす》・正親町《おおぎまち》三条実愛《さねなる》・中御門経之《つねゆき》・徳大寺実則《さねのり》・松平慶永《よしなが》・蜂須賀茂韶《もちあき》（阿波＝徳島藩主）・鍋島直正（肥前＝佐賀藩主）／参与＝小松帯刀《たてわき》・後藤象二郎・木戸孝允《たかよし》・福岡孝弟《たかちか》・大久保利通・広沢真臣《さねおみ》・由利公正《きみまさ》・副島種臣《そえじまたねおみ》・横井小楠《しょうなん》――以上、一八名です。全員、維新実現の功労者だったことがわかります。

ところで政府機構（官制）はこのあともめまぐるしく変わり、翌六九（明治2）年2月には祭政一致の観点から祭祀と神社をつかさどる神祇官が最上位に置かれ、次の太政官は左・右大臣、大納言、参議等で構成され、その下に六つの省が設置されますが、二年後の七一（明治4）年4月にはその省が八省となり、神祇省は別として大蔵・工部・兵部《ひょうぶ》・司法・宮内《くない》・外務・文部省と、現代に近い名称となります。

では、どうしてこのようにめまぐるしく制度改変を重ねたのでしょうか。もちろん第一の理由は、二百六十五年の歴史をもつ幕府体制に代わってまったく新たな中央集権国家を構築してゆくのですから、たび重なる設計変更が必要だったのは当然です。制度改変の目まぐるしさは、当事者たちの不手際というよりも、逆に彼らの頭脳の回転と決断の速さを示していると見るべきでしょう。

幕末の変革は、中下級武士の志士たちと、薩・越・尾・土・芸の五藩の藩主たち、それに一部の公家たちの連合によってなしとげられました。当然、新生の政権はこの三者を中心に構成されることになります。しかしそれでは、志士たちの望んだ新たな国づくりはできません。したがって、急速なメンバー交代が必要です。めまぐるしい制度改変の裏には、そうした意図が隠されていたということを、田中彰氏は前掲『明治維新』の中で、こうわかりやすく述べています。

「(明治元年1月の三職七科制、2月の三職八局制、そして閏4月の)政体書による官制改革というめまぐるしさのなかで薩長土肥を中心とした藩士層の進出がめだった。『無定員』の徴士《ちょうし》や、大藩(四〇万石以上)三、中藩(一〇万石以上)二、小藩(九万石以下)一という定員を定めた貢士《こうし》の制は、有能な人材を中央に吸収する道であったし、わずか五カ月間に三度の官制改革がくりかえされているのは、集権的な官僚機構をつくりだすための試行錯誤であるとともに、人事の更迭がそのねらいだった。だから、官制がかわるごとに、にない手は更新され、公卿や藩主層はしだいに排除されていった。維新官僚としての能力をもつもののみがのこり、政権の主導権はこの維新官僚の手中に落ちて行ったのである。」

こうしてたとえば一八七三(明治6)年、征韓論で分裂する直前で見ると、政府首脳のメンバー構成は次のとおりでした(太政大臣は今でいえば総理大臣、右大臣は副総理、参議は閣僚です)。

太政大臣＝三条実美、右大臣＝岩倉具視、参議＝西郷隆盛・木戸孝允・板垣退助・大隈重信・後藤象二郎・大木喬任・江藤新平・大久保利通・副島種臣

三条、岩倉のほかはここでも全員が中下級武士出身のリーダーたちで占められており、藩主や家老級の重臣は一人も見当たりません。

「版籍奉還」はなぜ実現したのか

このようにして新たな政府機構を整備しながら、大久保、木戸らは「脱封建」への道を探ります。幕府は消滅したものの、二七〇余の藩はまだ現存しています。このような地方分割・分権状態を温存したままでは、中央集権の統一国家は構築できません。強力な集権体制ができなければ、近代化を急ぐことはできず、近代化を加速できなければ、列強諸国に対抗することはできません。幕藩体制のうち、幕府が消滅したいま、残る二七〇余の藩をどうするかが、「脱封建」のための喫緊の課題だったのです。

大久保と木戸はまず自分たちの出身藩である薩摩、長州に加え、土佐の板垣、肥前（佐賀）の大隈に呼びかけて、それぞれの藩主に対し「版籍奉還」を説得します。「版籍」とは戸籍や土地区分を書いた木札のことで、土地と人民をさします。版籍奉還はしたがって、藩主の支配下にある土地と人民を朝廷に還《かえ》し奉《たてまつ》る、ということです。

同じような言葉を前に聞きました。そう、「大政奉還」です。大政は国の主権（統治権）のことでしたが、今回は各藩の藩主が支配する土地と人民です。大政奉還の大前提となったのは、この国は「天子の国」であって主権は天子のものであるということでした。したがって、土地と人民も天子のものであるということになり、王政復古クーデターのなかで徳川家はその土地と人民をも還すべきだとなって、戊辰戦争により徳川家は四百万石の直轄地を没収されたのでした（のちにその二割弱、七〇万石を与えられる）。

こうして御一新、新しい時代を迎えたのだから、各藩の藩主も徳川家と同様、その版籍を天子に奉還すべきであり、そこから新たな国づくりへと向かうべきではないか——と大久保や木戸、板垣、大隈らはそれぞれの藩主に説いたのではないでしょうか。

六九年1月、薩長土肥の四藩主は、連署して「版籍奉還」の上表（君主への上申書）を提出します。それにはこう書かれていました。


「天祖肇《はじめ》て国を開き基《もとい》を建てたまいしより、皇統一系万世無窮《むきゅう》普天《ふてん》（天下）率土《そっと》（全土）その有《ゆう》（所有）に非《あら》ざるはなく、その臣に非ざるはなし。」

「そもそも臣等居《ら》る所はすなわち天子の土、臣等牧《ぼく》する（治める）ところはすなわち天子の民なり。安《いずく》んぞ私《わたくし》に有《ゆう》すべけんや。今謹《つつし》んで其《その》版籍を収めて之《これ》を上《たてまつ》る。願わくは朝廷其《そ》の宜《よろ》しきに処し、其の与うべきはこれを与え、其の奪うべきはこれを奪い、凡《およ》そ列藩の封土《ほうど》（領地）更に宜《よろ》しく詔命《しょうめい》（天皇の命令）を下し、これを定むべし。」


いわゆる「王土王民」論に立っての提言ですが、末尾の「与うべきはこれを与え」以下を見ると、いったん版籍を奉還したうえで、改めて封土が適宜分け与えられることが予定されています。つまり、この国は「天子の国」であるから、領地と人民をいったん天子に奉還するが、改めて朝廷（政府）の裁定により列藩の封土（領地）が定められ、新たに配分される、というわけです。四藩主にすれば、王政復古の実現のために果たした功績により、以前を上まわる領地が与えられることを期待したのではないでしょうか。以後、このニュースは他の諸藩にも次々と伝わります。すると各藩も、ここで積極的に賛同しておかなくては、政府の改めての配分裁定で冷遇されてはいけないと浮き足だち、われ先にと同趣旨の上表を提出したのでした。

しかし、考えてみると不思議です。先の上表文は前段で、各藩が支配する土地と人民はもともと天子のものであって、藩主が私有すべきものではないから、お返しします、と言っています。ここは明瞭です。それに対し後段は、文意がきわめてあいまいです。「与えるべきは与え、奪うべきは奪い」そのうえで改めて「これを定むべし」というのですが、本当にまた与えてもらえるのか、それがどの程度のものになるのか、何の保証もないのです。それなのに、多くの藩主がこぞって「版籍奉還」に応じたのでした。

江戸時代二百六十五年の間には「国替《くにがえ》」「転封《てんぽう》」で領地が変更されることもありましたが、多くの藩主は先祖代々領地を受け継ぎ、支配してきました。領地はいわば世襲の全財産だったのです。その全財産を手放すのですから、よほどの決断がいったと思います。それなのに、こんなあいまいな、それも一方的な〝期待〟だけで、大名たちが先祖伝来の財産を（いったんは）放棄したのです。大いなる謎、と言うべきではないでしょうか。

実は、背景に、各藩のかかえる深刻な事情があったのです。

江戸時代中期、元禄を過ぎるころから幕府をも含め多くの藩で財政が逼迫しはじめたことは先に述べました（一一五ページ参照）。その根本的な理由として、藩の歳入が米穀を基本とする年貢に依存しているということがありました。年貢の量は時代がたってもさして変わりません。しかし戦乱期が終わって世の中が落ち着くにつれ、農法の改善がすすむ中で商品作物の栽培が急速に拡大し、それが多様な加工業を発展させ、商取引をうながして、経済を活性化していきます。その結果、年貢によって固定化された藩の財政と、一般社会の経済発展との間に落差が生じることになります。そしてその落差は、商品経済の発展、消費生活の拡大につれて深まる一方だったのです。

もちろん諸藩の中には、特産物の増産と移出、専売制などを含む藩政改革によって財政再建につとめたところもありました。しかし、年貢を基礎とする中世的な藩財政と、生産力と流通の拡大による近世的な経済発展との間には宿命的な矛盾があり、藩財政の窮迫はいかんともしがたかったのです。

そのため多くの藩が豪商などから借金したり（藩債という）、藩内でしか通用しない藩札（不換紙幣）を発行したのでしたが、幕末にはその藩債と藩札の合計額が藩の歳入を超える、つまり借金が収入を上まわる藩が少なくありませんでした。

その上に、第二次征長戦から戊辰戦争とつづいた戦争による出費です。戦争にかかる経費が財政を圧迫するのは、今も昔も変わりません（アジア太平洋戦争の末期には軍事費が国家予算の八、九割にも達しました）。幕末のこの二つの戦争に、新政府からの要請で多くの藩が財政赤字を一段と増やしながら出兵したのでした。

幕末から明治初め（1865～73）の百姓一揆、
村方騒動、都市騒擾の発生件数

西　暦	元　号	百姓一揆	村方騒動	都市騒擾
1865	慶応 1	22	39	8
66	〃 2	106	44	35
67	〃 3	34	39	7
68	明治 1	108	28	5
69	〃 2	97	44	10
70	〃 3	61	29	2
71	〃 4	47	14	3
72	〃 5	27	7	−
73	〃 6	55	6	−

（青木虹二氏『百姓一揆総合年表』から）

財政が窮迫すると、為政者はどうするでしょうか？　答えは決まっています。税を重くするのです。この時代の租税は年貢ですから、年貢の量を増やすのです。搾取を強めるのです。すると、どうなるか。当然、農民の反発が強まり、追いつめられると反乱を起こします。村方騒動、百姓一揆です。都市では打ちこわしです。

前に第Ⅴ章で青木虹二氏『百姓一揆総合年表』から幕末の百姓一揆、村方騒動、都市騒擾についての年ごとの発生件数を紹介しましたが、民衆の反乱は明治になっても収まりませんでした。

上の表は慶応から明治初めにかけての年別発生件数ですが、このうち、だんぜん多い年が三つあります。百姓一揆と村方騒動の合計で見ると、六六年が一五〇件、六八年が一三六件、六九年が一四一件となります。

では、六六年はどんな年だったでしょうか。第二次征長戦争があった年です。この年にどんな事態が起こったかは先に述べました（二〇五ページ参照）。また六八年は戊辰戦争の年でした。そして続く六九年が版籍奉還が行なわれた年だったのです。この間、一揆や騒動にまで至らなくても、全国の農村が農民たちの生活の不安と憤懣で騒然とした危機的状態にあったことは容易に類推できるでしょう。

以上のような状況からすると、六八、六九年（明治1、2年）の時点においては、全国の藩が財政破綻にあえぎ、したがって藩の経営能力を失い、同時にまた行政能力、すなわち統治能力をも失っていた、ひと言でいえば半壊状態、沈みかけた船の状態にあったことがわかります。先祖伝来の藩主の全財産といっても、それは沈みかけた大船、朽ちかかった豪邸にすぎなかったのです。

多くの藩主が、薩長土肥の四藩主の版籍奉還に呼応して、相ついで奉還を願い出たのもそういう事情があったからです。

そして大久保や木戸、岩倉らの新政府が、その藩主たちのせっぱ詰まった要望に、次に見るように十二分に応えたのでした。

四藩主の版籍奉還の上表からほぼ半年後の六九年6月、政府は奉還を願い出ていた藩主に対し、今後の処遇を決定し、伝えます。

まず彼らを新たにその藩の「知藩事」に任命し、そのうえで藩の実収入の一〇分の一を保証し、その地位を新設した貴族身分の「華族」とする、というのです。あわせて、年貢による藩の収入は政府の管理下に置き、藩士たちの俸給もすべて政府から支払われることにする、というのです。

具体的に見ると、たとえば加賀藩（前田家）の場合、領地の総収穫量は約一〇二万石、そのうち藩の収入となる年貢の総量が六三万石（約六割）でしたが、その一〇分の一、六万三千石が藩主である前田家の収入とされたのです。このようにして全国二七四名の藩主が大名から「知藩事」になるとともにその収入を保証されたのでした（奥田晴樹氏「府県の創設」『講座　明治維新』第三巻、二〇一一年、有志舎、所収より）。

「親兵」政府軍の創設と「廃藩置県」の強行

これが、全国諸侯による版籍奉還を受けての政府の方針でした。これにより藩主が支配していた領地は「王土」＝国土となり、藩主はその国土の一部を管轄する政府任命の知事＝地方官となったわけですが、藩主にしてみれば、藩の経営で四苦八苦することから解放され、しかも収入も十二分に保証され、そのうえ「華族」の名誉も与えられたのです。さらに、その地位も世襲が認められました。これ以上、何も言うことはなかったでしょう。

こうして藩主たちの版籍奉還はすんなりと実現しました。これを大久保や木戸ら新政府の首脳たちから見れば、幕府の消滅に次いで、幕藩体制の解体に大きく踏み出せたということです。

しかし、実態はどうだったでしょうか。藩主や家臣たちはよそへ移ることなく地元に住んで、領民との関係にもさして変わりはありません。江戸時代、人々の日常生活には「藩」という言葉はなく、その生活圏は「くに」と呼ばれていました。つまり版籍奉還は完了しても、日本国は依然として二七〇余の「くに」に細分化されたままだったのです。
もっと大きく根本的な改変がなければ、封建制の統治構造が変わったとは言えません。封建制を脱却して、近代的な中央集権国家を構築するためには、さらなる変革が必要です。

すでに一つのモデルがありました。戊辰戦争により没収した幕府の直轄地、いわゆる「天領」(この呼び名からも江戸時代に「天子」に相当するのは徳川将軍だったことがわかります)は新政府の直轄地として接収し、そこには新たに「府県制」をしいていたのです。したがって、版籍奉還の前から「藩」を「県」に変えて政府の統制力を強める意見はありました。「政体書」の発表後に政府内に設置された各藩の代表で構成される「公議所」でも、「封建制」をとるか「郡県制」にするかで議論がはくちゅうし、結果は真二つに分かれていたのでした。

しかし、二百六十五年もの間つづいてきた「くに」を解体して再編するのですから、ことは重大です。強行すれば、当然さまざまの抵抗が生じるはずです。たんなる通達や説得で実現できるとは思えません。わき起こる反発や抵抗を抑えるための「実力」、すなわち軍事力を中央政府がもつことが必要です。そしてその軍事力の調達先は、やはり維新の主力である薩摩、長州のほかにはありませんでした。
ところが、その薩摩の中心人物である西郷隆盛の姿は、当時、中央政界には見えませんでした(先述の政体書による新政府の人事でも参与の中に西郷の名はありません)。西郷は、戊辰戦争が一段落した六八年秋以来、政治の世界から離れ、新政府からカムバックを求められても断わっていたのです。しかし翌六九年2月、西郷の湯治先に薩摩藩主・島津忠義がじきじきに訪ねてきて藩政への助力を求められると、さすがに断わることはできず、薩摩に帰っていたのでした。

猪飼隆明氏（『西郷隆盛』一九九二年、岩波新書）によると、「藩主忠義が西郷に期待したものは、戊辰戦争から凱旋した下級士族層の傍若無人の振るまい、跳梁跋扈《ちょうりょうばっこ》について対策を講じること」でした。そこで帰郷した西郷は藩政改革にとりくんだのですが、その実質をひと言でいえば「下級士族中心の改革」でした。すなわち島津家一門はじめ功臣の私領地はすべて藩庁で接収し、新たに地頭を任命して管轄させ、また門閥の家臣の家禄は大幅に削減して、かわりに下士族の家禄を二割増しにし、全士族による常備隊を編成、兵器類は藩内で自給できる体制をつくる――というものです。

これについて井上清氏は「下級士族独裁の西郷王国」と呼び、そこに西郷の国家構想の原型（中下級士族の軍事独裁政権）を見ていたようですが、猪飼氏はその見方には反対で、西郷の改革には「場当たり的対応にすぎないものがめだつ」と言い切っています。が、ともあれ、こうして強化された薩摩士族の結束が、八年後の西南戦争でその成果を大いに発揮したことはまちがいないと思われます。

さて、その西郷が、新たな政府直轄軍（親兵《しんぺい》）をつくる上にはどうしても必要だと、岩倉や大久保、木戸は考えたのでした。

そこで七〇（明治3）年12月、この三名に兵部《ひょうぶ》省の山県有朋と川村純義《すみよし》も加わって、薩摩へ来るのです。大挙してやってきた政府首脳の熱意に対し、さすがに西郷も上京を承諾、薩摩の最高実力者・久光もそれを認めました。

次いで翌七一年1月、岩倉と西郷が長州を訪問して知藩事・毛利敬親《たかちか》に上京を要請します。さらに、西郷、大久保、木戸は土佐へ行き、板垣退助らと会って、政府直轄軍への土佐藩の参加についての合意を得ます。こうしてかつての薩長同盟、薩土盟約がまたも再現されたのでした。

2月初め、西郷、大久保、木戸は東京に戻り、8日、太政大臣・三条実美《さねとみ》の屋敷で関係者会議を開き、10日、政府の正規の会議において薩・長・土の三藩から兵を拠出して天皇の「御親兵」を編成することを決定します。その結果、薩摩から歩兵四大隊・砲兵四隊、長州から歩兵三大隊、土佐から歩兵二大隊・騎兵二小隊・砲兵二隊、合計八千名からなる政府直轄軍が出現したのでした（以上、松尾正人氏「版籍奉還と廃藩置県」前出『講座　明治維新』第三巻所収から、以下も）。

このあと春から夏にかけ、政府の人事を含め、政府の首脳たちに有力諸藩のメンバーも加わってさまざまの論議が交わされますが、その中から「廃藩断行論」が浮上してきます。西郷もそれに同意し、廃藩は「天下一般」の「世運《せいうん》」だと郷里に書き送っています。

7月に入って、大久保も西郷から大方の議論が廃藩論に向かっていることを聞き、木戸もまた井上馨からその状況を聞き、今や跳躍の時機が来たことを知ります。

そこで同月9日夕刻、西郷、大久保、木戸は九段の木戸邸に集まり、「深夜にまでおよんだ密議で、廃藩置県の断行を合意し、その際の障害に対しては、軍事力の行使をいとわないことを確認」します。その結果はもちろんすぐに土佐と肥前の各藩に伝えられました。

このあと事態は間をおかず進行します。四日後の7月14日、天皇が出御《しゅつぎょ》したその前で、三条太政大臣が「廃藩置県の勅語」を宣し、居並ぶ薩・長・土・肥の知藩事（土佐のみは板垣が代理）に対して四藩が「版籍奉還」を主導したことをたたえて、今後も国政への尽力を命じました。続いて、先に「郡県樹立」を建議した名古屋、熊本、鳥取、徳島の各知藩事が召見されてその忠誠を誉められ、次いでこんどは大広間に在京の知藩事全員が呼び出され、天皇の出御を仰いで三条太政大臣により「廃藩置県」の詔書が宣されたのでした。

このあと政府の人事では、参議が西郷と木戸だけだったのに加えて板垣と大隈が任命されました。政府の最高幹部に、薩長土肥がそろったわけです。

こうして、版籍奉還につづいて廃藩置県も、岩倉と西郷、大久保、木戸、板垣ら薩長土肥の政治的リーダーたちにより主導されて実現しました。その強行突破の背後には彼らがつくった政府直轄軍の存在があったと思いますが、これが成功したのは、何よりもそれが西郷の言ったように「天下一般の世運《せいうん》」、つまり〝歴史の必然〟だったからではないでしょうか。三世紀近くも前につくられた、この列島を二七〇余の「くに」に分割分権して人々の生活をその枠内に封じ込めるという統治体制そのものが、生産力と流通手段の大幅な発展の中でもはや持ちこたえられなくなっていたのです。その事実を証明していたのが、各藩が背負い込んだ絶望的な財政破綻だったのでした。

その財政赤字を補填するため、各藩は豪農、豪商から資金を借り入れ、不換紙幣の藩札を発行して当座をしのいできました。藩が存続するかぎり、その債務・債券から逃れることはできません。ところが廃藩置県を受け入れれば、政府はその債務・債券をすべて肩代わりしてくれるというのです。藩主の収入はすでに版籍奉還で保証されています。藩士たちの俸給も政府から支給されることになっています。物質面から見るかぎり、知藩事たちが廃藩置県を拒否する理由はなかったのです。

しかし、精神面では、そう簡単にはいきませんでした。藩士たちはこれまで、主君と家臣（殿と家来）という関係にもとづく倫理世界・精神世界のなかで代々生きてきたのです。その関係性が断たれ、家臣団という所属集団も消滅したあと、何をよすがとして生きていけばいいのか、方途を失って迷い、立ちすくんだ士族は少なくなかったでしょう。廃藩置県の宣明式に知藩事の代理で出席したある藩の重臣が国元に送った手紙の一節には、「唯々《ただただ》血涙に顔面を洗い候のみ」とあったと松尾氏の前掲論考に紹介されています。廃藩置県によって士族のなかに生じた絶望感、怒り、憤懣はその後もくすぶり続け、のちにその一部は士族反乱となって噴出することになります。

が、ともあれ、この廃藩置県によってまず設置された「一使（開拓使＝北海道）、三府（東京、京都、大阪）、三〇二県」は、そのあと整理・統合され、この七一（明治4）年のうちに「一使、三府、七二県」となります。以後さらに整理されて、一七年後の一八八八（同21）年（帝国憲法発布の前年）、「一道、三府、四三県」と現在と同じ行政区画になったのでした（東京府は第二次大戦中の一九四三年に東京都となる）。

身分制＝士族特権の解消と徴兵制

こうして幕府に次いで藩も消滅し、幕藩体制は解体されました。しかし、これではまだ封建制から脱却したとは言えません。

封建制の国家・社会は、二本の支柱によってささえられていました。一本は、国土が細分化されて、その分割された領域（藩）を領主が所有し支配する、地方分割・分権制です。江戸時代はそれを最大の領主、徳川将軍の幕府が統括したので、幕藩体制と呼ばれますが、その幕藩体制はすでに解体されました。しかしまだもう一本の支柱は残っています。

その残る一本が、身分制です。士農工商といいますが、農工商の間には差別はありません。すべて平民だからです。しかし、士（武士＝士族）と平民の間には決定的な差別がありました。

まず、平民には参政権はありませんでした。平民は一方的に支配され、取り締まられるだけであり、政治はすべて住民の一割にも満たない武士層、それも上級の武家によって執り行なわれました。

その政治権力の背景にあったのは、武士が腰に差していた二本の刀に象徴される、武力の独占です。時代劇にはよく「お武家様」という言葉が出てきます。浪人であっても二刀を差していれば「お武家様」だったのです。極端な場合には「斬り捨てご免」ということもありました。

このように人口の一割にも満たない——大体六〜七％くらいではなかったかと思われますが——武家による武力を背にした政治権力の独占、これが江戸時代の身分制でした。この身分制が存在する限り、封建制も存続すると言わなくてはなりません。したがって、「脱封建」をめざす政府首脳たちの最後の課題となったのが、この身分制の解体でした。

その動きは版籍奉還の翌年、七〇（明治3）年から始まりました。それまで平民には禁じられていた苗字《みょうじ》（名字、姓名の姓）を付けることを認めたのです。農家や商家ではそれまで個人の名前だけしか付けることを許されておらず、そのため各家にはそれぞれ屋号（家号）をつけ、それで呼び合っていました。それが、武家と同様に苗字を付けることができるようになったのです。

次いで廃藩置県の直後の七一（同4）年8月には、こんどは士族に対し、散髪して髷《まげ》を落とすこと、刀を差すことは「勝手たるべきこと」、つまり個人の自由にまかせることとしました。自由ではあるが、実質的には散髪と脱刀を奨励したのです。

あわせて、平民が羽織や袴を着用することを認めました。つまり服装の自由を認めたのです。またさらに、士族と平民の婚姻の自由も認めました。

こうして平民を拘束していた数々の縛りが解かれ、その人権が認められるようになりました。裏を返せば、士族の特権が次々に奪われていったということです。「斬り捨てご免」などはもちろん厳禁されました。

もう一つ重要なことは、同じとき、被差別民についても「えた・非人」の呼び名を廃止し、以後は「身分職業とも平民同然たるべきこと」と定めて「賤民制」を廃止したことです。こうして新政府により法制上は差別が廃止されたのですが、実態はそれから三五年がたった一九〇六（明治39）年に発表された島崎藤村の小説『破戒』にもその無残な実相が描かれたように、日本社会において差別は殆んど無修正のまま存在しつづけ、現代でもまだ根絶されたとは言い切れないのが実情です。

こうして、旧公卿や旧藩主に与えられた貴族身分の「華族」は別として、形の上では「四民平等」となり、近代国家にふさわしい統一的な「国民」が生まれたわけですが、その「国民」を国家（政府）

がしっかりと掌握するためには、一人ひとりの姓名のほか性別・生年・続柄・住所を把握する必要があります。そのために政府は廃藩置県の少し前、七一年4月に戸籍法を定め、翌七二（明治5）年から施行、全国民の戸籍を作成しました。この七二年が干支《えと》では壬申《じんしん》（みずのえ・さる）の年に当たるのでこれを壬申戸籍といいます。

こうして作られた戸籍が、ただちに活用されたのが、廃藩置県の翌年、七二年11月に発せられた「全国募兵の詔《みことのり》」、すなわち徴兵制の宣言ですが、そのための準備は前年の廃藩置県の直後から着手されました。

まず兵《ひょう》部《ぶ》省の官制が改革されて陸軍掛と海軍掛に分けられ、次いで旧諸藩の常備兵はすべて解散させられました。

翌七二年2月には兵部省が、陸軍省と海軍省の二省に分離され、翌3月には「御親兵」が「近衛兵」と改称されてその都督（総司令官）には山県有朋が就任します。四カ月後の7月、西郷が全将軍を統率する大将となり、代わって近衛都督となりました。

このように兵制はととのえられていきますが、問題は兵士数の拡充です。もともと維新変革の引き金となったのが、列強諸国からの圧力に対する危機感でした。それに対抗するには、強力かつ充実した軍隊が必要です。しかし前に述べたように、士族は全人口の六、七％程度にすぎません。しかもそのうち実戦力の兵士となり得るのは一部（二〇代の男子）だけです。士族のみによる軍隊では、兵士の数が絶対的に不足します。したがって近代的な戦力となる軍隊を編制するためには、全国民から兵士を募る必要があったのでした。

しかし、兵士には戦争で命を落とす覚悟が求められます。そんな危険な職業に、みずから志願してくる青年がそう多くあるとは期待できません。そこで、法律によって一定の年齢に達した男子に対し軍隊に入ることを義務付けるという方策が生じてきます。徴兵制です。

最初に徴兵制の必要を強く主張したのは、山県有朋だといわれます。山県は長州の出身です。長州には士族のほか農民や町人をも加えた非正規の奇兵隊はじめ諸隊をつくって幕府軍と戦った実績があります。山県には〝国民軍〟編制の見通しがあったのでしょう。

これに対して正面から反対したのは、桐野利秋《きりのとしあき》少将でした。桐野は薩摩の出身、薩摩は先に紹介したように「士族の王国」です。西郷も平民による軍には反対だったようですが、さすがに徴兵制が避けられないことはわかっており、反対を明言はしませんでした。

こうした事情の上に、国民一人ひとりの氏名・性別・生年を漏れなく把握する戸籍が整備されたことにより、満二〇歳に達した男子は国家による徴兵検査から逃れることは不可能となったのです。

前記の七二年11月の「全国募兵の詔《みことのり》」に続いて翌七三年1月、太政官《だじょうかん》（政府）布告として徴兵令が公布され、以後、一九四五年のアジア太平洋戦争の終結まで、日本の青年男子は徴兵制、つまり軍隊に入ることから逃れることはできなかったのです（ただし初期には、官吏や高額納税者、戸主やその跡継ぎなどは兵役を免除された）。

こうして明治新政府は軍事国家への道を歩み出すのですが、平民にはもちろん徴兵制はつよく忌避されました。徴兵令から一年後の七四(明治7)年に出版された小川為治という人の『開化問答』という冊子があります。新政府による政策にこめられた「開化」の意図を解説することを目的に、旧平という老人の問いに開次郎という青年が答えるという形で書かれていますが、開次郎の観念的な答えに対して旧平の問いがきわめてリアルなのが特徴です。その問答中、徴兵をめぐっての旧平の問いかけを紹介します(『明治文化全集 第二十四巻』一九六七年、日本評論社から)。

「……まだわからんことがござる。それは何だというに、今度の徴兵の御規則でござる。今度の御規則にては天下一般百姓町人に至るまで歳二十に満《み》つれば皆籤引《くじびき》にて(注:この点は誤解)兵士にならなければならぬとのことでござる。なにも是迄《これまで》戦争の備《そなえ》には武士というものがあって、平常何の役もなく大禄《たいろく》を頂戴し、百姓町人の上に位《くらい》し、威張て居ることではござりませんか。また百姓町人も平常武士に向《むか》いて路《みち》を避け席を譲り、低頭平身して貴君の御無理御尤《ごもっと》もと尊敬するは、畢竟《ひっきょう》騒動があってもこの人等の御蔭にて、我々の身体へは迷惑がかからぬだろうと思う故でござる。それに今更百姓町人を引上げ鉄砲を担《かつ》がせ、まるで狐付《きつねつき》の行列みたような事をさせるとは、あまりといえば無理な御規則ではござりませんか。かつ百姓には耕作、職人には仕事、商人には商売と、各々《おのおの》定まったる家業があれば、そんな余計な仕事には構って居ることはできません。また無理にして見たればとて、平常そのことを家業にして居る人のようにはうまくゆきますまい。それゆえ公方様《くぼう》(徳川将軍)の時代には、武士に大禄を与え、騒乱の用に備えるわけでござる。それを今更これらの役を百姓町人にさせては、肝心の武士はいらぬ物になり、その人たちの職分が立ちますまい。またこのごろ気をつけて見れば、武士の魂だという大小（の刀）さえ佩《はい》てあるく人がなきように成行《なりゆき》ました。これらは実に西洋人に妖惑されたところかと思います。……自分たちはかかる籠絡《ろうらく》に陥っていながら、百姓町人の鋤鍬《すきくわ》算盤《そろばん》よりほか持ったこともなきものに鉄砲を担がせ、小隊すすめだなんていうたとて、何の益に立つものか。……」

徴兵制を前にしての、当時の庶民の気持ちが率直に語られているように思われます。江戸時代を通じての武士と平民の関係はこのようなものとして認識されていたのです。身分制社会の下積みで生きてきた平民にしてみれば、中下級とはいえ武家である新政府の幹部たちが、今になって何を言い出すか、という思いだったでしょう。

しかし、こうした平民の思いを問答無用で抑圧して、徴兵制は強行され、軍事国家としての日本をささえていくことになります。

徴兵制＝国民皆兵により、武力の独占というバックボーンを引き抜かれて、武士身分は消滅しました。「士族」という名称だけは残り、その名目に固執する人々は少なくありませんでしたが、実質的には何の特権もなかったのです。

こうして、幕藩体制とともに封建制をささえる支柱だった身分制度も消滅し、封建制はついにその終焉を迎えました――と言いたいのですが、事はこれで終わりませんでした。新政府の繰り出す政策に承服できない武士たち、文字どおりの武装集団が、あいついで反旗をひるがえし、決起したからです。

岩倉使節団と地租改正、学制改革

そのことを述べる前に、岩倉使節団について触れておかなくてはなりません。廃藩置県を断行してまもない七一（明治4）年10月、右大臣（副総理）岩倉具視を全権大使として、大久保利通、木戸孝允、伊藤博文ら政府の中核メンバーを含む総勢一〇〇名を超す大使節団（約半数は津田梅子ら女子五名を含め華・士族の留学生）が横浜からアメリカへと出航します。目的は、欧米諸国と締結している修好通商条約（不平等条約）の改定の交渉（現行の条約で翌七二年7月1日から改定の発議ができるとなっていた）と、先進諸国の政治と経済、文物の視察でした。

このうち条約改定の方は、最初のアメリカとの交渉で大きくつまずき、他の諸国との間でもまったく成果を見ることはありませんでした。しかし、視察についてはその収穫は大きかったはずです。太平洋を横断してまずアメリカへ行き、次いで大西洋をこえてイギリスへ渡り、次にフランスを訪れ、ベルギー、オランダをへた後ドイツに行ってビスマルクに会い、そこからさらにロシアへ行き、デンマークに戻ってスウェーデン、イタリア、オーストリア、最後にスイスを訪問、そこからマルセイユへ出て船に乗り、地中海からスエズ運河を通って紅海に出、アラビア海、インド洋からマラッカ海峡をへて香港、上海から長崎、神戸、そして横浜に帰還したのは、七三（明治6）年9月のことでした。実に一年一〇カ月にわたる大視察旅行でした。

この岩倉使節団については当時から批判がありました。第一に、当初の計画は一〇カ月半という旅程だったのに、実際には二年近くにも延びたことです。最大の理由は、アメリカ国務長官との条約改定の予備交渉で、使節団が正式の全権委任状をたずさえていないことを問題にされ、大久保と伊藤がそれを取りに日本に戻ったことで半年以上を空費したことにあったのですが、日程が延びれば費用もかさみます。それで、

「条約は結びそこなひ　金は捨て　世間へ対し（大使）何と岩倉」

といった狂歌で揶揄されました。

しかし、新政府の中心メンバーたちが欧米先進諸国の現実をその眼で見てきたことの意味は大きかったと思います。なにしろ近代的な中央集権国家の構築をめざして脱封建革命を主導してきた大久保、木戸、岩倉らと、彼らの率いる新進の官僚たちが、先進諸国の実際の姿を実地に見て、学びとってきたのです。その〝評価〟は別として、その後の欧米をモデルにしての文明開化・近代化へ向けての、いわばなりふり構わぬ突進（代表例は鹿鳴館）は、この長期の欧米視察から受けたインパクトによるところが大きかったのではないでしょうか。（政府が高額の報酬で招聘したいわゆるお雇い外国人の数は早くも七四、五〈明治7、8〉年がピークで五百名を超え、明治期全体では三千人にも及んでいます。）

では一方、岩倉使節団が欧米を周遊していたその間に、日本国内では何があったでしょうか。すでに見たように、七二年11月に「全国募兵の詔《みことのり》」が出され、翌七三年1月には徴兵令が公布されました。また七二年8月には学制改革があり、七三年7月には地租改正令が布告されました。いずれも重大な改革ですが、使節団が不在の間に〝留守政府〟によって遂行されたものです。

地租改正は、ひと言でいえばこれまで年貢米の形で収められてきた租税を現金で収める形に変えるというものです。廃藩置県のあとも、租税は従来どおりの方式で収められてきました。しかし国家予算は年貢米では組めません。藩の限られた領内であれば、集積した年貢米を米穀商に売って換金することは可能でしたが、それを政府が全国規模でやることは到底できません。

それで、農民（多くは小地主）がそれぞれ収穫した米を売って現金に換え、それで税を納めさせることにしたのです。そしてそのさいの納税額は、年々の収穫高によるのではなく、農地の地価を算出し、その地価の三分《ぶ》（三％）と一定させることにしました。収穫高は年によって変わり、それによって米価も変動します。それで歳入額が変わるのでは、国家の年度予算を計画的に組むことができないからです。

地租改正は、したがって中央集権国家にとって必要かつ必須の措置だったのですが、農民にとっては収穫の上にそれの換金という新たな負担が加えられることになりました。しかもその結果、税額は総じて重くなったため、農民の間から激しい反対運動が起こり、七七（明治10）年にはついに税率を五厘《りん》（〇・五％）だけ引き下げて二分五厘（二・五％）に引き下げさせました。「竹槍でドンと突き出す二分五厘」という川柳で知られています。

が、ともあれ、これまで何百年と続いてきた物納による貢租を、金納に転換したのですから、文字どおり歴史的な大転換であったことはまちがいありません。それだけに大事業であり、七三年から八〇年まで（明治6〜13年）かかって地租改正はいちおう完了しますが、方針を決めたのは岩倉使節団の出発前ですから、留守政府だけの判断で進められたわけではありません。

学制改革については、これも廃藩置県の後まもない七一年11月、欧米にならった全国画一の学校制度をつくるための調査を始め、翌七二年8月に、「学制」および「学事奨励に関する仰出《おおせいだ》され書」を公布します。それにはよく知られているように、「自今《じこん》以後、一般の人民、かならず邑《むら》(村)に不学の戸《こ》(家)なく、家に不学の人なからしめざるべからざるものなり」と宣言し、子供を小学校に通わせなかったときは、「その父兄の越度《おちど》たるべきこと」と決めつけていました。

しかし、そのために新たに建てる学校の建設費や教員の給料などはすべてその町村民の負担することとし、そのうえ児童一人につき月額五〇銭までの授業料をとることも認めていました。要するに、上から就学の義務を負わせながら、それに要する費用はすべておまえたちが負担せよ、と命じたのです。そのため、学校反対の運動が、徴兵令反対、地租改正の費用徴集および地価の上からの一方的決定反対の要求とともに、各地で数万、十数万人を集めてわき起こったのでした。学校制度が定着してゆくにはまだ多くの年月を要することとなります。

征韓論による政府の大分裂——明治六年の政変

さてここで、岩倉使節団の帰国の当時に戻ります。使節団の帰国は前記のように七三年9月でしたが、実は大久保と木戸はその前に帰っていました。この年3月中旬、ベルリンにいた二人に対し、留守政府から早期帰還の要請がとどいたからです。それに対し、大久保は即時帰国することにしたので

大久保利通（左）と木戸孝允（どちらも国立国会図書館「近代日本人の肖像」から転載）

すが、木戸はなおロシアなどの視察を希望したため、二人は別行動をとることになり、大久保は5月末に、木戸は7月下旬に帰国しました。大久保、木戸は維新変革の中心人物でしたが、それぞれ薩長を代表するリーダーであり、パーソナリティーもだいぶ違っていたため、仲はあまりよくなかったのです。ここでついでに、二人に対する大隈重信の人物評を紹介しておきます。この後の、とくに大久保の行動を理解するのに役立つはずです。

「木戸は正直真面目な人であって、雄弁とうとう奇才縦横であるが、しかしなかなか誠実な人であった。大久保は辛抱強い人で、喜怒哀楽を顔色に現わさない。言葉少なく沈黙、常に他人の説を聴いている。『宜かろう』といったら最後、必ず断行する。決して変更しない。百難を排しても、遂行するというのが特色であった。……木戸は詩も作れば、歌も詠む。ことに風流韻事に長じていて、遊ぶことも、騒ぐことも好きで、陽気であったが、大久保は、これに反して陰気なふう、それに無骨無粋であった。この点も、両人正反対である。」（大隈重信叢書第一巻『大隈重信は語る』）

この大隈の評を、田中彰氏は前掲『明治維新』のなかで引用した後――「この文章に、木戸が病気がちだったこと、そのせいもあってか意志が大久保より弱かった、などとつけ加えれば、二人の対蹠《たいしょ》的な性格は語りつくされている」と述べています。

ところで、大久保と木戸の二人に対して、留守政府はなぜ早期帰国を求めたのでしょうか。理由は、政府内の対立がひどくなり、調整不能に近い状態になったからでした。大蔵卿（大臣）の大久保が欧米視察に出たあと、大蔵省で采配をふるったのは井上馨大輔《たいふ》（次官）やその配下の渋沢栄一でした。財政をにぎる大蔵省は昔も今も大きな権限をもっています。その権限をめぐって、大蔵省と司法省をはじめとする他の省との対立が泥沼化し、事態はついに井上と渋沢の辞表提出にまでいたります。代わって大隈が仮の総裁となりますが、対立はおさまらず、大隈は大久保と木戸の帰国を待ちかねていたのでした。

そうした中、大久保は帰ってきたのですが、帰朝報告を出すとすぐに箱根へ静養に出かけてしまうのです。木戸もまた、帰ってはきたものの、「参議」の要職にありながら出勤しませんでした（使節団出発時の「参議」は木戸のほか西郷、大隈、板垣の四名）。

早期帰国の要請に応じながら、二人がすぐに政府に出向かなかった理由として、使節団の出発前に、留守の間はなるべく新規の改革は行なわないと約束していたにもかかわらず、留守政府がそれを破ったからだという説があります。しかし、すでに見たように、徴兵令施行も、地租改正も使節団の出発前にその基本方向は決定されています。留守政府がそれを推し進めたのは当然の責務です。また学制改革にしても、学校教育制度の整備は新政府のリーダーたちにとっては必至と考えられていたでしょう。

大久保や木戸が留守政府と決定的に対立したのは、そういうことではなく、「征韓論」の問題でした。しかもそれが、政府の方針として正式に定まったのは、大久保と木戸が帰国した後なのです。ここに問題のわかりにくさがあるのですが――。

征韓論には長い歴史があります。古くは本居宣長が日本の外交史を論じた『馭戎《ぎょじゅう》慨言』で、豊臣秀吉をほめ称えたあと自身の中国・朝鮮侵略の戦略を述べていたことは、第Ⅰ章で紹介しました。幕末には吉田松陰が野山獄の獄中で書いた外交論『幽囚録』で、朝鮮侵攻の必要性・必然性を強調しています。その松陰に学んだ木戸も、早いころから征韓論をたびたび説いていました。つまり、征韓論そのものは新政権の多くの指導者たちが共有していた政治思想だったのです。(したがって、征韓論で敗れた西郷らが政権を去ったわずか二年後の七五年、大久保らの政府は日本軍艦の挑発による朝鮮軍との戦闘「江華島事件」を容認し、翌年にはそれを理由に朝鮮政府に対して不平等条約「日朝修好条規」を強要して締結したのでした。)

留守政府と大久保らとの対立の要因は、だから征韓論そのものではなく、それを実行する時期、タイミングの問題だったのです。

大久保が帰国する前月の4月、現「参議」の西郷、木戸、板垣、大隈に加えて新たに大木喬任《たかとう》・江藤新平（いずれも肥前）・後藤象二郎（土佐）の三名が「参議」となりました。朝鮮問題は、この木戸を除く六名と太政大臣・三条実美との閣議で論議されました。

当時、日本の新政府と朝鮮政府との間にはぎくしゃくした関係が続いていました。江戸時代を通じて、幕府は朝鮮との外交を対馬藩を通して行なってきました。釜山には草梁倭館《そうりょうわかん》という外交・通商のための施設が朝鮮側から提供され、対馬藩の藩士が数百名規模で常駐していました。

ところが廃藩置県によって対馬藩が消滅します。それで新政府が外交関係を引き継ぐことにしたのですが、そのさいの日本新政府の強引なすすめ方、たとえば草梁倭館を一方的に接収するといったやり方に、〝儒教の国〟で「名分（上下の序列）」を重んじる朝鮮政府が強く反発し、正規の国交が結ばれぬまま過ぎてきていたのです。

7月の某日、新政府の閣議は、まず板垣の強硬論から始まりました。居留民保護を理由に、一大隊を派兵すべきだ、というのです。それに対して、西郷がこう反論したと、前出の猪飼氏の『西郷隆盛』にあります（以下、この猪飼氏の著書を参考に経過を追います）。

「ただちに兵を動かせば、日本国は朝鮮国を呑噬《どんぜい》せん（攻略して領土を奪う）ことを謀《はか》っていると思われ不都合である、だからまず全権の使節を派遣し、京城《けいじょう》（ソウル）の朝鮮国政府と談判して『自ら悔悟（悔い改め）せしむる』のがよい。」

これに付随して三条が、大使は軍艦に乗り、兵を率いていけばよい、と言うと、西郷は、いや兵はだめだ、礼装し、礼を厚くして正門からのぞむべきだ、と反論します。それを聞いて板垣も自説を撤回し、他の参議も西郷説に賛同しました。

こうして使節派遣は決まりましたが、問題はだれがその使節を引き受けるか、です。西郷は、使節派遣を提議したときから、もちろん自分が引き受けるつもりでした。しかしそれでは自作自演となります。望ましいのは参議全員からの推薦による指名でした。そのための根回しを板垣にたのむのですが、当時、西郷は脂肪過多でドイツ人ホフマン医師の治療を受けており、外出もままならないので、もっぱら書状でその意思を伝えています。

使節派遣についての閣議がスムーズに進まなかったのは、三条太政大臣が9月に予定された岩倉使節団の帰国を待っていたからです。しかしそれを待たずに8月17日、その最終閣議が開かれることになりました。それで西郷は自ら三条を訪ね、使節派遣に込められた戦略的な意味を説きました。その内容を、西郷は書面で板垣にこう伝えています。

――使節を送ってその口から、日朝国交をめぐってのこれまでの朝鮮側の冷たく不遜な態度をいろいろとあげつらえば、朝鮮側は激昂《げきこう》するのみならず使節を「暴殺」するにちがいない。そこで、それを理由(名分)にして朝鮮に攻め込めばいい。これが実は「内乱を冀《ねが》う心を外に移して国を興すの遠略」なのである、と。

西郷は傑出した戦略家でしたが、彼が最もこだわったのは、戦いの「大義名分」でした。名分(正当な理由)なき戦争は世論の支持を得ることができず、結局は敗北につながると考えたからです。鳥羽・伏見の戦いの前、幕府と戦端を開く名分（相手に仕掛けさせる）を得るため、江戸市中を撹乱する浪士隊の結成を指示したのもそのためでした。

今回はその名分を、「使節の暴殺」に設定し、自分がその「暴殺」される役を引き受けたい、と西郷は三条太政大臣に迫ったのです。その迫力に押され、8月17日の閣議は西郷を使節として朝鮮に派遣することを決定したのでした。

こうして西郷の強引なリードで決定された朝鮮への使節派遣に、大久保と木戸は真っ向から反対でした。欧米諸国の自分たちの国とは比較にならない進んだ科学技術文明を実地に見てきた彼らは、今は戦争を仕掛けるような段階ではない、と見ていたからです。

加えて国内の情勢も、他国との戦争どころではありませんでした。先に、六八、九年（明治1、2年）は百姓一揆・村方騒動が突出して多かったと述べましたが（三〇一ページ参照）、続く数年（明治3〜6年）も農民による抗議・決起は絶えませんでした。数字を紹介すると——七〇年＝九〇件、七一年＝六一件、七二年＝三四件、七三年＝六一件、です。

こうした現実を踏まえて、木戸は三条に対し、「万民困苦」して「蜂起する数次」のいまは「ますます人民を困らせ、いよいよ国力を損」じるような戦争はできない、と伝えていました。大久保もまったく同じ意見です。にもかかわらず二人が動かなかったのは、西郷を中心とする征韓論陣営を相手に今へたに動いてもどうにもならないと見て、岩倉右大臣の帰国を待っていたからでした。

9月13日、岩倉使節団が帰国しました。欧米の現状を見てきた岩倉は、もちろん大久保、木戸と同意見です。ところがここへきて、木戸が病気で倒れました。やむなく大久保が、以前から要請されていた「参議」への就任を、外務卿の副島種臣とともに引き受けます。

10月14日、岩倉右大臣、それに大久保、副島の新「参議」を加えて閣議が開かれました。「参議」のうち征韓派は西郷、板垣、後藤、江藤、副島の五名、反対派は大久保、大隈、大木の三名です。激論が交わされましたがこの日は決着がつかず、翌日に持ち越されました。

二日目の閣議には西郷は出席せず、書面を提出しました。使節の派遣はすでに閣議で決定され、天皇の裁可も得ている、という内容でした。それなのに今さら何を言うか、と突き放したのです。しかしこの日も議論は紛糾し、結論は、太政大臣と右大臣の決定にゆだねることで終わりました。

最終決定は両大臣にゆだねるというこの結論に、西郷は安堵したでしょう。なぜなら、太政大臣の三条はすでに西郷の使節派遣に賛同していたからです。しかし一方、大久保もまたそこに曙光《しょこう》を見ていました。太政大臣は三条、岩倉は右大臣ですが、政治家としては経歴においても力量においても三条と岩倉では格段の違いです。最後は岩倉の主張で決着がつく、と見ていたのです。

ところが、三条が出した結論は、西郷による使節派遣でした。三条は、西郷が閣議に提出した書面の紙背《しはい》に、もし前回の決定がくつがえるならば断じて辞職する、という西郷の不退転の決意を読み取っていたからです。

しかし三条のこの裁断は、別の重大な事態を招きます。怒った大久保が三条の邸をたずね、辞表を出したのです。木戸もそれに続きました。そしてさらに岩倉も、「此の上は進退を致すのほかこれなく」と三条に辞意を伝えます。西郷と並んで維新の最大の功労者と見られる三人から辞表を突き付けられたのです。

こうして西郷らと大久保らの板挟みとなって追いつめられ、進退きわまった三条は、苦悩のあげく「そのまま大病を発し、精神錯乱状態に陥ってしまった」（猪飼氏前掲書）のでした。

ここで大久保が策動します。岩倉に奮起をうながすとともに、同志の黒田清隆と宮内省少輔《しょうゆう》の吉井友実《ともざね》を通じて宮内卿の徳大寺実則《さねのり》に働きかけます。つまり徳大寺から天皇に対し、三条の病難という非常事態にさいして、岩倉の太政大臣代行への就任を献言してもらったのです。このとき満二〇歳だった明治天皇は、それを受け入れました。岩倉に、太政大臣代行を命じる勅語を与えたのです。

こうして太政大臣の地位についた岩倉は、西郷ら征韓派の参議を召集して、「明日、参内《さんだい》して賛否両論を説明し、天皇の聖断をあおぐことにする」と言い渡します。もちろん征韓派は猛然と反論します。中には、「聖上聡明といえども春秋ようやく二旬（二〇年）有余なり」閣議決定を尊重すべきだ、というあの王政復古の小御所会議（二六五ページ参照）のときと類似の意見も飛び出しましたが、岩倉は一歩も引きませんでした。

翌日、岩倉は天皇に対し、視察した欧米諸国の実情、そこで感じたこと、考えたことをつぶさに報告します。そして、いま最も重要なことは殖産興業によって国力を充実すること、外国に戦争を仕掛けることなどはもってのほかであることを、岩倉は全力で語ったにちがいありません。若い天皇が熱心に耳をかたむけ、岩倉の意見を受け入れたのは当然でした。

近代天皇制において、いわゆる「聖断」が決定的な効力を発揮した最初のケースです。

ここに、西郷の使節派遣の願いはついえました。結果がそうなることは、西郷はすでに岩倉との激論が終わった時点でわかっていたらしく、翌23日、「胸痛の煩《わずら》いこれあり、とても奉職罷《まか》りあり候儀相叶《あいかな》わず」として、参議および近衛都督の官職を辞職、官位「正三位《しょうさんみ》」の返上を願い出ます。そして五日後には早くも横浜を出航、鹿児島へ向かったのでした。

西郷と同時に、板垣、江藤、後藤、副島の四参議も辞表を提出しました。九名からなる参議のうち、五名の参議が政府を去ったのです。空前絶後の政府の大分裂でした。

残った参議は、大久保、木戸のほか大隈（大蔵卿を兼任）と大木（兼司法卿）だけです。そこで西郷らが去った参議の空席には寺島宗則（兼外務卿）、伊藤博文（兼工部卿）、勝海舟（兼海軍卿）が就任しました。追って大久保は新たに内務省を設置（同年11月）、自ら内務卿に就任します（木戸は病身のため無任所、のち文部卿となりますが、翌年4月の台湾出兵に反対して辞任）。こうして、各参議があわせて各省の大臣をつとめることになり、政府のかたちは首相をかしらに各省の大臣が並ぶという今日の内閣制に近い構成となったのでした。

西郷はなぜ政界から立ち去ったのか

西郷が帰郷すると、後を追って桐野利秋陸軍少将はじめ多くの陸海軍の将兵が鹿児島に戻ってきました。彼らは、先に西郷がすすめた藩政改革の路線をさらに引き伸ばして、銃隊学校、砲隊学校を中心に県内各地に数多くの分校をもつ私学校《しがっこう》を設立・運営するほか、昼間は原野開墾、夜は勉学という

私学校の石塀（鹿児島市城山町、撮影／山元研二）

吉野開墾社をつくり、士族の勢力を拡充するのにつとめました。彼らは県政にも干与し、県の官吏は私学校の幹部たちで占められます。こうして九州南端に軍事優先の〝士族王国〟とでもいうべき勢力圏がつくられていったのでした。

そうしたなか西郷は自ら開墾の鍬をふるったり、猟をしたり、湯治に出かけたりして過ごしていたようで、以前、藩主の忠義に依頼されて藩政改革にとりくんだ際のように先頭には立っていません。

そうした西郷の姿に、私は晩年の西郷の心境の変化をうかがう手がかりがあるように思います。つまり、西郷が執拗に朝鮮への自らの使節派遣にこだわり、それが阻まれるとすべての役職を返上してさっさと郷里に帰ってしまったのは、どうしてか――ということです。

これについてはいろんなことが考えられているようですが、私には、西郷が板垣への書面に書いた次の一行がすべてを語っているように思われます。す

なわち、
「内乱を冀《ねが》う心を外に移して国を興《おこ》すの遠略」

幕末の激動のなかで西郷が最初にその軍事的才能をしめしたのは六四年、「禁門の変」での薩摩兵をひきいての長州軍との戦いです。このときの目ざましい働きぶりが評価されて、つづいて企てられた第一次征長戦で西郷は幕府軍の参謀に任じられます。このとき西郷は勝海舟によって「共和政治」への目を開かれ、「戦わずして勝つ」終戦工作により事態を収拾しました。

こうした実績から、西郷は討幕勢力の首脳陣のなかで軍事部門を受け持つ責任者となり、六七年末の小御所会議のさいは、御所の九つの門を完全封鎖するための薩摩兵を中心とする部隊の現場指揮官を引き受けたのでした。

つづく鳥羽・伏見の戦いでも薩長軍の指揮をとり、さらに討幕連合軍の総督府参謀となり、海舟との会談により江戸城の無血開城を成功させたのです。

このあと西郷は、戊辰《ぼしん》戦争が一段落した六八年秋、中央政治から離れ、翌年には薩摩藩主に懇望されて薩摩に帰り藩政改革にとりくみます。しかし版籍奉還後の七〇年、廃藩置県を断行するための新政府直轄軍（親兵、のちの近衛兵）創設のための尽力を懇請されて上京、廃藩置県後には参議とともに近衛都督となり、さらに全軍統率の頂点に立つ大将となったのでした。

以上の経歴に見られるように、幕末・維新を通じて、西郷は討幕による政体変革をすすめる側の軍事力、つまり〝革命軍〟の最高指揮官であり、総司令官でした。

その〝革命軍〟の主力であった中下級武士層が、討幕の目的は達成されたのに、版籍奉還から廃藩置県後の諸改革によって逆に没落させられるという皮肉な結果になったのです。その有様を、西郷はどんな思いで見ていたのか――。

よく知られているように、西郷は大久保とともに薩摩の下級武士の町で育ちました。下級武士の世界は彼の原郷です。だから彼は、藩主・忠義の依頼でとりくんだ藩政改革でも下級武士たちの経済的・社会的な地位向上のための「下級士族中心の改革」をめざしたのでした。

しかし、全国的に見れば、中下級武士層の伝統的特権の喪失、経済的没落の実態は否定しようがありません。しかも西郷自身は、その没落をおしすすめる政権の内部にいるのです。西郷の信条は「敬天愛人」でした。天（造物主＝自然の摂理）をうやまい、人間を愛してやまないヒューマニスト、それが西郷だったのです。

中下級武士たちを没落へと追いつめながら、自分はその追いつめる側に立っている、しかも自分にはこの国の新生のためにはそうするしか道はないことがわかっている――この絶対矛盾、アンビバレンスが、征韓論当時の西郷の直面していた状況ではなかったか、と私は推測します。

では、この絶対的な矛盾は、どうしたら解決できるのか。その悩める西郷の前に浮上してきたのが、征韓問題だったのです。中下級武士たちの不満・憤懣は積もり積もって、いつ破裂して噴き出してもおかしくない状況です。そうなれば再び内乱です。しかもその内乱は、戊辰戦争どころではない、全土が戦場と化す内戦となる。

では、どうするか。内乱、内戦への潜在的エネルギーを、国外へ放出するしかない。すなわち外戦による外征です。が、そのためには開戦のための正当な理由「名分」が必要となる。そこで日本軍の総司令官である自分が使節となって朝鮮へ行く。互いの意見は衝突、激論のすえ自分は「暴殺」されるだろう。総司令官が「暴殺」されたとなれば、りっぱな開戦の「名分」が立つはずだ——というのが、「内乱を冀《ねが》う心を外に移して」ということの意味だったのでしょう。ところが西郷の言葉はそれに続いて「国を興《おこ》すの遠略」とありました。

では、朝鮮に侵攻することが、どうして「国を興す」ことにつながるのか？ 近年の研究では、西郷が朝鮮侵攻につづいて満州への進攻を見ていたことが明らかになったとのことです。先に述べた吉田松陰の『幽囚録』でも朝鮮に次いで満州の獲得が説かれていました。朝鮮半島から満州へという対外戦略は、松陰の門下生である木戸や伊藤らにも伝わっていたでしょう。西郷が同じ戦略を描いていたとしても確かにふしぎではありません。

後年、日本は、江華島事件を手はじめに朝鮮へ進出する地歩をきずき、やがて日清戦争から日露戦争をへて満州へと進出、「大日本帝国」へと「国を興す」ことになります。しかし明治6年の当時、軍事力を含め日本の国力を客観的に考えれば、朝鮮から満州へという戦略に、西郷ほどの軍師がどれほどのリアリティーを見ていたか、答えは明らかだと思います。

当時の西郷にとっては、中下級武士たちの爆発寸前にまで高まった不満・憤懣をどう解消するかが、何よりも重大かつ切迫した問題だったのではないでしょうか。そしてその難題を突破するために、自分の命を投げ出す覚悟だったのです。

だから、自分が命をかけて望んだ使節派遣の道が岩倉、大久保によって断たれると、すべての役職を返上してさっさと郷里へ帰ってしまったのでした。このとき西郷は、自己の政治家としての人生に、自らピリオドを打ったのです。

相次いだ士族反乱と封建制の終焉

征韓論で敗れて郷里の肥前（佐賀）に戻った江藤新平は、佐賀藩に結成されていた「征韓党」に迎えられ、その首領となります。佐賀にこのような党が生まれた背景には、肥前の東松浦半島の北端に秀吉が朝鮮に出兵したさいの前進基地をきずいた名護屋があり（そこから諸大名の軍勢が船で出陣していった）、またその出兵の凱旋時に連れ帰った朝鮮の陶工たちを秘境に囲い込んで作らせた磁器（伊万里焼）を藩の特産品としてきたといった朝鮮との因縁があったのでしょう。

七四（明治7）年2月、江藤の率いる二千五百名の士族が佐賀城を攻略して占拠します。政府への公然たる武力反乱です（佐賀の乱）。政府はただちに熊本鎮台《ちんだい》（鎮台は全国六カ所に拠点を置いた陸軍部隊）に出兵を命じ、さらに広島、大阪の鎮台にも出兵を指令します。新鋭の兵器を装備した政府軍に、旧式装備の肥前士族軍はたちまち圧倒されてしまいました。

敗れた江藤と部下の一行はひそかに西郷を頼って鹿児島に行きますが援助を断わられ、次に四国に渡って板垣の出身地、土佐をたずねますがここでも拒否されて、3月末にはついに捕らえられます。

4月、佐賀で開かれた臨時裁判所で、全権をゆだねられた大久保は謀叛《むほん》の罪により幹部の全員に死刑の判決を下し、さらに江藤は梟首《きょうしゅ》にされたのでした。大久保をはじめ新政権が士族の反乱をいかに怖れ、憎悪していたかがわかります。

七六（明治９）年８月、没落士族への最後の一撃となる金禄公債証書発行条例が公布されます。六九年の版籍奉還のさい、藩主には藩の収入の一〇分の一を保証し、藩士には中央政府から俸禄（給与）を支払うことになったのですが、当然のことながらそれは国の財政にとって最大の負担となります。そこで負担軽減のために政府はいろいろと腐心するのですが、七五年９月、それまで毎年の米価に応じて禄を支給していたのをやめ、直近三年間平均の米価を基準に換算した「金禄」を、債権の形でまとめて支払うことに切り替えます。すなわち翌七六年９月、前記の金禄公債証書発行条例を公布、全士族に対しその禄高の五年以上一四カ年分に相当する額面の公債（国債）を与えることにしたのです。この債券を金禄公債といいます。

公債ですから、毎年その利子が支払われます。元金が大きければその利子で生活していけるでしょう。実際、元藩主や家老など上級士族はもとの禄高が高い（公債の額が高い）から、十分その利子で暮らしていける上に、投資までできました（事実、ここから多くの資本家や大地主が出現します）。しかし、圧倒的多数を占める中下級武士の場合は元金の公債額が少ないのですから、その利子で生活していけるはずはありません（下級の場合は日割りにすれば子供の小遣い程度）。それで、巡査や教員の職につけなかった彼らの多くは、わずかの元手で慣れない商売を始めるか（武士の商法）、少ない公債まで手放して肉体労働者へと転身してゆくほかなかったのです。

この金禄公債発行条例の半年前、七六年3月、政府は廃刀令を布告します。軍人や警察官を除いて帯刀を禁止したのです。五年前には先にも述べたように散髪・脱刀令を出していたのですが、依然として刀を差している士族は少なくありませんでした。武士という特権身分を失ったあと、せめてもの矜持《きょうじ》として帯刀を続けていたのです。

しかし廃刀令によって、その権利も失うことになりました。物質的に痛めつけられた上、精神の拠りどころまで奪われたのです。誇り高い士族にとって、それがどんなに忍び難いことであったか、容易に推察できるでしょう。

はたして、金禄公債条例から二カ月後の七六年10月下旬、熊本で「神風連《じんぷうれん》」と名のる士族の集団、一七〇名が蜂起します。彼らは県庁と熊本鎮台の兵営を襲撃、県令に重傷を負わせ（のち死亡）、鎮台の司令官と参謀長を殺害したのでした。彼らはすぐに鎮台兵の火力によって打ち破られますが、約三〇名が戦死したほか、何と八七名が「自決」したということです。執念の深さがうかがわれます。

この神風連に呼応して、現在の福岡県のほぼ中央、筑紫山地の旧秋月《あきづき》藩の二三〇名が蜂起しますが、これも小倉の鎮台分営の兵によって数日で鎮圧されました。

反乱は続きます。「秋月の乱」に接続して、こんどは長州藩の城下町・萩で、木戸らと同じ松下村塾に学び、新政府の兵部大輔《ひょうぶたいふ》までつとめた前原一誠《いっせい》が決起、約五〇〇人の士族を率いて山口県庁の襲撃を企てます。「萩の乱」です。これに対し、広島鎮台から政府軍が出撃、11月に入り激戦がつづきますが、大阪鎮台からも増援を投入、さらに海からは軍艦二隻により砲撃が加えられ、あえなく鎮圧されたのでした。

七四年の佐賀の乱から七六年の神風連の乱、秋月の乱、萩の乱とつづいた士族反乱の最後で最大の反乱となったのが薩摩の士族による西南戦争です。

七七（明治10）年2月15日、七大隊に編成された鹿児島の士族一万三千名が熊本鎮台攻撃をめざして鹿児島を出発します。総指揮官は西郷隆盛でした。しかし西郷がけっして積極的に総指揮官になったのでないことは、西郷が少将桐野利秋、同篠原国幹《くにもと》との連名で県令大山綱良《つなよし》にあてた通告文からはっきりわかります。大山県令はこれを受けて、同じ内容の通告を政府と熊本鎮台司令長官・谷干《かん》城《じょう》（土佐出身の少将）、にあてて送ったのですが、いわば〝宣戦布告〟ともいえるこの通告に、当時の西郷の立場が明瞭に示されています。あえて原文を載せます。

「拙者どもこと、先般御暇《おいとま》の上、非役《ひやく》にて帰県致し居り候処《そうろうところ》、今般政府へ尋問の筋これあり、不日《ふじつ》（近いうち）に当地発程《はってい》（出発）致し候間《そうろうあいだ》、お含みのため此の段、届け出で候《そうろう》。もっとも旧兵隊の者ども随行、多人数出立致し候間《そうろうあいだ》、人民動揺致さざる様《よう》、一層御保護依頼に及び候《そうろう》也。」

——私どもは先般、役職を辞して鹿児島に帰っておりましたが、このたび政府に対して問いただしたいことがあり、近いうちに当地を出発しますので、前もってお知らせしておきます。ただ、これには兵隊たちが多数随行しますので、それを見て一般人民が動揺しないように、保護をお願いする次第です。

ざっとこういう内容ですが、これのどこに「宣戦」の理由があるでしょうか。「政府へ尋問の筋これあり」とあるだけです。それで大部隊を引き連れて出発する、というのです。

前に述べたように、西郷はだれにもまして「名分」を重んじ、かつそれにこだわった人です。その西郷が、こんないい加減であいまいな理由でのぞむ戦争において、すすんで総指揮官を引き受けたとはとうてい思えません。もしもそうだとしたら、この一事をもって西郷のこれまでの全事業を否定してしまうことになります。

西郷がこんな〝開戦の辞〟を自ら書くはずはありませんでした。猪飼氏の前掲書によると、「西郷みずからが蜂起の目的を天下に公表することができず、県令大山綱良ら県庁役人が代わって起草した」「作文」とのことです。

※先の通告のなかの「政府へ尋問の筋これあり」の「尋問の筋」とは「西郷の暗殺計画」だったという説があります。薩摩出身の「大警視」川路利良《かわじとしよし》が、同じ旧薩摩藩士の密偵を送り込んで西郷の暗殺を計ったというのです。しかし当時の政府の最高指導者だった大久保をさしおいて、警視庁の長官が西郷の暗殺を計画するなどということがあり得るでしょうか。またこの暗殺計画が発覚したのは、密偵のリーダー格だった警察幹部が旧友との酒の席でこの計画を洩らしたからだと言われますが、西郷暗殺という重大な国家的機密を、いかに親しい間柄とはいえ、そう簡単に洩らすことなどあり得ないでしょう。

それに、「西郷暗殺計画」について政府に問いただすつもりなら、かつて西郷が征韓論のさいに主張したように、使節を送って追及すればいいことで、何も大軍を引き連れて自ら「尋問」にゆく必要などないでしょう。「西郷暗殺計画」があったとは、私には信じられません。

さて、こんないい加減な名分をかかげての蜂起でしたが、さすがに「士族王国」の将兵は勇猛でした。九州各地からの義勇兵も交えてでしたが、鹿児島一県の軍が、全日本軍と戦い、半年余も持ちこたえたのです。もちろんその結末は、傑出した軍略家である西郷には、初めからはっきり見えていたと思います。

薩摩軍の兵力は出発当初は一万三千でしたが、これに熊本、大分、宮崎など九州各地からの士族が加わり、たちまち三万を超える大軍となります。これに対し政府は、鹿児島県暴徒征討軍を編成、戊《ぼ》辰《しん》戦争のときと同じ有《あり》栖《す》川宮《がわのみや》熾仁《たるひと》親王を征討総督とし、陸軍中将・山県有朋（長州出身）が陸軍を、海軍中将・川村純義《すみよし》（薩摩出身）が海軍を率いて福岡へ向かい、そこに本営を構えます。当時の日本軍は約四万で、その八割は徴兵制により徴集された兵でしたが、政府はその全軍を西南戦争に投入しました。海軍も保有する軍艦十一隻すべてをこれに投じました。

2月15日、鹿児島を出発した薩摩軍はまっすぐ北上して熊本へ向かいます。それから三日後の18日、迎え撃つ鎮台軍は大砲の轟音で城下の人々に立ち退きをうながし、次いで視界を広げるため市中に火を放って市街を焼き払い、熊本城に立てこもりました。籠城した鎮台軍は四千人あまり、まともに交戦しては結果が見えているからです。当然、薩摩軍は大軍をもって熊本城を包囲しました。

薩摩軍の指揮官、桐野利秋はかつて、熊本鎮台の長官、谷干城《かんじょう》に向かって、土百姓に鉄砲を持たせて何の役に立つかと嘲《あざけ》ったことがあるそうです（井上清氏前掲書）。百戦錬磨の薩摩隼人《はやと》の前に、土百姓の兵などものの数ではない、と思っていたでしょう。しかし、大誤算でした。弾薬・食糧を十分に準備して待ち構えていた鎮台軍の守りは固く、五日たっても十日たってもびくともしません。

そのうちに福岡に到着した政府軍が熊本に向かって南下してきます。それを薩摩軍は、熊本城の北方に位置する田原坂《たばるざか》の要害で迎え撃ちました。有名な田原坂の激戦です。戦闘は3月3日に始まり、文字どおりの血戦が二週間以上もつづいて、20日、ついに薩摩軍の防衛線は突破されます。

しかし熊本城の包囲はこのあとも続き、4月14日、政府軍が入城してやっと包囲が解かれます。籠城じつに五〇日を超えて城を守り切ったのでした。そのことに関して『東京曙新聞』の記事にはこうあったそうです。

——「西郷隆盛は深く、谷少将（谷干城）の籠城の堅固にして数十日間の戦闘に屈撓《くっとう》せざるを感称し、此の人物とならば共に鋒《ほこ》を争ふに足れりと感称せし由、生捕《いけどり》（捕虜）の口に出でたりと聞く。」「熊本城中は糧食ほとんど欠乏に赴き……後僅かに五、六日を余すに過ぎざりしよし。此の危難の間に堅守して、毫《ごう》も屈撓《くっとう》の色を露《あら》はされざりしを見れば、西郷が深く称嘆して舌を捲きしも実に最も（尤も）なることならずや。」

この記事を紹介した後、猪飼氏は前掲書で、「いかにも『西郷らしい』エピソードといえようか」と評しています。西郷のこの戦争に対する姿勢は先に述べたとおりだと思いますが、軍師・軍略家としての目はいささかも曇っていなかったのでしょう。

西南戦争の勝敗は、この熊本城攻防戦と田原坂の血戦で実質的に決まりました。この後は、退却・転戦する薩摩軍を政府軍が追っての追撃戦となります。

熊本での攻防戦のさなか、勅使の柳原前光《さきみつ》が薩摩出身の陸軍中将・黒田清隆とともに軍艦八隻を率いて鹿児島に入り、旧藩主の島津忠義とその父・久光に対し旧藩士民の鎮静をのぞむ勅旨を伝える一方、県令・大山綱良を逮捕して東京に送ります。こうして、鹿児島県の県政も政府の手に移ったのでした。

4月から8月まで、薩摩軍は熊本県と宮崎県にわたり、人吉《ひとよし》、都城《みやこのじょう》、宮崎、延岡《のべおか》と転戦、激戦を重ねますが、ついに8月半ば、延岡の北方、長井で数万の政府軍に包囲されてしまいます。もはやこれまでと断念した薩摩軍司令部は隊員に自由行動を指示、約四千人が政府軍に投降し、残った約三百人だけで西郷を守って鹿児島へ南下していきます。九州山地の険しい山岳地帯を踏破しての逃避行でした。翌年五〇歳になる西郷は肥満体のうえに象皮病で独歩できず、四人がかりでかつぐ駕籠で崖道を登ったといいます。

9月1日、鹿児島に帰り着き、市街地のはずれの城山《しろやま》に立てこもって最後の抗戦を続けますが、24日未明からの政府軍の猛攻によって薩摩軍は総くずれとなり、西郷もついに被弾します。西郷には二〇歳ほど若い別府晋介がずっと付き添って護衛していました。その別府に向かって西郷は言ったそうです。「晋どん、ここらでもうよか」。そして切腹し、別府の介錯《かいしゃく》により絶命します。続いて別府のほか幹部たちも自決し、また被弾して戦死しました。ここに、士族反乱最後の、そして日本史を通して最後の内戦である西南戦争は終結したのでした。

＊

幾度か述べたように、日本近世の封建制は、二本の支柱で構成されていました。一本は、国土を二七〇余の領地（藩）に分割して、それを世襲の領主（藩主）が統治し、その全体を徳川幕府が統括するという分割・分権の統治体制、すなわち幕藩体制です。

幕末・維新の変革は、まず幕府を消滅させ、次いで版籍奉還・廃藩置県により藩をなくして幕藩体制を解体し、日本の政治・社会の構造を中央集権体制へと転換させました。

封建制のもう一本の支柱は、国民の六、七％程度に過ぎない武家身分が武力と政治を独占し、さらにその武家身分も門閥によって宿命的に呪縛されるという身分・門閥制です。これも維新の変革によって、一部に残滓を残しながらではありますが、解体・解消されました。

こうして、日本近世の封建制をささえてきた二本の支柱は撤去され、ここに「脱封建革命」は一応の達成をみたのです。

終章　近代天皇制国家の成立

――「五箇条の誓文」から「大日本帝国憲法」制定まで

以上、尊皇攘夷思想の形成から始めて、対外危機から開国にいたる過程、開国から生じた国内政治の動揺と混乱、その混迷の中での尊攘運動に押し上げられての天皇・朝廷の歴史的復権、そこから派生した倒幕（討幕）の策動とその進展、すなわち「脱封建革命」の道程と達成までを見てきました。

では、その後に、何が生まれたのか。「脱封建革命」によって、この国はどう変わったのか、どんな原理と骨格をもつ国になったのか――その核心の部分だけを、この終章で見てゆくことにします。

新しい国家像の「心柱《しんばしら》」

一八六七年12月の「王政復古」クーデターから翌六八年1月の鳥羽・伏見の戦い、それにつづく戊《ぼ》辰《しん》戦争によって、二世紀半にわたりこの国を統治してきた徳川幕府は消滅し、代わって薩長土肥の中下級武士を中心とする志士たちが新たに政治権力を掌握し、国を統治してゆくことになりました。既成の国家の仕組み・構造を破壊して、新しい国家のあり方、国家像を創るのですから、歴史的大事業です。

五重塔など仏塔を造るさいに中心に立てる柱を、心柱《しんばしら》といいます。

では、新しい国家を造るにさいして立てるべき心柱は何か。

その答えはすでに決まっていました。倒幕（討幕）の行動そのものが、尊王攘夷運動の中から生まれたものだったからです。尊王、勤王、王政復古の「王」は天皇です。将軍ではなく、天皇をこの国の最高の権威としてたてまつること、それが倒幕の「大義名分」だったのです。（志士たちはほとんど例外なく、国学と水戸学によってイデオロギー化された尊王思想の洗礼を受けていました。）

だから、六六年1月の薩長同盟でも、「薩摩藩が朝廷に奏上して、長州藩のために尽力する」をはじめ、「朝廷に奏上して、長州藩の冤罪《えんざい》がとけるよう尽力する」、また「両藩が誠心をもって和合し、皇国のために砕身尽力」「今日より両藩は皇国のため皇威がかがやき回復することを目途に誠心をつくし」などと、「朝廷に奏上」「皇国のため」などの字句がくり返ししるされていたのです。

あるいはまた、六七年6月の「薩土盟約」の第一項にもこう述べられていました。――「天下の大政を議定する全権は朝廷に在り。我が皇国の制度法則、一切の万機、京師《けいし》（京都）の議事堂より出ずるを要す。」

「天皇の全権」と「議事堂（議会制）」がセットになって述べられています。まさしくこの二つこそが、志士たちが描いていた新国家の支柱だったのです。このうち、「議事堂（憲法制定・国会開設）」の方はその実現までにだいぶ時間がかかりますが、「天皇の全権」の方はその確立に向けてただちにとりくみが始まります。

「天子様」の実在を伝えるキャンペーン

しかしここに、大きな問題がありました。尊王思想の洗礼を受けた志士たちは、もちろん天皇・朝廷が実在することを知っていました。だからこそ尊王攘夷だったのです。では一般の庶民、民衆はどうだったでしょうか。

江戸時代二世紀半を通じて、天皇と公家は「禁中《きんちゅう》並《ならびに》公家《くげ》諸法度《しょはっと》」と「京都所司代」により、幕府の厳重な管理下に置かれていました。公家たちは花見や寺院参詣に京都の市外（洛外）に出るには許可が必要でしたし、天皇にいたっては、信じがたいことですが、住まいである御所から一歩も外に出ることを許されなかったのです。

この軟禁状態が二世紀半もつづいたのですから、一般の民衆が天皇の存在を知るはずはありませんでした。そのまったく未知の存在である天皇を、国家の精神的支柱、心柱《しんばしら》に立てようとするのですから、よほどの手間と時間が必要となります。

その啓蒙活動を、新政府は「人民告諭」を公布することから始めました。アルジャーノン・ミットフォードの『英国外交官の見た幕末維新』（講談社学術文庫）に収録されている「京都府下人民告諭大意」ではこのように説いています（「」は原文のまま）。

――わが国は「神州」と言われ、世界中でわが国に勝る国はない。「神州」が外国よりも優れているのは、大昔「天孫」ニニギノミコトがこの国をひらいて「倫理」の大本を立てられてから、皇統は一貫して絶えることなく、代々の天子様が受け継いでこの国を治められ、人民を慈《いつく》しむ御心《みこころ》は深く、人民もまた代々の天子様を戴《いただ》いてお仕《つか》えしてきた、この一点である。

この国は「天孫ひらきたまう国なれば、この国にあるものことごとく天子様の物にあらざるはなし。生まれ落つれば、天子様の水にて洗い上げられ、死すれば、天子様の土地に葬られ、食う米も着る衣類も、笠も杖もみな天子様の土地に出来たる物」なのである。

また、天子様は代々人民の難儀を心にかけられ、大水、大風がなく、飢饉がないように、また疫病が流行することなく、民の暮らし安かれと、「朝な夕なにお祈り」になっている。ありがたいことではないか。……

京都には御所があります。いわば朝廷の地元です。その京都でもこのようにいわば白紙状態から説き起こす告諭が必要だったのですから、民衆にとって天皇の存在がいかに未知、無縁の存在だったかがわかります。

もう一つ、「奥羽人民告諭」の一節を紹介します（井上清氏前掲書から）。

「天子様は、天照皇大神宮《あまてらすこうたいじんぐう》様の御子孫様にて、この世の初めより日本の主《ぬし》にましまし、神様の御《お》位《くらい》正一位など国々にあるも、みな天子様よりおゆるし遊ばされ候わけにて、誠に神様より尊く、一尺の地も一人の民も、みな天子様のものにて……」

京都から遠くへだたった東北に住む民衆が、このように説かれてそれをどう聞いたか、恐らく鳥のさえずりほどにも耳を傾けなかったのではないでしょうか。

武家の世になってから何世紀にもわたって、民衆の日々の暮らしに無関係だった「天子様」を、こんなコトバによる説教だけで実在の「神の子孫」だと信じ込ませることはできません。ではどうするか。一番の早道は、目で見て確かめさせることです。そのさい、天皇の姿そのものを見せる必要はありません。天皇が通りゆく、その行列を見せればいいのです。民衆は、その目で大名の姿を見ることはありませんでしたが、隔年の参勤交代の行列を見ることで、その実在を疑うことはありませんでした。

東京へ向かって東海道を進む明治天皇を乗せた鳳輦（ほうれん）とひざまずく人々
（『ル・モンド・イリュストレ』1869年2月21日号の挿絵、横浜開港資料館蔵）

六八年3月14日の五カ条の誓文から一週間後の21日、満一五歳の明治天皇が生まれてはじめて御所を出て大阪へ向かいます。この大阪行《ぎょう》幸《こう》は、「参与」だった大久保利通の「大阪遷都論」によるものでしたが、戊辰《ぼしん》戦争が始まってまだ間もないのに遷都論に現実性があるわけはなく、大久保の真意は、まず京都・大阪の民衆に天皇の実在を公然と示し、信じ込ませることにあったのだと思います。

明治天皇の行列は、公家たちのほか長州はじめ各藩の藩主がそれぞれの藩兵を率いた、総数一六五〇〇人からなる堂々たるものでした。その道筋には「御行列」を見ようと、市中近隣の人々が大勢集まったと伝えられています。

その半年後の9月、戊辰戦争がほぼ収まったあと、明治天皇はこんどは東京に行幸します。岩倉具視をはじめ二三〇〇〇人の大行列での行幸でした。そしてこの行幸の道中、天皇は三種の神器《じんぎ》のうち鏡と剣《つるぎ》が収められている伊勢神宮や熱田神宮に参詣、沿道の各神社に供物《くもつ》料を献じるとともに、「各地の孝子《こうし》・節婦《せっぷ》を褒賞《ほうしょう》し、高齢者（七〇歳以上）を見舞い、困窮者を救恤《きゅうじゅつ》した。賑恤《しんじゅつ》をうけた高齢者は一万一八〇七人、その合計額は一万一三七〇両に達した」（田中彰氏前掲書）のでした。

天皇の、大名行列のほぼ10倍にも相当する大行列による行幸は、天皇の存在を民衆に〝実証〟するとともに、「人民告諭」にあった、慈悲深くありがたい「天子様」であることを人々に印象づけたのでした。

この記念すべき二回の行幸によって、これまでほとんど未知であった天皇の存在を周知させ、かつその有難く尊いことを伝えるうえで行幸が最有力の方法であることを確認した新政府は、自分たち政府高官も参加する大行列による巡幸を全国規模で展開することを決めたのでした。早くも七二（明治5）年から八五（同18）年にわたる六回の全国巡幸（六大巡幸）が有名ですが、これについては後に述べます。

「一世一元」制への転換と「皇室の祝祭日」の制定

東京行幸の出発の直前、六八年9月8日、元号を慶応から明治へと改元します。慶応四年が明治元年となったわけです。あわせて、元号は天皇一代につき一元号、すなわち「一世一元《いっせいいちげん》」と定めました。これまでは天皇の代替わりのほか特にめでたいことがあったとき、逆に大きな災難に見舞われたときなど、元号は変更されてきました。明治天皇の父の孝明天皇の在位二〇年の間には、弘化《こうか》から嘉永《かえい》、安政《あんせい》、万延《まんえん》、文久《ぶんきゅう》、元治《げんじ》、慶応《けいおう》と六回も改元されています。

しかしこれからは、天皇一代には一元号と定めたのです。あわせて皇位の継承は天皇の崩御《ほうぎょ》によってのみ行なわれると決めたので（のちに皇室典範で法制化）、即位した天皇は終生、在位することになり、その間は一つの元号に限られる、としたのです（それまでは存命中の譲位が通例だった）。

これにより、これまでは干支《えと》で記録された年の表記（たとえば戊辰《ぼしん》戦争）が、明治〇年というように、当代の天皇の称号によって表記されるようになりました。以後、日本での年の表記は、大正〇年、昭和〇年というように、在世中の天皇の称号と結びついた元号によって記されるようになったのです（この制度は現在も公的文書の中に生きています）。古代中国での元号発祥のさい、皇帝は土地と人民だけでなく時間をも支配するという、元号に込められた思想が、近代日本の出発時において新たに導入されたのです。以後、日本国民は自らの歴史意識を明治時代、大正時代、昭和時代というように、天皇在位期間をもって区切ることになりました。まさに明治新政府による、後々までをも視野に入れた、深謀遠慮の制度改変だったのです。

なお、これより少し前の7月17日、政府は「江戸」を「東京」と改称していました。したがって10月13日、天皇が江戸城に入った日に、これを「東京城」と改称しました（のちに「宮城《きゅうじょう》」と改称、現在の皇居です）。このときは、天皇は京都に戻りますが、翌年3月には再度上京、以後は京都に帰らず、政府も天皇とともに東京城に移って、事実上の遷都が行なわれたのでした。

このように大行列を組んでの大阪、東京への行幸とあわせ、一世一元制の制定、天皇とともに政府の移転による遷都と、「徳川将軍（公方様《くぼう》）の国」から「天皇（天子様）の国」への転換が急ピッチですすめられたのでした。

天皇キャンペーンはその後もつづきます。新たな祝祭日の制定です。

まず六八（慶応4）年8月、早くも天皇の誕生日を祝う「天長節」が制定されます。明治天皇の場合、現在「文化の日」となっている11月3日です（これを「明治の日」に改称しようという運動が続けられています）。

次いで七一（明治4）年には、4月3日を神武天皇祭として国家の祭日に決めますが、その後さらに神武天皇即位の日として『日本書紀』に記された「辛酉《しんゆう》年春正月朔日《さくじつ》」という茫漠とした記述を、中国古代の予言説を借用して勝手に解釈算定、何と西暦BC六六〇年の正月1日とし、それを太陽暦（七二年末に陰暦から太陽暦に転換）で換算して最終的に2月11日、名称も紀元節としたのでした。

これと同時に、祝祭日が全面的に改廃されます。七三（明治6）年10月、それまで人々の暮らしの中に深く根をおろしていた祭日——人日《じんじつ》（1月7日、七草）、上巳《じょうし》（3月3日、桃の節句）、端午《たんご》（5月5日）、七夕《たなばた》（7月7日）、重陽《ちょうよう》（9月9日、菊の節句）などの五節句は廃止され、代わって新たな祝祭日が次のように政府により制定されたのです。

元始祭（1月3日）、新年宴会（1月5日）、孝明天皇祭（1月30日）、紀元節（2月11日）、神武天皇祭（4月3日）、神嘗《かんなめ》祭（9月17日）、天長節（11月3日）、新嘗《にいなめ》祭（11月23日）です。すべて、天皇家（皇室）にかかわる行事の日でした。七八年にはこれに加えて、これまで人々が祖先との再会の日としてきた春秋の彼岸《ひがん》の中日《ちゅうにち》（春分の日、秋分の日）を皇室の祖霊（皇霊）をまつる日に限定して、春季皇霊祭、秋季皇霊祭としたのでした。

このような民衆の暮らしの伝統、ならわしを無視した強引な祝祭日の改変に、前にも引用した明治7年発行の小川為治『開化問答』で「旧平」はこう批判しています。

「(問題なのは) 改暦以来は五節句や盆などという大切なる物日《ものび》を廃し、天長節、紀元節などというわけもわからぬ日を祝う事でござる。四月八日はお釈迦の誕生日、盆の十六日は地獄の釜の蓋のあく日というは、犬打つ童《わらべ》も知りております。紀元節や天長節の由来は、この旧平の如き牛鍋を食う老爺《ろうや》というも知りません。かかる世間の人の心にもなき日を祝せんとて、政府より強《しい》て赤丸を売る看板の如き幟《のぼり》や提灯《ちょうちん》を出さするは、なおなお聞えぬ理屈でござる。元来、祝日は世間の人の祝う料簡《りょうけん》(思い) が寄合《よりあい》て祝う日なれば、世間の人の祝う料簡もなき日を強《しい》て祝わしむるは最も無理なることに心得ます。」

文中、「赤丸を売る看板の如き幟」というのは、日の丸のことです。この日の丸の旗が「国旗」として太政官布告で定められたのは祝日改変の三年前、七〇 (明治3) 年1月のことでした。それも「国旗」制定の布告としてではなく、「商船規則」の中で、日本国の船舶はこの「国旗」を掲げるように、ということだったのです。その国籍表示のためだった日の丸の旗を、各家でそれぞれ買い求めて、国が決めた祝日に軒先に掲揚させようとしたのですから、人々に不人気だったのは当然だったと言わなくてはなりません。

全国を踏破した明治天皇の地方巡幸

七二（明治5）年5月、天皇は先に述べた地方巡幸に出発します。訪れた地方は西日本の近畿から中国、九州地方でした。日程は5月下旬から7月中旬にかけての五〇日間、車や汽車のない時代、徒歩での移動（天皇は駕籠か馬車）だったのですから、たいへんな旅程だったでしょう。

今回も行列を組んでの行幸でした。ただし大阪や東京のときのような大規模ではなく、三百名前後の規模でしたが、それでも中央政府の大臣から地方の知事をはじめ役人たち、それに騎馬による警備兵たちも加わっての行列ですから、堂々たるものだったでしょう。

こうした高官たちを引き連れて、天皇は県庁のほか裁判所や学校、軍事施設、産業施設などを視察し、名所、旧跡を訪れるとともに、前記した大阪、東京への行幸のときと同様に、災害の罹災者などを見舞い、篤志家《とくしか》や節婦《せっぷ》、孝子《こうし》に褒賞《ほうしょう》を与え、高齢者には酒肴《しゅこう》料をほどこしたのでした。

では、この天皇巡幸を人々はどのように迎えさせ**られた**のでしょうか。八〇（明治13）年6月から7月にかけて山梨県から長野県、名古屋への巡幸のさいに山梨県令が「県民の心得」として各郡長に出した通達にはこういう指示が含まれていました（原文は梅田『ナショナリズムの歴史Ⅱ』参照）。

まず、行列の通る道筋は清掃してきれいにしておくとともに、路傍に便所や肥溜《こえだめ》があるときは五、六日前に汲み出して防臭薬をまいて臭気を除いておくこと、と念を押しています。

というのも、道路に面した農家の前庭にはたいてい便所が設けてあり、畑地にも随所に肥溜がつくってあったからです。だから、路面とあわせて臭気にも注意をうながしたわけです。

先述の日の丸の国旗も各家にかかげ、宿泊先の村では夜、提灯等に点灯して祝意を表わしてほしい。巡幸を迎える「拝観人」は、騎兵等の通行に邪魔にならぬようにせよ。敬礼するのに立ったままであるか、座ってするかは自由である。

小学校の生徒は教員が引率して、通行の邪魔にならぬところに整列して敬礼させよ。ただしその際、号令をかけてはならない。また整列中の生徒におしゃべりをさせてはならない。

最後に、二階から見下ろしたり、すだれの陰や窓の隙間から「拝観」してはならない。

文中、「拝観」という言葉を使っています。つまり天皇は神仏と同じに見なされているのです。だから物陰から盗み見するような態度で接してはならないのです。（天皇の神聖化はこのあと特に教育の場を通してすすめられ、昭和の軍国主義時代には極限にまで達して、天皇巡幸を迎える際は小学生たちは道路際に土下座させられ、居住地区をお召列車が通る際には線路際に整列して一瞬のうちに通過する列車を奉送迎させられるまでになります。）

このようにして行なわれた地方巡幸は、先述の七二年を皮切りに八五年まで六回にわたって断続的に実施されます。次の通りです。

七二（明治5）年5月23日〜7月12日（50日間）近畿・中国・九州地方

七六（〃９）年６月２日〜７月21日（49日間）東北地方（函館を含む）
七八（〃11）年８月30日〜11月９日（71日間）北陸・東海道地方および北関東、長野
八〇（〃13）年６月16日〜７月23日（37日間）中央道（甲府・松本）・名古屋・桑名・神戸
八一（〃14）年７月30日〜10月11日（73日間）東北・北海道地方
八五（〃18）年７月26日〜８月12日（17日間）山陽道地方

北海道から九州まで、全国を踏破していることがわかります。中に、七〇日以上、つまり二カ月半近くもの長期巡幸が二回も含まれています。車も列車もない時代の行列を組んでの全国踏破は、現代の私たちには想像もできない苦労があったと思いますが、それでも一三年をかけて政府がこれを敢行したのは、この巡幸が天皇の実在を国民に認知させる最も有効な方法だったからです。（この全国巡幸は、第二次大戦後、「現人神《あらひとがみ》」だった天皇が雲の上から地上に降りて「神」から「人」になったあと、昭和天皇によって再度実行され、絶大な効果をあげました。）

「大元帥」の誕生と「不敬罪」の新設

七七（明治10）年、西南戦争での政府軍の勝利をもって「脱封建革命」が達成されたことを前章で述べました。ところが、翌七八年８月、勝利した政府軍の中から反乱が起こります。それも帝都に駐屯する近衛砲兵大隊による反乱でした。

竹橋事件殉難者の鎮魂の碑（東京都港区・青山墓地）。処刑された兵士たちの遺体は青山墓地に埋葬されたが、1889 年帝国憲法発布の際に大赦となり、有志たちの手により「旧近衛鎮台砲兵之墓」が建立された（右側の素朴な墓石）。この墓はアジア太平洋戦争末期の混乱のさなか行方不明となっていたが、100 回忌にあたる 1977 年に現在の場所に移されているのが発見された。（撮影／真鍋かおる）

近衛兵は、七一年の廃藩置県を決行するに当たり西郷が動いて薩長の藩士を主体に編成された部隊です。いわば政府軍創設の起点となった部隊ですが、この当時の近衛兵は全国の六つの鎮台から選抜された兵によって編成されたベテランぞろいの精鋭部隊でした。

ところが、西南戦争後の褒賞《ほうしょう》において、近衛砲兵は冷遇されたのです。一般の徴兵兵士より給与が高かったということもあったようですが、将校には褒章があったのに、下士官兵に対しては何の沙汰もありませんでした。その対処の仕方に抗議するため、近衛砲兵大隊の下士官兵が、大隊長と週番士官を殺害、大砲を引いて竹橋駐屯地の営門を出たのです。「竹橋事件」と呼ばれます。

この反乱自体は、計画が未然に発覚し、

同じ近衛の歩兵部隊によって鎮圧されましたが、足もとの軍の内部から起こった反乱に、政府首脳は驚愕し、震《ふる》え上がったにちがいありません。厳罰をもってこの処理にのぞみました。死刑五三名、流罪10年一一八名を含め、近衛砲兵大隊の過半数、四百名近くが処分されたのです。

きびしい処罰を加えると同時に、政府首脳、とくに陸軍卿（大臣）山県有朋は兵士に対し国家への忠誠と服従を教え込むことの重要さを知ります。そこで事件からわずか二カ月後、「軍人訓戒」を作成、布達します。起草者は、かつての開明派の幕臣、西周《あまね》でした。

しかし急ごしらえのこの「訓戒」では、帝国軍隊の軍人としての〝精神〟を注入するには不十分だと考えた山県は、西周と、のちに帝国憲法や教育勅語の作成にもかかわる井上毅《こわし》も加え、三人で新たに「陸海軍人に賜はりたる勅諭」、略して「軍人勅諭」を作成、八二（明治15）年1月に公布します。

その名称のとおり、明治天皇が直接に軍人に語るという形式で書かれており、かなり長い前文と五項目の徳目で構成されていますが、この前文の部分はこの当時の青年に対する「歴史教育」という意味も込められていたのではないか、と私は考えています。前文は、「我国の軍隊は世々天皇の統率し給う所にぞある。昔、神武天皇みずから大伴《おおとも》、物部《もののべ》の兵《つわもの》どもを率い……」と始まり、終わりの方でこう宣言されます。

「朕《ちん》は汝等《なんじら》軍人の大元帥なるぞ。されば、朕は汝等を股肱《ここう》（またとひじ、手足）と頼み、汝等は朕を頭首《とうしゅ》（あたまとくび、首領）と仰ぎてその親しみは特に深かるべき。」

天皇は日本陸海軍の全軍を統帥する「大元帥」である、との宣言です。したがって、のちのアジア太平洋戦争まで、基本的な作戦はすべてこの「大元帥」の決済（承認）を得て発動されたのです。

この宣言のもとに、忠節、礼儀、武勇、信義、質素と五つの徳目について述べられるのですが、とくに天皇の権威に関連する規定が含まれているのは、二つめの「礼儀」の項目の中の次の一行です。


「下級の者は上官の命《めい》を 承《うけたまわ》ること実は直ちに朕が命《めい》を 承《うけたまわ》る義なりと心得よ。」


軍隊にきびしい階級制がしかれていることは、どの国も同じです。作戦遂行のためには指揮・命令系統の徹底が不可欠だからです。それにしても、日本の軍隊における階級の上下関係の厳しさは際立っていました。上官の命令には、それがどんなに理不尽であっても、服従せざるを得なかったのです。

その大本《おおもと》は、軍人勅諭のこの一行にあったのでした。上官の命令は直ちに天皇による命令でしたから、絶対的に従わざるを得なかったのです。天皇の権威の絶対性は、このようにして日本軍の内部に貫徹されていったのでした。

同じころの天皇（皇室）の権威・尊厳に関する動きとしては、八〇（明治13）年に公布された「刑法」の規定があります。言論・出版の取締りについては七五（同8）年に、大久保利通と伊藤博文が主導し、先の軍人勅諭にもかかわった井上毅と尾崎三良が起草した新聞紙条例と讒謗律《ざんぼうりつ》が公布されていましたが、そのねらいは政府に対する批判・攻撃を罰するのが主眼でした。それは八〇年の刑法にももちろん受け継がれましたが、今回はそれに「皇室に対する罪」が明確に加えられたのです。

第一一六条　天皇、三后（太皇太后、皇太后、皇后）、皇太子に対し危害を加え、又は加えんとしたる者は死刑に処す。

第一一七条　①天皇、三后、皇太子に不敬の所為（ふるまい）ある者は、三月以上五年以下の重禁錮に処し、二十円以上二百円以下の罰金を付加す。②皇陵（天皇陵）に対し、不敬の所為ある者また同じ。

ここに出現した「不敬罪」は、以後、日本刑法のなかで特別の位置にあって、のちに制定される帝国憲法の第一条にうたわれる天皇の神聖不可侵を守る最強の防壁となります。

自由民権運動の憲法草案に見る天皇条項

このように、天皇の絶対的権威は新政府の手によって各方面から塗り固められていったのですが、では、八〇年前後（明治12～14年）に急速に広がり、高まった自由民権運動のなかで、天皇あるいは天皇制はどのように認識されていたのでしょうか。

当初は、板垣退助らによる土佐の立志社のように金禄公債により経済的に窮地に陥った士族たちの救済をもめざした「士族民権」でしたが、七九年ころから地方の豪農や都市の知識人らが中心となった民権運動の結社が急速に広がります。八〇（明治13）年には「国会期成同盟」が結成されますが、同盟は国会開設のための署名運動のとりくみとともに八一（明治14）年10月までに民権結社がそれぞれに憲法草案を作って持ち寄ることを決めます。国会を開設するためには、その土台となる憲法の制定が必要不可欠だったからです（憲法に規定されない国会はあり得ない）。

こうして民間の民権運動家によっていくつもの憲法草案（私擬《しぎ》憲法という）が作られるのですが、そこには例外なく天皇（制）についての規定が含まれていました。いくつか紹介します（前掲『日本近代思想大系 9』より、傍線は引用者）。

◆嚶鳴《おうめい》社案（沼間守一ほか）

第一条　日本国の帝位は、神武天皇の正統たる今上《きんじょう》天皇の皇裔《すべらぎえい》に世伝《せいでん》す。その相続する順次は必ず左の条款に従う。（第二条で嫡皇子及び其の男統に世伝し、と規定）

第十五条　皇帝は、神聖にして責任なし。

第十六条　皇帝は、立法、行政、司法の三部を統轄す。

第二十条　皇帝は、陸海軍を総督す。

◆憲法草稿評林（小田為綱ほか）

第一条　万世一系の皇統は日本国にて君臨す。
第二条　皇帝は神聖にして犯す可からず。
第三条　皇帝は行政の権を統《す》ぶ。
第六条　皇帝は陸海軍を管し、便宜に従って之を派遣す。（後略）

◆大日本国憲法（沢辺正修ほか）

第一条　大日本は、立憲君主政体にして天照大御神の皇統の知《しろ》し召す国なり。皇統にあらざれば天つ日嗣《ひつぎ》を継《つが》せ給ふ可《べ》からず。
第二条　天皇は、神種なれば侵すべからず。
第三条　立法権は、天皇と国会とに属す。行政権は、天皇のみにありとす。司法権は、自立の裁判官、天皇の名位を以て之を行う。

◆五日市憲法草案（千葉卓三郎ほか）

第一篇　国　帝
第一章　帝位相続
（一）日本国の帝位は神武帝の正統たる今上《きんじょう》帝の子裔《しえい》に世伝《せいでん》す。
第三章　国帝の権利
（一八）国帝の身体は神聖にして侵す可からず。又、責任とする所なし。

（一九）国帝は、立法、行政、司法の三部を総轄す。
（二一）国帝は、海陸軍を総督し、武官を拝叙し、軍隊を整備して便宜に之を派遣することを得。

◆私擬憲法案註解（伊藤欽亮）
第一条　天皇は宰相並に元老院国会院の立法両院に依て国を統治す。
第二条　天皇は聖神にして犯す可らざるものなり。政務の責は総て宰相之に当る。
第五条　司法の権は天皇に属し、裁判官をして法律に遵《したが》い総《すべ》て民事刑事の裁判を司《つかさど》らしむ。
第六条　天皇は、法律を布告し、海陸軍を統率し、外国に対し宣戦講和を為し条約を結び（以下略）

◆日本国国憲案（植木枝盛）
第七十五条　皇帝は国政の為めに責に任ぜず。
第七十六条　皇帝は刑を加えらるることなし。
第七十八条　皇帝は兵馬の大権を握る、宣戦講和の機を統《す》ぶ、他国の独立を認むると認めざるとを決す。

ご覧のように、最後の植木枝盛の国憲案を除いて、天皇条項は各草案のトップに置かれています。しかもほとんどが天照大神・神武天皇いらいの皇統にもとづく天皇の神性と、それによる国の統治権、陸海軍の統帥権を明記しています。

では、これらはみな政府寄りの草案かというと、そうではないのです。そのことは、人権についての規定を見ればわかります。新政権は、先に見たように新聞紙条例や讒謗律を定めて政権に対する批判を取締り、抑圧してきました。それに対し、ここに引いた憲法草案はそのすべてが、思想・言論の自由をはじめ、集会・結社の自由、信教の自由等、今日の日本国憲法に見られるような基本的人権を保障しているのです。

自由民権運動においては、現在わかっているだけでも一〇〇を超える憲法草案が作られました。そのうちでも最も民主的とみられるこれらの草案のなかで、天皇についてはこのように規定されていたのでした。周知のように、のちに伊藤博文らによってつくられる大日本帝国憲法では、「万世一系の天皇による統治」と「天皇の神聖不可侵」が劈頭《へきとう》にすえられます。帝国憲法のキャッチフレーズともいえる文言《もんごん》ですが、それは伊藤らの発明によるものではなく、実は自由民権運動の憲法草案のなかで一般的に使われていた表現だったのです。

民権運動家たちが天皇に託していた信頼と期待

自由民権運動は、その名のとおり、人民の基本的人権を確立し、その政治参加を求める運動でした。フランス革命のスローガン「自由・平等・友愛」は、そのまま自由民権運動のスローガンでもあったはずです。そのフランス革命は、「平等」の対極の存在であった国王をギロチンにかけました。ところが自由民権運動のリーダーたちは、天皇を「国を統治する神聖な存在」として、すすんで祀《まつ》り上げたのです。

どうしてこんな違いが生まれたのでしょうか。

理由は、フランス国王が事実上の最高権力者だったのに対し、民権運動のリーダーたちが抱いていた天皇像は、徳川幕府という旧い権力を倒して新たな時代を切りひらいてゆく、その道しるべともいえる存在だったからです。幕末・維新を生きてきた彼らは、多かれ少なかれ尊王思想の洗礼を受けていたはずです。幕末、若い知識人たちが傾倒した尊王思想は、何百年もつづいてきた旧体制に立ち向かうための新思想でした。本居宣長の国学や水戸学によって体系づけられたその思想は、対外危機を前にしての民族的・国民的アイデンティティーを確立する思想でもあったはずです。

前に述べたように、江戸時代の二世紀半の間、天皇は一歩も御所を出ることはありませんでした。実際に天皇と接することができたのは、宮廷につかえる女官たちのほかは最上級公家たちだけでした。だから尊王思想とはいっても、その中核となる天皇は、公家社会外の人々にとっては神秘につつまれた存在、いわば〝観念〟としての天皇だったのではないでしょうか。

したがって、民権運動のリーダーたちがその憲法草案のトップにすえた天皇も、その尊王思想のなかの天皇、つまりこの国の開闢《かいびゃく》いらいの歴史を背負い、かつ体現している存在、まさしく国家的アイデンティティーの象徴としての存在ではなかったかと思われます。だからまた、その象徴としての天皇が、観念的には至高・万能であっても、現実にその政治力を発揮することがあり得るとはまったく想定していなかったのではないでしょうか。

先ほど紹介した憲法草案の一つ、五日市憲法草案を見出した色川大吉氏の著書『自由民権』

（一九八一年、岩波新書）の中に、次のような印象深い記述があります。

「（国会期成同盟が憲法草案の作成を決議した後）五日市の会員たちは月に三度研究会を開いてボアソナードの法学講義録をはじめ『欧州各国憲法』『代議政体論』『仏国憲法講義』『米国憲法』『万国国会大要』『性法説約』『治罪法注釈』『万法精理』『自治論』などのテキストを購読して精力的に学習している。深沢家の土蔵からはこうした欧米の政治、法律、思想書が百巻近く発見されており、その主要なテキストには精読した跡を思わせる細字の書き込みや朱線がいたる所に見いだされる。」

他の私擬憲法の作者たちも、同じように学習を重ねて草案を作成したのでしょう。そのことは紹介した草案のすべてに共通して記載されていた民主的な人権規定からわかります。

彼らが学んだ欧米の研究書は、イギリスのピューリタン革命、アメリカ独立革命、フランス革命をへた上で書かれた著作だったはずです。それらを深く学習して作成された憲法草案が、欧米の政治革命によって否定されたはずの君主制を、その冒頭にすえたのはなぜなのか？　彼らが想定していた天皇が、イギリス国王やフランスの国王とは違って、現実の政治権力とは別次元の、ないしはそれを超越した君主、国家的アイデンティティーを体現するシンボルとしての〝天子〟だったからではないでしょうか。彼らにとっての天皇は、いわば新たな国づくりの彼方に輝く〝明けの明星〟ともいえるものだったのです。

そのことを示す例証が、先述の天皇の地方巡幸のさいに民権派のとった行動です。一八八〇（明治13）年の、甲府から松本をへて名古屋へ向かった第四回の巡幸を迎えるに当たって、言論界の有力紙『朝野新聞』の社説で民権派の草間時福《ときふく》は、今回の巡幸は「中間蔽遮《へいしゃ》の障《さわ》りなく」つまり途中でさえぎる者はおらず、直接、天皇に意見を述べる「一大機会」であるから、国会設立の要望を提出するのに決してはばかってはならない、と論じました（以下も、遠山茂樹氏「天皇制と天皇」、『近代天皇制の成立』一九八七年、岩波書店、所収から）。この論説は大きな反響を呼び、甲府では「山梨県下国会開設請願有志者三百八十七名」の代表者二名が文書を提出したのでした。

つづく松本では、長野県の自由民権結社・奨匡《しょうきょう》社のメンバーが巡幸を迎える準備にかかわりましたが、その影響下にある『松本新聞』の社説は、過日、同結社が提出した国会開設の要望書が政府（太政官）から受け取りを拒否された以上、直接、天皇に直訴するしかない、と主張したのでした。同社説には、国会開設を「嘆願哀訴せんとなれば、独り天皇陛下あるのみ」とありました（傍線、引用者）。

こうした天皇巡幸への民権家の対応について、遠山氏は『朝野新聞』にしろ『松本新聞』にしろ、「これまでの経験からこの願望書が無事受理されるであろうと予測していなかったであろうから、ねらいは、この機会を利用して運動の気勢をあげることにあったと思われる」と述べています。

しかし私は、この意見には反対です。民権運動家たちは本気で天皇に信頼と希望を託していたのだと思います。権勢欲にまみれ、権謀術数に明け暮れる政府の有司（官僚）たちとは違って、「五箇条の誓文」により「万機公論に決すべし」と誓約された天皇であれば、きっと自分たち民の真情――愛国の至情を汲みとってくださるであろう、と期待していたのだと思います。だからこそ、この後に述べるように、その期待と信頼が打ち砕かれたときの衝撃は甚大かつ深刻だったのです。

天皇絶対権力の出現と民権運動の圧殺

その民権運動家たちの天皇への信頼と期待がみじんに砕かれるまでには、そう時間はかかりませんでした。現実の政治権力とは別個の、それを超越した存在だと信じ込んでいた天皇が、現実の政治権力として、それも絶対的な権力として、民権運動家たちの前に立ち現われたのは、先の甲府、松本などへの巡幸の翌年、国会期成同盟がそれぞれの憲法草案を持ち寄ろうと決めていた、まさにその八一（明治14）年10月のことでした。「明治十四年の政変」として知られています。

この「政変」は二つの〝事件〟からなりたっています。

まず一つは、大隈重信が提出した憲法についての意見書、その憲法構想です。

国会開設の問題は、維新政府の出発時からのテーマでした。なにしろ「五箇条の誓文」の第一項で「万機公論に決する」と約束したのです。だいたい、倒幕へ向かった動機そのものが、幕府専制から「共和政治」「議会政治」への転換の意志でした。以来、国会開設＝憲法制定は新政府に課せられた大きな課題となっていたのです。

七四（明治7）年に、前参議（大臣）の板垣退助ほか征韓論で敗れた江藤新平、副島種臣らによる

伊藤博文（国立国会図書館「近代日本人の肖像」から転載）

「民選議院設立建白書」が提出されたことは周知のとおりです。

そこで六年後の八〇（同13）年暮れ、山県有朋が憲法意見書を政府に提出、つづいて翌八一（同14）年、伊藤博文や井上馨、黒田清隆らが意見書を提出しました。いずれも「参議」です。遅れて、同じ「参議」の大隈が意見書を提出しました。その意見書「国会開設奏議」が政権内、とくに伊藤博文の強烈な反発を招いたのです。大隈意見書に述べられていた議会制度は、選挙によって選ばれた国会議員で構成される「政党」の存在を前提としたイギリス型の「議院内閣制」だったからです。

この大隈の意見は、実は福沢諭吉によるものでした。福沢はこの二年前に出した『民情一新』や『国会論』で政治制度ではイギリス型議院内閣制がベストだと主張しており、八一年7月末にその考えを述べた『時事小言』を脱稿します。9月末にその印刷が終わると、福沢は早急に五冊だけを仮製本させて、天皇の東北巡幸に随行していた大隈のもとに届けたのでした。大隈の国会についての議院内閣制の提案は、この福沢の主張にもとづくものだったのです。

しかし、このイギリス型議院内閣制の構想は、大久保利通が紀尾井坂で暗殺された（一八七八＝明治11年）あと内務卿となり、政権トップの実力者となっていた伊藤博文にとっては、断じて許せないものでした。伊藤は、プロシアの絶対君主制型の憲法をめざしていたからです。そこで伊藤は、同じ長州閥で盟友の井上馨と組んで他の参議たちを引き込み、大隈を参議罷免へと追い込むために画策しはじめるのです。

「政変」のもう一つの問題は、北海道開拓使の官有物払い下げをめぐっての問題でした。開拓使というのは北海道と樺太（サハリン）の開拓を管轄した官庁ですが、七二（明治5）年から一〇年と期限を切って巨額の公費を注ぎ込んできた開拓事業を終了するに当たり、開拓使が所有していた土地や建物、牧場や工場などを、長官の黒田清隆が同じ薩摩出身の五代友厚に格安で払い下げようとしたのが新聞によって暴露され、それに怒った人々の反対運動が猛然と巻き起こったのです。

八一年のこの年は、先述のように国会期成同盟が、10月までに各民権結社が作成した憲法草案を持ち寄ると決めていた年です。全国の民権結社がそれぞれ草案をまとめ上げ、発表するなどして、民権運動は最高潮に達していました。

そうした中、7月から8月にかけ、政権内では大隈問題が波乱を起こし、世間では開拓使の官有物払い下げ問題が民衆の怒りを呼び起こし、政府糾弾の大集会が相次いだのです。伊藤を中心とする政府は窮地に追いつめられました。伊藤自身、黒田あての手紙で「今日の時機は六年征韓論分裂の秋《とき》よりも急なり」と述懐しています。「明治六年の政変」のときにもまして今回の事態は危機的だというのです。

国会開設＝憲法制定を求める自由民権運動の全国的な広がりと高揚を背景に、政権内ではこれに呼応するかのような大隈の憲法構想の提起、そして開拓使官有物払い下げの疑獄問題と、この三重の危機を一気に突破するため、伊藤らは10月12日、政権にとって乾坤一擲《けんこんいってき》の決定を下します。「官有物払い下げの取り消し」と「大隈参議の罷免《ひめん》」、そして九年後「明治23（九〇）年の国会開設」を約束した「詔勅」を発表したのです。この詔勅が、自由民権運動に致命的な打撃を与えることとなりました。

というのも、詔勅は、明治23年という期限を示すとともに、国会開設はもともと「朕《ちん》」の方針であり、いま役人に命じてその「組織権限」について研究させているが、その最終的な内容は「朕《ちん》」がみずから検討し、決定する、と述べ、このように国会開設のことは天皇の手でやる仕事であるから、と言って、最後にこう宣告したのです。

「若《も》し仍《な》ほ故《こと》さらに躁急《そうきゅう》を争ひ、事変を煽《せん》し、国安《こくあん》を害する者あらば、処するに国典を以《もっ》てすべし。特に茲《ここ》に言明し、爾《なんじ》有衆に諭《さと》す。」

やたら難解な言い回しですが、現代文にすると、こういうことです。

——もしもことさら、性急さを競い、騒ぎを煽り立て、国の安寧を乱す者があれば、国法をもって処罰する。そのことをここに明言し、お前たち国民に言い聞かせておく。

つまり、国会開設＝憲法制定は「朕《ちん》」の仕事であるから、お前たち国民が口を出すことではない。もしもあれこれ介入して世間を騒がす者があれば、厳重に処罰する、と宣告したのです。

これは、恫喝です。警告であり、脅しです。天皇は、九年後の国会開設を約束したのと引き換えに、国会開設＝憲法制定に関してはお前たちは以後いっさい論じてはならぬ、これまでに作成した憲法草案などはすべて廃棄せよ、と言ったのです。

これを聞いた時、神奈川から上京していた農民民権家、細野喜代四郎の発した言葉が色川氏の前掲書に紹介されています。

――「霹靂一閃《へきれきいっせん》恰《あたか》も電気に打たれたるが如し。今にも開会せん勢《いきおい》にて闕下《けっか》（天皇の御前）に雲集《うんしゅう》したる所の志士も呆然自失」

霹靂は雷鳴、一閃は稲妻のことです。「今にも開会せん勢」とありますから、期成同盟で決めた10月の総会に参加するため神奈川から上京していたのでしょう。それも「闕下《けっか》に」（宮城の門の下に、つまり天皇のもとに）というのですから、天皇に対して、同盟をあげての請願を決議しようとしていたのでしょう。そのつもりで参集していた「志士」たちの頭上に、この「詔勅」が下されたのです。それはいわば、優美に空を舞っていた天使が、突如、悪魔に変身して襲いかかってきたようにも思えたでしょう。だから「志士」たちは、突然の雷鳴と稲光《いなびかり》のもと「電気に打たれた」如くに驚愕し、「呆然自失」したのです。

この時が、それまで観念的な存在、シンボリックな存在でしかなかった天皇が、突如、現実の権力となって民権運動家たちの前に立ち現われた瞬間ではなかったか、と私は考えます。

政府はすでにこの前年の八〇年4月、「集会条例」を制定、布告していました。集会を開くときは三日前に警察の許可を得ること、集会には警察官が立ち会い、「公衆の安寧」を害すると判断したときは直ちに講演者の退去を命じ、従わないときは集会を解散させる、屋外の政治集会は認めない、といった文字どおりの弾圧法規です。

それでも民権運動家たちは、これを政府、藩閥官僚の悪政であるとはとらえても、それを天皇と結びつけては認識していなかったのではないでしょうか。しかし今回の詔勅は、天皇が国民に対し直接くだす命令として発せられたのです。これにより民権運動は天皇の名において禁じられ、違反したときは集会条例や、これも前年に公布された不敬罪を含む刑法によってきびしく処断されることになったのです。

政治活動にとっての最重要の手段は言論です。その言論を封じられた民権運動は、やむなく直接行動に傾くことになります。その結果、八二（明治15）年の福島事件に八四年の加波山《かばさん》事件と実力行動が続き、最後に八四（同17）年の秩父困民党による民衆蜂起・秩父事件の挫折によって自由民権運動は終息するのです。

詔勅が発せられた八一年後の政治状況を、福沢諭吉ものちにこう述べています（九二年、「国会難局の由来」。傍点は引用者）。

「明治十四年後は特に集会条例の実行に急にして、人民の集会演説等に種々の不便利を感ぜしめたるのみならず、我輩が殊更に注目する所は、申すも恐れ多き彼《か》の不敬罪を以て罰せられたる者が、十四年後に最も多かりし一事なり。」

天皇が、人民の政治活動や言論活動に対して、それを規制し、抑圧する生々しい現実の政治権力として立ち現われた画期が、この「明治十四年の政変」における「詔勅」であったとする私の主張についての、一つの裏付けです。言い換えれば、徳川幕府に代わってこの国の支配的地位についた新政府の首脳たちが、「近代天皇制国家」の確立に向かって大きく踏み出した第一歩だったということです。

伊藤博文が主導した帝国憲法制定

先の「詔勅」は、明治23年、つまり一八九〇年に国会を開設すると約束しました。国会を開くには議員が選ばれていなくてはならず、そのためには選挙法が必要であり、その大前提として国会について規定した憲法が制定されていなくてはなりません。そう考えると、憲法の制定に費やせる時間はそう長くはありません。実質六年程度です。

そこで翌八二年3月、伊藤は憲法調査のためヨーロッパに向かいます。同行したのは、フランスに留学して一〇年、法学を学んだ西園寺《さいおんじ》公望《きんもち》と、伊藤が工部卿いらい目をかけてきた伊東巳代治《みよじ》でした。伊藤博文は長州藩の志士だった若いころ、短期間でしたがイギリスに留学して、英語にも親しんでいましたが、今回の渡欧で大半を過ごしたのは、ドイツとオーストリアでした。大隈罷免のさいにみたように、伊藤のめざす憲法がドイツの絶対君主制型であることは行く前から決めており、この両国で憲法学の大家から教えを受けたのです。

ここでの一年あまりの研修で、伊藤はめざす憲法の大綱をつかみ取ったのでしょう。翌八三年8月に帰国すると、憲法制定の前提条件の整備に取りかかります。まず定めたのが翌八四年の「華族令」でした。

版籍奉還によって大名がその地位を失ったさい、その代償として大名のほかに上級の公家を加え、彼らを「華族」すなわち日本における貴族として遇することにします。大名と公家、あわせて四二七家の華族（世襲制だから個人でなく家です）が生まれました。華族令では、この華族全家に対し、中国から導入した爵位「公・侯・伯・子・男」によってランク付けを行なったのです。

さらに、大名でも公家でもないけれども、維新に功労のあった者を「勲功華族」として新たに華族に加えました。伊藤博文や黒田清隆など二九名（家）です。

なぜ、華族令が必要だったのでしょうか。予定される国会は「万機公論に決すべし」にもとづく国会なのですから、当然、公衆による選挙で選ばれた議員から構成される衆議院です。したがってそこでの審議が、政府の思惑・方針から大きく外れることもあり得ると考えておく必要があります。しかし、政府がそれに直接介入することは、三権分立の原則上できません。そこで、衆議院の審議をチェックできるもう一つの議会が必要だと、伊藤らは考えたのです。それが、プロシア王国などに設けられていた貴族院でした。

では、その貴族院はどのようなメンバーで構成するのか。そのルールをつくるために、華族の序列化が必要だと考えたのでした。実際に憲法に規定される帝国議会は、衆議院と貴族院の二院からなるのですが、その貴族院は皇族と公・侯爵の成人男子は全員が終身、伯・子・男爵は同じ爵位の中で互選し、任期七年と定めたのです。

こうして貴族院議員の選出のルールは決まったのですが、その貴族院の議事も、どうなるかわかりません。そこで政治的能力と経験にたけた「勲功華族」のうちから、互選で議員を決め、貴族院での議論をリードすることにしたのでした。

次いで翌八五（明治18）年には、政府のことをさす「太政官」という古臭い名称を捨て、「内閣」に切り替えます。そして伊藤博文みずからが初代内閣総理大臣の地位に就いたのでした。

こうして憲法制定による新たな政治制度のための諸条件をつくり出しながら、伊藤は彼の懐刀《ふところがたな》である井上毅《こわし》に最初のたたき台となる憲法草案の作成を命じます。井上は前述の七五（明治８）年の「讒謗律《ざんぼうりつ》」「新聞紙条例」、また八一（同14）年の「詔勅」そして「軍人勅諭」（同15年）の起草にかかわった頭脳鋭敏な人物です。彼もまたフランスとドイツでの研修経歴があり、伊藤が兄事《けいじ》した大久保利通に引き立てられて頭角をあらわしてきたのでした。

井上は政府の法律顧問だったドイツ人ロエスレルの意見なども取り入れて、内閣発足の翌八六（同19）年の秋、二種類の試案を伊藤のもとに提出します。その試案をもとに、翌八七（同20）年6月から8月までの足かけ三カ月、伊藤はドイツに同行した伊東巳代治と、アメリカ留学七年、ハーバード大学で法学を学んだ金子堅太郎の三人で横浜市南部の旅館に、次いでその近くの東京湾に浮かぶ夏島に建てた自分の別荘（現在、復元されて見学可能）にこもって、第一次草案を作成したのでした。

伊藤博文が憲法草案作成のため極秘裏に２人の側近と共に籠もった地に建つ「憲法草創之處」碑（横浜市金沢区）。題字は金子堅太郎が揮毫。

こうして伊藤博文が側近とともに憲法草案の作成作業をつづけていたさなか、八七年秋に政府をゆるがす事態が生じます。鹿鳴館《ろくめいかん》など欧化主義の先頭に立っていた井上馨外相による条約改正が欧米列強に対しあまりに妥協的であり、国権を侵害するものだとして、猛然と反対運動が起こったのです。

これを機に、対抗関係にあった自由党と改進党が腕を組み、政府の弾圧により沈み込んでいた民権運動がふたたび勢いを盛り返します。屈辱的外交反対とともに言論・集会の自由、地租軽減を求める「三大事件建白書」が各地の民権運動の代表者によって元老院に提出されます。井上馨外相はこの年９月にすでに辞任していました。

六年前の「明治十四年の政変」の前のような緊迫した状況が政府をつつみました。それに対し伊藤博文内閣は、これも六年前と同様の強権をもって応じます。八七年12月25日、「保安条例」を公布し、屋外の集会についてはいつでも禁止解散を命じられることにしたほか、活動家たちに対し一年から三年のあいだ、宮城（皇居）から三里（12キロ）より以遠に退去するよう命じたのです。

この退去命令の発動にあたっては、警視庁の警官を総動員したうえに近衛兵二大隊を動員、憲兵隊が非常警戒態勢についたといいます。統轄する内務大臣は山県有朋、指揮をとったのはかつて河野広中らの福島の民権運動をうむをいわさず弾圧した薩摩出身の三島通庸《みちつね》・警視総監でした。これにより都内から退去させられた活動家は五七〇名にも及んだのです。

そうした中、伊藤博文の憲法草案づくりは続行され、側近二人と作った第一次草案を井上毅とロエスレルに見せてその意見を聞き、10月に第二次草案、さらに翌八八（同21）年2月に第三次草案、それに最終的な修正を加えて4月、天皇に提出したのでした。

以上の経過からわかるように、この憲法草案の作成にかかわったのは伊藤、伊東、金子と井上、ロエスレルの五人だけです。つまり、大日本帝国憲法は伊藤博文とその側近により完全な密室の中でつくられたのです。他の政府高官もまったく関知していません。近代化の道を歩んでいるはずの国の最高法規である憲法が、一人の政治家とその数名の側近だけでつくられたのです。驚くべきことではありませんか。

しかし、さすがの伊藤も、この私的な創作を手品の箱からハトを取り出すようにして、これがわが国の憲法である、と公示するわけにはいきません。少なくとも天皇と、それに国の要人も加わって検討し作成したものだという体裁をとることが必要です。

そこで伊藤は、八八年4月、最終草案を天皇に提出したのに続いて、天皇臨席のもとで草案を検討するための「枢密院《すうみつ》」を新設し、そのメンバーとなる「枢密顧問官」を任命するとともに、総理大臣の職は薩摩出身の黒田清隆にゆずり、自らその枢密院の議長の席に着いたのです。

こうして伊藤は、自分が中心になって作った憲法案を、自分が議長をつとめる枢密院での審議にかけ、そこで天皇により裁可・決定されるという形式をととのえたのです。そのあと憲法案は同年6月から7月にかけ枢密院で審議され、翌八九（明治22）年1月に最終審議が行なわれて、大日本帝国憲法の制定となったのでした。

「脱封建革命」が生んだ「大日本帝国憲法」

その翌月、2月11日、紀元前六六〇年、すなわち二千五百年以上も前、つまり縄文時代末期に神武天皇が即位したとする「紀元節」の日を選んで、大日本帝国憲法が公布されました。その式典には公使のほか多くの外国人も招かれました。その一人、ドイツの医学者、エルヴィン・ベルツの観察記録を『ベルツの日記・第一部上』（菅沼竜太郎氏訳、岩波文庫）から、少々長くなりますが紹介します。ベルツは東大医学部で長く教授をつとめ「日本医学の父」とも言われた人で、このときは四〇歳です。

「二月十一日（東京）本日憲法発布。

天皇の前には、やや左方向に向って諸大臣、高官が整列し、そのうしろは貴族で、そのなかに、維新がなければ立場をかえて現在『将軍』であったはずの徳川亀之助氏（引用者注：家達《いえさと》）や、ただ一人（洋服姿でいながら）なお正真正銘の旧い日本のまげをつけているサツマの島津公（同：最後の藩主・忠義）を認めた。珍妙な光景だ！　天皇の左方は外交団。広間の周囲の歩廊は、他の高官連や多数の外人のため開放されている。皇后は、内親王がたや女官たちと共に、あとより続かれた。長いすそをひく、バラ色の洋装をしておられた。

するなと、玉座の左右から、それぞれ一人の大官が一つずつ巻物を持って進み出たが、その一人はもとの太政大臣三条（同：実美《さねとみ》）公だった。公の手にあった方が憲法である。他方の巻物を天皇は手に取ってお開きになり、声高らかに読み上げられた。それは、かねて約束の憲法を進んで国民に与える決定を述べたものであった。次いで天皇は、憲法の原本を黒田首相に授けられたが、首相はこれを最敬礼で受取った。それが終ると、天皇は会釈され、皇后や御付きのものを従えて、広間を出て行かれた。式は、僅か十分ばかりで全部終了した。この間、祝砲がとどろき、すべての鐘が鳴り響いた。」

天皇が読み上げたのは、ベルツの記録にも「かねて約束の憲法を進んで国民に与える決定を述べたもの」とありますので、「憲法発布勅語」だったと思いますが、それはこう始まっていました（ルビ、注、傍線は引用者）。

「朕《ちん》国家の隆昌《りゅうしょう》と臣民の慶福とを以《もっ》て中心の欣栄《きんえい》とし朕が祖宗《そそう》（天照大神以来の神々と歴代天皇）に承《う》くる（受け継いだ）の大権に依《よ》り現在及将来の臣民に対し此の不磨《ふま》の大典を宣布《せんぷ》す。」

これでわかるように、また式典でも見られたとおり、この憲法は天皇から臣民に授けられたものでした。またこれは「不磨の大典」、つまり永遠に磨滅することのない不朽の法典である、と宣言されていたのです。

「勅語」の中ほどではまたこうも述べられていました。

「明治十四年十月十二日の詔命《しょうめい》（天皇の命令）を履践《りせん》（実践）し茲《ここ》に大憲（憲法）を制定し朕《ちん》が率由《そつゆう》する（従わせる）所を示し朕《ちん》が後嗣《こうし》（後継ぎ）及臣民及臣民の子孫たる者をして永遠に循行《じゅんこう》する（従い行う）所を知らしむ。」

あの八一年の「霹靂一閃《へきれきいっせん》」の詔勅が出発点だったことを明示するとともに、天皇が定めたこの憲法に、臣民は子々孫々まで永遠に従わせる、と言明しています。

これが、大日本帝国憲法でした。

よく知られているとおり、帝国憲法の第一章は「天皇」です。

第一条　大日本帝国は万世一系の天皇之《これ》を統治す。
第二条　皇位は皇室典範の定むる所に依り皇男子孫之《これ》を継承す。
第三条　天皇は神聖にして侵すべからず。
第四条　天皇は国の元首にして統治権を総攬《そうらん》し此の憲法の条規に依り之《これ》を行う。
第五条　天皇は帝国議会の協賛を以て立法権を行う。
第一一条　天皇は陸海軍を統帥す。
第一二条　天皇は陸海軍の編制及常備兵額を定む。
第一三条　天皇は戦を宣し和を講じ及諸般の条約を締結す。
第一四条　天皇は戒厳を宣告す。（②は略）
第一五条　天皇は爵位勲章及其の他の栄典を授与す。

現在の日本国憲法も、「第一章　天皇」から始まっています。これはその制定が帝国憲法の改正という手続きをとったからですが、配置は同じでも中身はまったく異質です。現行憲法の天皇が政治権力と完全に絶縁した存在とされているのに対し、帝国憲法における天皇は絶対権力者です。その存在も神聖不可侵であり、統治権を総攬（一手に掌握）し、立法権を行使し、さらに全軍を統率・統帥し、外国との開戦・講和はもとより、条約の締結権も所有しているのです。

これを、絶対権力者、絶対君主と言わないで、ほかに何と呼べばいいのでしょうか。

たしかに第四条で、統治権は「此の憲法の条規に依り」つまり憲法に従って行使するとあり、第五条の立法権は「帝国議会の協賛（同意・賛成）を以て」行使すると規定されています。これらの条項から、帝国憲法を立憲君主制型の憲法として把握する学説がつくられ、大正期から昭和初期まで法学界の主流の学説（いわゆる天皇機関説）となるのですが、しかし、条文を字句どおりに読めば、この学説はいかにも影が薄いと言わざるを得ません。ここに屹立《きつりつ》する天皇は、まぎれもなく絶対君主です。国家統治の全権を一手に掌握した絶対的な専制君主です。一方、ここに登場するのは、前文で述べられていたように、天皇の命令に付き従うだけの「臣民」です。

絶対君主と臣民、これが大日本帝国憲法の基本構図でした。

では、欧米先進諸国に追いつくべく近代化をめざした日本が、どうしてこのような「絶対君主と臣民」の憲法を持つことになったのでしょうか。

その由来は、「脱封建革命」そのものの中にあったのではないか、と私は考えます。

幕末の動乱の契機となったのは、迫りくる欧米列強を前にして、それにどう立ち向かうかというナショナル・アイデンティティーの危機でした。それに応えたのが、最古の歴史書「古事記」と「日本書紀」にしるされた、この国は神につらなる天皇をいただく国であるという「神国」思想であり「尊王」思想でした。

この神国・尊王思想は、とくに水戸学において列強が迫り来るなか「尊王攘夷」思想となり、全国の中下級武士の若い知識人たちを直接行動に向かわせます。

一方、開明派の老中がリードする幕府は、米国の使節ペリーと、次いでハリスによる開国要求に対し、全国の藩主たちや旗本たちに判断の資料を提供して、彼らから意見を聞きながら、開国に向けての世論形成をはかります。

これに対して、正面から対立したのが攘夷観念に凝《こ》り固まった孝明天皇と、それをささえ、朝廷の政治的復権をのぞむ公家たちでした。その朝廷に、尊王攘夷派の中下級武士たちが結びつき、反幕府の一大勢力となりました。京都は一時、この尊王攘夷派に占拠され、テロルが荒れ狂う事態となります。

中下級武士の尊王攘夷派の二大拠点となったのが、長州藩と薩摩藩でした。両藩ともともと雄藩であった上に藩政改革によってさらに強大な藩となっていました。

ところが六三年5月から6月にかけ長州藩は無謀にも下関海峡を通る米、仏、蘭の艦船を砲撃、その報復攻撃で圧倒的な火力によってたたきのめされます。また薩摩藩も生麦事件が原因で英国艦隊が鹿児島湾に襲来、薩英戦争によってその火力の凄さを思い知らされました。

これらの手痛い経験から、両藩とも攘夷から「学夷」へと転向、攘夷派の二大勢力が抜けたことによって、攘夷派は実力のにない手を失い、実質的に消滅、あとには「尊王」だけが残ることになります。

翌六四年、先走った長州攘夷派が御所の門を警備する幕府軍と交戦（禁門の変）、幕府側の薩摩軍と会津軍によって撃退されます。

この禁門の変への懲罰として、朝廷は幕府に長州征討を命じます。その征長連合軍の参謀となったのが西郷隆盛でした。西郷は、以前から聞き知っていた幕府の軍艦奉行・勝海舟の意見を聞こうと訪ねます。そこで西郷は海舟によって、それこそ目からウロコがはがれ落ちるような主張を聞くのです。反動的な守旧派によって牛耳《ぎゅうじ》られている幕府に未来はない、今後この国は諸藩代表の合議による「共和政治」に転換するしかない、という主張です。

そこで西郷は、いずれ薩摩と組んで倒幕の主勢力となる長州をつぶしてはならないと考えて、「戦わずして勝つ」終戦処理にとりくみ、長州藩の力を温存するのです。これが、幕末政局の転換点となりました。

翌六五年、坂本竜馬が薩摩と長州の同盟を画策して、薩摩藩の仲介による長州藩の兵器購入が実現、翌六六年、竜馬のあっせんで西郷らと木戸孝允による倒幕のための「薩長同盟」が成立します。そのさい、二百五十年の伝統をもつ幕府の権威に対抗して薩長が高く掲げたのが、日本国建国以来（！）の歴史をもつ天皇でした。

こうして政局は「尊王攘夷」から「尊王倒幕」へと移行する一方、土佐の山内豊信《とよしげ》や越前の松平慶永《よしなが》など開明派諸侯による「公議政体派」が生まれ、その進言によって将軍・慶喜《よしのぶ》による「大政奉還」となり、さらに「王政復古」クーデターへと進んで、最後は鳥羽・伏見での武力衝突へとなだれ込んでいったのでした。

以上、ごく簡略に幕末の政治過程を見てきましたが、この末期、「攘夷」から「倒幕」へと転換した後、薩長の中下級武士のリーダーたちはどんな未来図を想定していたのでしょうか。それを実現するために、胸中にどんな〝政治戦略〟を共有していたのでしょうか。
私は、次のようなことではなかったかと推量します。

❶欧米列強の侵略に対抗するためには、今のような二七〇余の藩に分割・分権された幕藩体制を突き崩して、強力な中央集権国家へと転換しなければならない。

❷それにはまず幕府を倒さなくてはならないが、そのための大義名分としては、将軍が手にしている国の主権（統治権）を本来の主権者である天皇に「奉還」する「王政復古」以外にはない。

❸次に、その「王政復古」によって「武家の棟梁《とうりょう》」である徳川家が主権とあわせ、その領有する土地と領民を天皇に「奉還」したとなると、全国の諸大名もその所領と領民を天皇に奉還（「版籍奉還」）せざるを得なくなる。その結果、幕藩体制は崩壊する。

❹しかし幕藩体制は崩壊したとしても、封建制のもう一つの支柱である身分制・門閥制を残しておいては、中下級武士である自分たちは、国政の中心には立てない。したがって、幕藩体制とあわせ身分・門閥制を一掃する必要がある。

❺さらに、自分たちがヘゲモニーをとって新たな国づくりを推進するためには、絶対的な権力をもつ必要がある。自分たちが国家主権をもつ天皇の代理人《エージェント》となれば、天皇に代わってその権力を行使できる。

❻そのためには、天皇が絶対的な権威・権力をもつ存在、すなわち神の権威・権力をあわせもつ「神権天皇」として確立されなくてはならない。そしてそのことは、近代国家である以上、憲法

に明記されなくてはならない。

前に見たように、自由民権運動の私擬《しぎ》憲法でも、ほとんどが皇統れんめんの天皇の神聖・尊厳と、それにもとづく国の統治権、陸海軍の統帥権をうたっていました。しかしそこで想定されていた天皇は、いわば観念としての天子であり、近代化の方向をさし示すシンボリックな道しるべ、〝明けの明星〟であり、ナショナル・アイデンティティーの明るい表象だったのではないか、と私は解釈したのでした。

大日本帝国憲法の天皇条項でも、使われている用語には私擬憲法とさしたる違いはありません。「万世一系」も「神聖にして侵すべからず」も、そっくり同じ表現が用いられていました。

しかしこの帝国憲法に規定された天皇は、観念やシンボルなどではありません。権力を手にした者たちの〝政治戦略〟から生み出されたリアルな天皇、現実に法的な拘束力をもつ存在です。それもたんなる拘束力ではありません。裏に抜身の刀のような、畏怖・畏敬を強いる力を秘めた存在なのです。そのことはすでに、八一年10月、最高潮に達していた自由民権運動の憲法草案コンペを、一片の命令（詔勅）によって圧《お》し潰《つぶ》した事実に示されていました。（さらに言えば、憲法発布の日の朝、初代文部大臣・森有礼《ありのり》は、伊勢神宮参拝の折、ステッキで御簾《みす》の端を持ち上げたという風説（デマ）のために、不敬犯として若い勤皇家の神官によって出刃包丁で刺殺されたのでした。）

伊藤博文の主導で制定された帝国憲法における天皇像は、民権運動の私擬憲法のシンボリックな天皇像とはまったく異質の、神の権威・権力をあわせ持ち、しかもそれを現実に行使し得る「神権天皇」でした。

次は「臣民」についてです。

帝国憲法でも、天皇条項に次いで第二章は「臣民権利義務」です。近代国家の憲法なのですから、当然、人民の諸権利――移転の自由から裁判を受ける権利、信書の秘密、信教の自由、言論・出版・集会・結社の自由などが記載され、保障されています。しかしそれらはすべて「法律の範囲内に於いて」であり、「法律に定めたる場合を除き」であり、「臣民たるの義務に背かざるの限りに於いて」といった限定付きなのです。そしてもちろん、その解釈の範囲は伸縮自在、警察権力または政治権力の従僕となることを予定される裁判官のさじ加減にゆだねられることになります。

伊藤博文の憲法草案作成チームには、ハーバード大学で法学を学んだ金子堅太郎がいました（後の大統領セオドア・ルーズヴェルトが級友でした）。法案作成のなかで、金子は当然、アメリカ合衆国憲法・修正第一条（一七九一年確定）も紹介したでしょう。

修正第一条　連邦議会は法律により、国教の樹立を規定し、もしくは信教上の自由な行為を禁止することはできない。また言論および出版の自由を制限し、或は人民の平穏に集会をし、また苦痛事の救済に関し政府に対して請願をする権利を侵すことはできない。

ご覧のように、諸権利に何の限定もついていません。

独立戦争にともなう民主主義革命をへた米国と封建制から脱したばかりの日本とを単純に比較はできませんが、それにしても、人民の自由と権利に対して、どうしてあのような権力側の解釈自由な、裏を返せば厳重な限定をつけて、制限したのでしょうか。

理由は、「脱封建革命」の主体をになった中下級武士たちの人民に対する認識、向き合い方にあったのではないかと思います。

第Ⅳ章で見たように、幕末から明治初期にかけ、百姓一揆、村方騒動、打ちこわしが続発しました。それが封建社会の土台を揺るがす中で、幕府の屋台骨が揺さぶられ、倒幕への流れが勢いを増していったのです。

しかし、中下級武士の「志士」たちは、その人民大衆と向き合い、共闘の手を結ぼうとはしませんでした。長州だけは、藩の上層部と対抗するために農民や町人を組み入れた奇兵隊はじめ諸隊の〝国民軍〟を編成しましたが、のちに「士族王国」をつくる薩摩藩はじめ他藩ではそうした動きは見られません。

新政府の農民に対する対応を端的に示していたのが、赤報隊問題です。鳥羽・伏見の戦いのあと、前年秋に西郷が開戦のいとぐちをつけるため江戸市内の撹乱《かくらん》を画策する浪士隊を結成させたときの総裁が相楽《さがら》総三でしたが、その相楽が官軍の先鋒《せんぽう》隊である赤報隊の隊長となり、新政府の方針であるとして、六八年1月から岐阜、愛知、信州の幕府領（天領）や幕府側の譜代大名の領地での年貢の半減を告げてまわります。幕府の反撃で戦況が危うくなったさいの農民の支持を得るための方針でした。もちろん大歓迎を受けます。

ところが新政府は帰趨の定まらなかった西国の諸藩が味方につくことが明らかになると、1月末にはこの方針を撤回、年貢半減を取り消し、逆にそれを触れ回った赤報隊を「偽《にせ》官軍」として信州一帯の各地に通達するのです。そして相楽は3月初め、同志七名とともに捕らえられ、捕縛されたその日に斬首されたのでした。

赤報隊をめぐるこの酷薄な仕打ちは、赤報隊が民衆に密着し過ぎたのを警戒したからかとも思われますが、新政府が農民（民衆）の存在をどのように見ていたかを如実に示す一例でしょう。

明治に入って、これも先に見たように、新政府は徴兵令によって、士族の武力独占を廃止し、一般庶民からの徴兵によって国民軍を編成することにします。その兵士の圧倒的多数は士族でない平民だったはずですが、その兵士たちは山県有朋が主導した「軍人勅諭」において、「義（＝忠義をつくす義務）は山岳よりも重く、死は鴻毛《こうもう》よりも軽しと覚悟せよ」と、その命は鳥の羽毛よりも軽いものとされたのです（後年、軍国主義時代には、召集を伝えるとされたハガキの代金が一銭五厘なのになぞらえて、一銭五厘が兵士の命の対価にたとえられました）。

こうした見方が、「脱封建革命」をになった伊藤、山県たち中下級武士出身の革命リーダーたちの「人民観」でした。したがって、大日本帝国憲法においては、天皇を自分たち権力者の光背《こうはい》となる神聖不可侵の存在と規定したのとは対照的に、人民についてはお上《かみ》によって支配される対象、すなわち「臣民」と規定したのです。

大日本帝国憲法の「憲法発布勅語」原本の末尾には、明治天皇の「御名御璽《ぎょめいぎょじ》（天皇の署名と印）」の

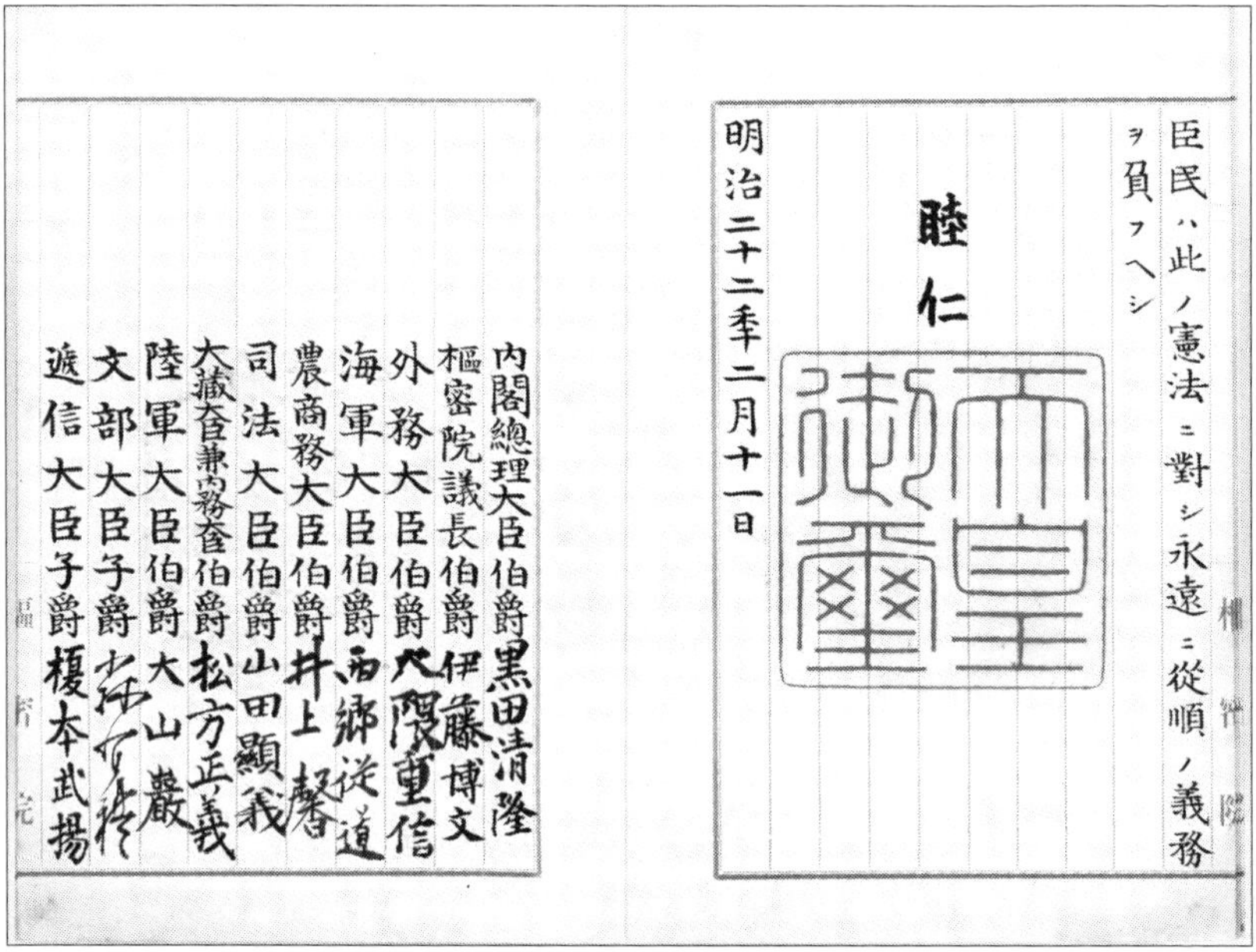

臣民ハ此ノ憲法ニ對シ永遠ニ從順ノ義務ヲ負フヘシ

睦仁

天皇御璽

明治二十二年二月十一日

内閣總理大臣伯爵黒田清隆
樞密院議長伯爵伊藤博文
外務大臣伯爵大隈重信
海軍大臣伯爵西郷従道
農商務大臣伯爵井上馨
司法大臣伯爵山田顯義
大藏大臣兼内務大臣伯爵松方正義
陸軍大臣伯爵大山巖
文部大臣子爵森有禮
遞信大臣子爵榎本武揚

大日本帝国憲法の「憲法発布勅語」の末尾にある明治天皇の「御名御璽」と内閣閣僚たちの副署（国立公文書館蔵）

後に内閣閣僚の副署がつづいています。次の一〇名です。（★は薩摩、☆は長州出身）

内閣総理大臣　伯爵・黒田清隆★／枢密院議長　伯爵・伊藤博文☆／外務大臣　伯爵・大隈重信／海軍大臣　伯爵・西郷従道★／農商務大臣　伯爵・井上　馨☆／司法大臣　伯爵・山田顕義☆／大蔵兼内務大臣　伯爵・松方正義★／陸軍大臣　伯爵・大山　巌★／文部大臣　子爵・森　有礼★／逓信大臣　子爵・榎本武揚

ご覧のように伯爵のオンパレードです。前に述べたように、封建制をささえる二大支柱は、国を細分化した幕藩体制と、身分制・門閥制でした。このうち幕藩体制は、「脱封建革命」によってみごとに解体され、近代国家へと向かう新たな政治体制の基盤をつくり出しました。しかし、身分制については、旧大名家と公家は新たに「華族」となり、「脱封建革命」をになった薩長を中心とする中下級武士たち自らが新たな「華族」身分を得て、その「人民観」にもとづきこの国を統治してゆくことになったのです。

＊

「脱封建革命」によって、この国はたしかに封建制から脱却しました。しかし国民の圧倒的多数を搾取の対象とだけ見て、政治的無権利状態におく封建制の人民支配の思想からは、基本的に〝脱却〟することなく、それを温存したままとなりました。神権天皇をいただいて、その絶対的権威のもとで少数の権力者が人民を統治するという構造は、形を変えながらも続いたのです。その「人民観」にみる政治思想は、封建制から近代天皇制へと、その本質は変わることなく持続されたのでした。（憲法発布勅語の最後は、右上に見る通り――「臣民は此の憲法に対し永遠に従順の義務を負ふべし」と結ばれています。）

その意味で、明治維新についてその歴史的意味、その光と影を総体として把握するには、長期にわたることになりますが、やはり尊王思想の形成から大日本帝国憲法制定までをひと続きの歴史過程として見なくてはならないのではないか――というのが私の結論です。

【ま行】

【や行】

【ら行】

【人物名索引】

【な行】

【は行】

【人物名索引】

【か行】

【さ行】

人物名索引

本書関連・明治維新の歴史略年表

❖１７３０年
本居宣長、伊勢・松阪に生れる。

❖１７７１年
宣長、「直毘霊」完成稿。

❖１７７８年
宣長、「馭戎慨言」完成稿。

❖１７９１年
藤田幽谷、「正名論」発表。林子平、「海国兵談」出版。

❖１７９２年
ロシア使節ラクスマン、北海道根室に来航。

❖１７９３年
高山彦九郎、失意のうちに自決。

❖１７９８年
「古事記伝」44巻、脱稿（1822、刊行終了）。

❖１８０４年
ロシア使節レザノフ、長崎に来航。

❖１８０８年
蒲生君平、「山陵志」自費刊行。

❖１８２４年
5月、英国捕鯨船、常陸・大津浜に到来（会沢正志斎、立ち会う）。

❖１８２５年
2月、幕府、「異国船打ち払い令」布告。正志斎、「新論」執筆。

❖１８３７年
大阪で大塩平八郎、挙兵（「大塩の乱」）。

❖１８４０年
アヘン戦争勃発。

❖１８４２年
幕府、「異国船打払い令」を撤回。

❖１８４５年
藤田東湖、「弘道館述義」執筆。

❖１８５３年
6月、ペリー艦隊、浦賀に来航。7月、ロシア・プチャーチン艦隊、長崎に来航。9月、幕府、大船建造の禁止令を解く。

❖1854年
1月、ペリー艦隊、再来。3月、日米和親条約締結、下田、函館の二港を開港。

❖1855年
幕府、洋学所を設立（56年、蕃書調所、62年、洋書調所と改称）、また長崎に海軍伝習所を設ける。10月、老中首座、阿部正弘から堀田正睦に交代。

❖1856年
8月、米国初代駐日領事・ハリス、下田に着任。

❖1857年
12月、ハリス、江戸城にて将軍・家定に謁見。

❖1858年
1月、日米通商条約の交渉、実質合意。堀田老中、天皇の承認を求めて京都へ行く。3月、天皇、条約を拒否。4月、井伊直弼、大老に就任。6月、日米修好通商条約調印。7月、将軍・家定没。8月、「戊午の密勅」。9月、梅田雲浜逮捕、以後「安政の大獄」始まる。10月、家茂、第14代将軍に。この年、英ロ仏蘭と修好通商条約（安政五カ国条約）。

❖1859年
5月、英国公使オールコック着任。6月、幕府、神奈川・長崎・函館を開港、米英ロ仏蘭との自由貿易を許可。8月、井伊大老、一橋慶喜・徳川斉昭・松平慶永・山内豊信らに蟄居・隠居・謹慎等の処分。10月、橋本左内、頼三樹三郎、吉田松陰らが処刑される。

❖1860年
2月、勝海舟艦長の咸臨丸、サンフランシスコに到達。3月、桜田門外の変。4月、幕府の遣米使節団、米大統領と会見、条約批准書を交換。12月、米国通訳ヒュースケン暗殺、外国公使ら、横浜に避難。

❖1861年
3月、長州藩士・長井雅楽、「航海遠略策」を建言。5月、東禅寺の英国公使館（江戸の仮設公使館）浪士に襲撃される。10月、皇女和宮、将軍・家茂との婚儀のため京より江戸へ発つ（11月着）。

❖1862年
1月、水戸浪士、老中安藤信正を襲撃（坂下門外の変）。4月、島津久光、藩兵1千人を率いて上洛、幕政改革を朝廷に建議し、また薩摩攘夷派の決起計画を知って襲撃、壊滅させる（寺田屋の変）。6月、長州藩主、「航海遠略策」を却下、藩論は尊王攘夷に向かう。7月、久光の改革案により一橋慶喜が将軍後見職、松平慶永が政事総裁職に就く。8月、久光の帰途の行列を騎馬の英国人4人が乱したとして、薩摩藩士が殺傷（生麦事件）。閏8月、幕府、参勤交代制度を緩和（1年置きを2年置きに）。11月、勅使・三条実美ら、攘夷督促を家茂に通達。12月、朝廷に国事御用掛を新設。同月、高杉晋作・久坂玄瑞ら、品川御殿山に建設中の英国公使館に放火。

❖1863年
3月、家茂、3千人の行列を率いて上洛（将軍の上洛は家光以来230年ぶり）。同月、天皇、賀茂神社に行幸して攘夷祈願（家茂、慶喜も随行）。4月、天皇、石清水八幡宮に行幸（慶喜のみ随行）。同月、家茂、天皇に5月10日を期限に攘夷決行を約束。5月10日、長州藩、下関で米商船を砲撃（その後、仏艦、蘭艦をも砲撃）。6月、米軍艦、下関砲台を撃破、次いで仏海軍の陸戦隊が上陸、砲台を占領、略奪。同月、高杉晋作ら奇兵隊を編成。7月2日、英艦隊、鹿児島湾から市街を砲撃、薩摩藩応戦（薩英戦争）。8月13日、攘夷派、天皇に「攘夷親征」の詔勅を出させる。8月18日、薩摩・会津藩を主体とする公武合体派の密計により攘夷派を京都から一掃（8・18クーデター）。8月と10月、攘夷派、大和と但馬で挙兵するがすぐに壊滅。12月、公武合体派の諸侯に慶喜も加わって「参与会議」結成。

❖1864年
2月、幕府の横浜鎖港論をめぐって慶喜と諸侯が対立、参与会議が解体。3月、水戸藩の尊王攘夷派、武田耕雲斎・藤田小四郎ら筑波山で挙兵（「天狗党」の乱）。5月、幕府、神戸に海軍操錬所（頭取・勝海舟）を設立（翌年3月廃止）。6月、新選組が池田屋での長州・土佐の攘夷派の会合を襲撃（池田屋の変）。7月、上京した長州軍と薩摩・会津・桑名軍が交戦、長州軍が敗退（禁門の変）。7月21日、天皇、長州征討の勅命、幕府、西南21藩に出兵を命じる（第一次征長戦争）。8月5日、英仏米蘭の四カ国艦隊、下関を砲撃、上陸、長州藩完敗、14日、停戦協約。9月、幕府、緩和された参勤交代制を破棄、元に戻す。同月、幕府連合軍の参謀・西郷隆盛、大阪の宿に勝海舟を訪ねて「共和政治」の啓示を受け、長州との不戦による終戦工作へと方針を転換する。11月、禁門の変の長州藩責任者、3家老の自刃、4参謀斬首により征長戦争終結。

❖1865年
2月、禁門の変の敗北で半壊状態だった長州の奇兵隊ほか諸隊が復活、藩政を掌握して藩政改革を推進、藩論を倒幕へ向け統一する。5月、幕府首脳、長州再征を決定、尾張藩主・徳川茂承を先遣総督に任命（第二次征長戦争）。6月、西郷、竜馬から長州藩の兵器購入への助力希望を聞き、承諾。7月、長州藩、薩摩藩を介してグラバーから大量の兵器を購入。10月、幕府、天皇に対し通商条約の勅許と兵庫開港の勅許を奏請、慶喜が朝廷側と激論、条約勅許を得る（「違勅調印」問題解決、兵庫開港は不可）。

❖1866年
1月、竜馬の斡旋で、西郷らと木戸による「薩長同盟」の密約。4月14日、薩摩の大久保利通、幕府に征長戦への出兵拒否の書を提出。5月、その薩摩問題の解決のため、幕府は解職した勝海舟を再び軍艦奉行に任命。5月、関西と江戸で大規模打ちこわし激発。6月、武州一揆、信夫・伊達郡一揆。6月7日、征長戦、開始。幕府軍の敗退続く。7月20日、将軍・家茂急死。同月末、幕府軍の小倉城落城。8月16日、海舟、慶喜から長州との停戦交渉の役を頼まれる。9月2日、宮島で交渉、即時成立。同月末、休戦協定。12月5日、慶喜、第15代将軍に就任。同月25日、孝明天皇急死。

❖1867年

1月9日、睦仁親王（明治天皇）践祚。2月、土佐藩の後藤象二郎、長崎で竜馬と会う。3月、竜馬の「海援隊」、中岡慎太郎の「陸援隊」、土佐藩の管轄に入る。6月、竜馬、後藤との船旅で「船中八策」をまとめる。同月、京都で薩摩の西郷、大久保ら、土佐の後藤、福岡孝弟らと会談、「薩土盟約」を結ぶ。7月、後藤、土佐藩主・山内豊信に「大政奉還」策を進言。9月、薩長同盟に芸州藩も加わる。10月初め、土佐藩、次いで芸州藩、慶喜へ「大政奉還」を建白。同月12～16日、慶喜、京都・二条城において幕臣・諸藩・朝廷に対し「大政奉還」を告知する。同月13日、朝廷、薩長に討幕の「密勅」を下す。11月13日、薩摩藩主、兵3千を率いて京都へ進発、17日、長州着、芸州も含め出兵同盟を確認。同月15日、竜馬、中岡、京都で暗殺される。同月下旬、薩摩、芸州軍が京都に、長州軍は西宮に到着。12月8～9日、「王政復古」クーデター。12日、慶喜、二条城から大阪城に移る。会津・桑名軍も共に移駐。25日、江戸において幕府軍、薩摩藩邸を焼き打ち。

❖1868年

1月3日、鳥羽・伏見の戦い（戊辰戦争起こる）。6日、慶喜、会津・桑名藩主や老中と共に大阪城を去る。15日、新政府、各国公使に王政復古を通告。23日、慶喜、海舟と大久保一翁を幕府の最高幹部に抜擢。2月12日、慶喜、江戸城を出て上野寛永寺に閉居。15日、幕府征討軍（官軍）、江戸へ進発。3月6日、海舟、使者・山岡鉄舟を静岡の西郷のもとに送る。13～14日、海舟、西郷会談、江戸城の無血開城に合意。14日、「五箇条の誓文」発表。閏4月21日、政府、「政体書」を発表、新たな政治体制を示す。5月3日、奥羽越列藩同盟（25藩）結成。15日、上野の彰義隊壊滅。7月17日、江戸を東京と改称。8月26日、天長節（天皇誕生日の祝日）を定める。27日、天皇、即位式を挙げる。9月8日、慶応を明治と改元、「一世一元」制を定める。22日、会津若松城、落城。10月13日、天皇、京都から東京に到着、江戸城を東京城と改称、ここ宮城を皇居とする。

❖1869年

1月5日、横井小楠、暗殺される。20日、薩長土肥の藩主、「版籍奉還」を奏上。2月、西郷、薩摩藩主に請われ、鹿児島に帰り、藩政改革にとりくむ。3月28日、天皇、いったん戻った京都から東京着、以後、宮城に永住。5月18日、五稜郭の榎本武揚ら降伏（戊辰戦争終わる）。6月、諸藩主の版籍奉還を認め、各藩主を知藩事に任命（274名）、公卿とあわせ「華族」とし、石高の10分の1を保証する。同月29日、東京九段に招魂社（靖国神社）創建。7月、東京、京都、大阪以外の府を県とする。8月、蝦夷地を北海道と改称。9月4日、大村益次郎、襲われ重傷。12月25日、東京・横浜間に電信開通。

❖1870年

8月、山県有朋ら欧州視察より帰国、以後軍制改革に着手する。

9月、平民に苗字使用を許可。12月、岩倉、大久保、木戸、山県ら鹿児島へ行き、政府直轄軍の創設のため西郷の上京を要請。

❖1871年
2月、薩長土が藩兵を提供して「御親兵（のちの近衛兵）」を編成。4月、戸籍法を定める（翌年2月から実施、壬申戸籍）。7月、西郷、大久保、木戸、「廃藩置県」断行で合意。同月14日、「廃藩置県の勅語」発布。同月、天津で日清修好条規締結。8月、士族の脱刀、散髪を自由とする。同月、華士族・平民の婚姻を許可。同月、「賤民制」廃止（えた・非人の称を廃する）。10月、岩倉使節団、横浜から出航。

❖1872年
1月8日、天皇、操練場で行軍式を閲兵（陸軍初め）。2月、兵部省を廃して陸軍省、海軍省を置く。4月、京都・大阪間に電信開通。5月23日、天皇、第1回目の地方巡幸に出発。7月、西郷、陸軍大将となり近衛都督を兼務。8月、「被仰出書」により学制を公布。9月、新橋・横浜間に鉄道開通。同月14日、琉球国王・尚泰を琉球藩主とし華族とする。11月28日、「全国募兵の詔」発布。12月3日、陰暦を陽暦に切りかえ、この日を明治6年1月1日とする。

❖1873年
1月4日、神武天皇の即位日（紀元節）と明治天皇誕生日（天長節）を国の祝日とし、5節句を廃止する。同月10日、「徴兵令」公布。7月、「地租改正令」布告。8月17日、留守政府の閣議、西郷の朝鮮使節派遣を内定。9月13日、岩倉使節団帰国。10月15日、閣議、西郷派遣をほぼ決定。23日、天皇、岩倉の奏議により閣議決定を破棄。同日、西郷、辞表を提出。25日、副島種臣、後藤象二郎、板垣退助、江藤新平も辞職（明治6年の政変）。11月、内務省を新設。

❖1874年
1月17日、板垣、副島ら、民選議院設立建白書を提出。2月1日、佐賀の乱おこる。4月、板垣ら、土佐立志社を設立。5月4日、大久保と大隈、長崎で西郷従道と会見、台湾出兵を決定（22日、台湾上陸）。6月、陸軍参謀局条例。10月、清国との台湾出兵問題の交渉妥結（償金50万両）。

❖1875年
5月7日、ロシアと千島・樺太交換条約調印。6月28日、讒謗律・新聞紙条例を定める。9月20日、江華島事件を引き起こす。

❖1876年
2月26日、日朝修好条規に調印。3月28日、廃刀令。6月2日、天皇、東北への地方巡幸に出発。8月5日、金禄公債証書発行条例を定める。9月6日、元老院に憲法起草を命じる。10月24日、神風連の乱、27日、秋月の乱、28日、萩の乱おこる。

❖1877年
1月4日、地租を3分から2分5厘に引き下げる。2月15日、西南戦争始まる。3月20日、政府軍、田原坂で西郷軍を破る。5月

26日、木戸孝允歿。9月24日、西郷隆盛自刃、西南戦争終わる。

❖1878年

5月14日、大久保利通、東京紀尾井坂で暗殺される。翌日、伊藤博文、大久保の跡を継ぎ工部卿から内務卿に就任。8月23日、近衛砲兵、反乱（竹橋騒動）。8月30日、天皇、北陸、東海道地方への地方巡幸に出発。12月5日、参謀本部条例を制定、初代参謀本部長に山県有朋。

❖1879年

3月31日、琉球処分官・松田道之、2個中隊の軍と警官隊を率いて首里城を接収。4月4日、琉球藩を廃して沖縄県を設置。11月7日、大阪で愛国社第3回大会、国会開設の署名運動を決議。

❖1880年

3月17日、愛国社第4回大会、国会期成同盟を結成。4月5日、政府、集会条例を制定。6月16日、天皇、甲府から松本他への地方巡幸に出発。7月、刑法典公布、この中で不敬罪が設けられた。

❖1881年

7月5日、伊藤、大隈意見書への反対を表明。7月26日、東京横浜毎日新聞、開拓使払下げの不正を暴露。同月30日、天皇、東北・北海道への地方巡幸に出発、大隈随行。10月1日、国会期成同盟、自由党結成を決議。同月、11日、御前会議、立憲政体への方針と、開拓使払下げの撤回、大隈の罷免を決定。翌12日、9年後の国会開設と引きかえに、国会・憲法問題への国民の関与を厳禁した詔勅発布（明治14年の政変）。

❖1882年

1月4日、軍人勅諭を発布。3月14日、伊藤、憲法調査のため欧州に出発。4月6日、板垣、岐阜でテロに遭う。6月3日、集会条例改正（政治結社の支社の設置や結社の連合を禁止）。11月末、会津自由党員と農民数千人が決起、河野広中ら逮捕される（福島事件）。

❖1883年

4月16日、新聞紙条例改正（言論取締りを強化）。6月29日、出版条例を改正（発行10日前の内容の届け出など規制と罰則強化）。12月12日、山県有朋、内務卿となる。

❖1884年

7月7日、華族令を制定（爵位を公・侯・伯・子・男に序列化）。9月23日、自由党急進派、茨城で蜂起（加波山事件）。10月31日、秩父地方の農民（秩父困民党）蜂起して高利貸などを襲撃、郡役所を占拠。軍隊が出動して鎮圧（秩父事件）。

❖1885年

4月、前年12月に朝鮮で起こった甲申政変での清国との軍事衝突解決のため伊藤博文が全権大使となり清国と交渉、天津条約を締結する。7月26日、天皇、山陽道への地方巡幸に出発。12月22日、太政官制を廃して内閣制度を採用、初代首相には伊藤博文が就任。

本書関連・明治維新の歴史略年表

❖1886年
4月10日、師範学校令、小学校令、中学校令公布。

❖1887年
6月1日、伊藤博文、井上毅に憲法原案を起草させ、それをもとに伊東巳代治や金子堅太郎と共に極秘裏に憲法草案の作成を開始。

❖1888年
4月30日、枢密院を設置、議長には伊藤自らが就任（首相は黒田清隆に）。6月18日、枢密院、憲法草案の審議を開始。

❖1889年
1月末、枢密院、憲法草案の審議を完了。2月11日（紀元節）、天皇、黒田首相に大日本帝国憲法を下賜、あわせて衆議院議員選挙法、貴族院令公布、皇室典範制定。

❖1890年
2月11日、軍人への勲章である金鵄勲章創設。7月1日、第Ⅰ回衆議院議員選挙。10月24日、貴族院初代議長に伊藤が任命される。同月30日、「教育に関する勅語（教育勅語）」公布。

❖1894年
日清戦争。勝利して、賠償金2億両と台湾、澎湖諸島を獲得。

❖1900年
義和団戦争で、日本、8カ国連合軍の主力として出兵。

❖1904年
日露戦争。勝利してサハリン南部と大連や南満州鉄道を獲得。

❖1910年
韓国併合。大逆事件。

❖1918年
シベリア出兵開始（～22年）。米騒動で軍隊が出動。

❖1927年
中国・山東省へ第一次出兵（翌年、第二、第三次出兵）。

❖1931年
満州事変。翌年、「満州国」建国宣言。

❖1937年
盧溝橋事件、日中全面戦争に突入。

❖1941年
12月8日、陸軍はマレー半島、海軍はハワイを奇襲攻撃。

❖1945年
8月15日、昭和天皇、対中・米・英・蘭戦争の敗戦を放送。

あとがき

私が本書の執筆にとりくんだ直接の動機は、二〇一七年に出版した『日本ナショナリズムの歴史』にあります。その全四巻を書き終えての結論の一つは、その国のナショナリズムのレベルは、国民の歴史認識のレベルによって決定される、ということでした。それで、最終巻を閉じるにあたって、願望として〝近現代史を学ぶ市民運動〟を提唱したのでした。

日本の場合、近代史の出発点となるのは明治維新です。したがって、明治維新をどうとらえるかによって、その後の近代史像も変わってきます。明治維新を近代化へ向かっての陽が昇る夜明けととらえれば、そのまま〝栄光の明治〟へとつながるでしょう。たとえば――「西欧諸国が、産業革命いらい三〇〇年かかった近代化を、われわれ日本人は、一〇〇年間で成し遂げました」（一九六八年、明治百年記念式典での佐藤栄作首相の式辞）といった日本近現代史観です。

反対に、国内のあいつぐ近代化政策と並行して、「王政復古」からまだ一〇年とたたない明治7年（一八七四年）の台湾出兵、翌8年（七五年）の江華島事件、次いで12年（七九年）の琉球処分（軍隊と警官隊を引き連れての独立国・琉球王国の併合）と対外的な武力行使をためらわなかった明治政府に着目すれば、やがて明治27年（九四年）、本格的な対外戦争である日清戦争に踏み切って以降、ほぼ一〇年ごとに戦争を繰り返してきた日本の近代史像が浮かびあがってくるでしょう。

歴史的な大事件であれば、どんな事件にも光の部分と影の部分があります。革命といえばなおさらです。イギリスのピューリタン革命、フランス革命、ロシア革命、いずれも光り輝く反面に、暗黒の顔がありました。

明治維新にも、もちろん光と影がありました。その光と影を、歴史的な事実にもとづいて、理性的に考察することにより、立体的な明治維新像が浮かびあがり、さらにはそこから光と影をあわせ持つ日本近代史像が形成されてくるのではないかというのが私の考えです。

そういう目で見れば、本書の序章で批判的に取り上げた維新像が、いずれもきわめて一面的かつ平面的であったことがわかります。

ついでに述べますと、私が明治維新の最も明るい側面と考えているのは、何百年もつづいてきた封建制からの脱却、すなわち「脱封建革命」であり、逆に影の部分として考えているのは、その「革命」が民衆の側から見れば、きわめて不徹底であり、身分制から解放されたはずの民衆が依然として「臣民」、つまり新たな形で支配される側にとどめ置かれたということです。

本書は「はじめに」で述べたように、専門の歴史研究者の成果（著作）に依拠し、それに学び、参考にしながら、私自身の視点と解釈で明治維新の全過程を再構成し、叙述したものです。

そのようにして書き終わった本書ですが、その中で私が「オリジナル」と考えている点がいくつかありますので、参考までに挙げておこうと思います。

第一は、幕末・維新史をつらぬく「尊王」思想がどのようにして形成されたかを一八世紀後半の本居宣長の国学にまで立ち戻って考察したことです。

第二は、明治維新の歴史過程をはっきり二段階に分け、前段を「脱封建革命」、後段を「近代天皇制国家の成立」としたことです。これらの理由については序章に述べたのでくり返しません。

第三は、「脱封建革命」の転換点を、一八六四年の第一次長州征討にさいしての、勝海舟と西郷隆盛の出会いに設定したことです(第Ⅳ章=「尊王攘夷」から「尊王倒幕」へ)。この会見において、幕府軍の参謀だった西郷は、幕府の軍艦奉行だった海舟から、時代に逆行する幕府の現状を含め、状況認識についてそれこそ目からウロコの示唆を受け、それまで抱いていた武力による長州征討(=長州藩をたたきのめす)から、「戦わずして勝つ」終戦工作に転じ、長州の国力を温存するのです。これがのちの薩長同盟の伏線となり、さらに海舟から教えられた「共和政治」の構想を薩摩の同志に伝え、やがてそれが幕府専制に対抗する側の基本方針となります。

第四は、それに関連して、幕府専制に代わる新たな政治体制が、代々徳川家に臣従してきた譜代大名のみによって独占される「老中」政治から、外様《とざま》にも開かれた合議制による政治(共和政治)へと移行すべきだという認識が共有されるようになったことです。ただし合議制といっても、この時点ではまだ有力大名による合議制(公議政体)ですが、会議への参加主体はその後いっきに拡張されて、新政府の最初の政治宣言「五箇条の誓文」の第一項「広く会議を興し、万機、公論に決すべし」として表明されます。

第五は、幕末・維新の変革を主導した中下級の武士たちが、何ゆえに神の権威と権利を兼ねそなえた「神権天皇」をつくり出したのか、その隠された意図とその理由についての推察です。その理由とは、倒幕後に自分たちがヘゲモニーをにぎって新たな国家を構築してゆくためには、彼ら中下級武士たちが、武家社会を呪縛してきた〝門閥制〟を超越した権力をもつことが必須の条件だったということです。そのためには、彼らが「神権天皇」の権威を背負ってその権利を行使できる「神権天皇」の代理人《エージェント》となるのが一番の近道であり、そのためには尊王イデオロギーを発展させての「神権天皇」制の確立が絶対に必要だったのです（明治天皇の全国巡幸はそのための大プロジェクトでした）。

最後は、明治十四年の政変（一八八一年）での「詔勅」が果たした決定的な政治的意味の強調です。この年の10月、国会期成同盟は民権運動の各結社が作成したそれぞれの憲法草案（私擬憲法案）を持ち寄って大会を開くことを決めていました。いわば憲法草案コンペです。その直前、伊藤博文が主導する政府は、天皇による「詔勅」を発布します。

それは、憲法制定も国会開設も「朕《ちん》の仕事」であるから、お前たち国民が口を出すことは許さぬ、もし従わなければ不敬罪で罰する、という命令でした（原文は三六八ページ参照）。

この前年には、政府はいっさいの政治活動を警察の厳重な監視下におくという「集会条例」も公布しています。これにより、自由民権運動は言論活動・思想運動の場と機会を剥奪され、窒息・圧殺されたのです。その意味でこの「詔勅」は近代日本の岐路を決した重大な出来事だったと私は考えるのですが、そのような見解には私の狭い読書の範囲では出会えませんでした。

以上のように、私は本書で明治維新の全体像を描くとともに、自分としては「オリジナル」と考える見解を提示しました。これらがどう受け止められるか、不安と期待がないまぜになっているというのが正直なところです。

ただ一つ、気になっていることがあります。文体の問題です。ご覧のように、本書は「です、ます」体で書いています。ところが、ある人によると、だいたい歴史の専門研究者はアマチュアの書いたものには関心を示さない、まして「です、ます」体で書かれた本は手に取らない、というのです。

しかし、私にとっては、この「です、ます」体が最も自然な文体なのです。いや、それでなければ、この本は書けなかったと言ってよいかも知れません。理由は、先ほども述べたように、本書は専門の歴史研究者の成果（著作）に依拠し、それに学び、参考にしながら書いたものだからです。先行研究者に対する謝意と敬意から、とても断定的な「である」調では書けなかったのです。

あわせて、長年の書籍編集者生活で身についた、難解な文章はできるだけ避けて読者にわかりやすい表現にするという習性が働いたのと、もう一つ、八〇歳を超えた年齢の影響もあるかも知れません。

ともあれ、研究者のみなさんの中に「です、ます」体をもって排除せず、ご一読くださる人が現われるのを待つばかりです。

最後に、今回も前著『日本ナショナリズムの歴史』と同様、高文研からの出版となりました。前著のときは、自分で〈著者〉と〈編集者〉の一人二役をこなしましたが、今回は高文研の真鍋かおる君が編集作業を担当してくれました。とくに図版の掲載に関して、同君の全面的な協力を得ました。彼が私と同じ横浜在住ということもあって、久里浜のペリー上陸の記念碑や大日本帝国憲法草案作成の地の碑、また横浜港に顔を向けて立つ井伊直弼の銅像など、彼に撮影してもらったものです。

出版界は九〇年代末よりスマホやネットの急速な普及拡大によって、長期の不況にあえぎ、その中で増加の一途をたどる書店の廃業、また出版流通を受け持っていた取次機構の大変動など、文字どおり未曽有の構造的変化を経験してきました。それに加え、コロナ禍により出版界が今後はたしてどうなるのか、予想もつきません。

そうした中、本書を送り出します。一人でも多くの読者に出会えることを願い、祈っております。

梅田正己

二〇二〇年八月一五日

梅田 正己（うめだ まさき）
書籍編集者。1936年、佐賀県唐津市に生れる。59年、一橋大学を出て出版界に入り、72年、仲間と出版社・高文研を設立、以後、人文・社会関係書籍の編集・出版にたずさわる。2012年、同社を退社。
著書：『日本ナショナリズムの歴史』全4巻、『これだけは知っておきたい・近代日本の戦争』、『「非戦の国」が崩れゆく』、『「市民の時代」の教育を求めて』（いずれも高文研刊）など。

明治維新の歴史
◆「脱封建革命」としての幕末・維新
●二〇二〇年一〇月一五日――第一刷発行
●二〇二一年 三 月二五日――第二刷発行

著 者／**梅田 正己**

発行所／株式会社 **高文研**
東京都千代田区神田猿楽町二―一―八
三恵ビル（〒一〇一―〇〇六四）
電話03＝3295＝3415
http://www.koubunken.co.jp

印刷・製本／中央精版印刷株式会社

★万一、乱丁・落丁があったときは、送料当方負担でお取りかえいたします。

ISBN978-4-87498-739-1　C0021